飞越四秩
赓续华章

1981
2021
厦门外国语学校
XIAMEN FOREIGN LANGUAGE SCHOOL

谨以此书向

厦门外国语学校建校四十周年校庆

献　礼

Innovative Education at XMFLS

创新教育在厦外

钱永昌 ◎编著

厦门大学出版社
XIAMEN UNIVERSITY PRESS
国家一级出版社
全国百佳图书出版单位

图书在版编目(CIP)数据

创新教育在厦外/钱永昌编著.—厦门:厦门大学出版社,2021.12
ISBN 978-7-5615-8053-0

Ⅰ.①创… Ⅱ.①钱… Ⅲ.①高等学校—创造教育—研究—中国 Ⅳ.①G640

中国版本图书馆 CIP 数据核字(2021)第 255101 号

出 版 人 郑文礼
责任编辑 陈进才

出版发行 厦门大学出版社
社　　址 厦门市软件园二期望海路 39 号
邮政编码 361008
总　　机 0592-2181111　0592-2181406(传真)
营销中心 0592-2184458　0592-2181365
网　　址 http://www.xmupress.com
邮　　箱 xmup@xmupress.com
印　　刷 厦门集大印刷有限公司

开本 720 mm×1 020 mm　1/16
印张 22.25
插页 3
字数 353 千字
版次 2021 年 12 月第 1 版
印次 2021 年 12 月第 1 次印刷
定价 80.00 元

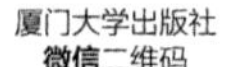
厦门大学出版社
微信二维码

厦门大学出版社
微博二维码

序一

◎黄家骅

创新是一个国家民族进步的灵魂，也是学校教育的永恒主题。当今世界，科技变革和产业升级日新月异，互联网、大数据、人工智能等信息技术进展迅速，带动材料技术、生物技术、能源技术更新换代，从而带动产业结构、产业形态以及社会生活的重构，推动人类社会在农业革命、工业革命之后迈向新的智业时代，推进了教育领域的创新步伐。如何迎接新科技革命的挑战，占领科技探究、科技转化、科技应用的制高点，增强师生的科技意识和科技掌握能力，成为当下教育的关注焦点。

在国内外科技迅猛发展的背景下，教育领域的科技普及、转化和创新有了新机遇、新挑战、新站位和新要求。教育是中华民族伟大复兴的铺路石，学校是21世纪培养科技人才的孵化器，师生是建设科技强国和实现社会主义现代化的主力军。教育领域的学校和师生面对科技革命一定要凝心聚力，全力以赴，把知识和智慧、技术和才能都转化为科技创新的动力，把资源和要素、组织和方法都转化为科技创业的架构，在科学理论上获得突破、在科学方法上获得进步、在科学应用上获得效益、在科学转化上获得飞跃，才能不负历史不负远景，对得起我们这个腾飞的世纪、繁荣的土地。

必须强调，新科技革命不是“普降甘霖”，更不会自动“投怀送抱”，必须有抢抓机遇的胆识和魄力，有破解挑战的意志和毅力才能攻艰克难，攀登高峰。况且，当今世界科技领域的追赶竞争已经“白热化”。特别是发达国家竞相争夺科技高地，在科技人才、科技资源、科技成果等方面的明抢暗夺已是不争的事实。尤其是过去的几年中，中美之间的贸易争端延伸为科技摩擦、科技暗战，令人震惊。美国对中国悍然进行科技封锁，禁止高科技原材料、零部件和机器设备的贸易出口，甚至取消科研人员的正常交流，冻结中美之间的科技合作项目，给我国科研人员接触国际科技前沿、了解科技动态造成了困难被动的局面。在这种国际科技遭受封锁的条件下，党中央高瞻远瞩，力挽狂澜，及时调整国内外政治经济发展的站位与格局，以国际国内双循环来打破封锁局面，并鼓励科技人员扎根大地，奋发图强，力争在基础研究方面有重大突破，在应用研究方面能扭转乾坤——这个战略指向顺应了历史发展趋势，也符合时代发展的潮流，因此得到了科技界、教育界、产业界的积极响应。国外敌对势力的干扰虽然给我国科技界带来不利的影响，但同时也激发了我国科技工作者报国情怀和攻关激情，知识创新、项目创业、产业创造同时发力的举国体制正在奋起，包括教育领域在内的新一轮科技创新浪潮正在形成，这也正是学校领域科技活动的宏大背景。

厦门外国语学校的科技创新活动正是在这个背景下如火如荼地展开。从无到有，从有到强，从强到优，从优到精，厦外的科技创新不仅响应了国家与社会的需求，而且满足了师生们好奇想象、探究未来、认识真理、丰富思维等各方面的目标要求，成为学校教书育人、治学成才的一个突出特色，也为学校铸造一面响亮的办学品牌打下了坚实的基础。

从 1981 年到 2021 年，厦门外国语学校已建校四十周年。厦外人从鼓浪洞天听潮，到筼筜湖畔赏鹭，从未来海岸观海，到集美新城筑梦，不断创新发展，攀向一个又一个高峰，现在已经形成三个主校区、八所合作校。厦外的发展壮大是厦门经济特区教育事业近四十年蓬勃发展的缩影和印证。

厦门外国语学校的科技创新教育在福建乃至全国都是独树一帜，可圈可点的，是一个值得深度挖掘的典型案例。主要表现在：

一、学校集体成果十分突出。获得过全国科技教育创新优秀学校、全国青少年科技创新大赛“优秀组织奖”、全国知识产权教育试点学校、宋庆龄少年儿童科技发明示范基地校、福建省科技教育突出贡献奖、福建省科技教育基地校、福建省知识产权教育试点校、多次获得福建省“卢嘉锡科技教育奖”和福建省青少年科技创新大赛“优秀组织奖”等。

二、学生获奖成果面广、级别高。学生在“英特尔国际科学与工程大奖赛”等国际青少年科技创新知名赛事获奖6项，全国青少年科技创新大赛、“明天小小科学家”奖励活动中获全国一等奖5项、全国二等奖7项、全国三等奖5项、福建省一等奖24项。共计申请授权专利80项，并有7个专利成功转让。获全国发明展及全国“宋庆龄少年儿童发明奖”金牌16枚、银牌13枚、铜牌15枚。其中包括：全国科技创新大赛的最高奖——科协主席奖；中学生实践活动的最高奖——十佳青少年科技实践活动奖；还有中国学生首次取得的国际标准奥林匹克金牌等。

三、学校科技创新教育名师引领作用突出。有全国模范教师练仰贤。练老师注重培养学生的创新意识、创新能力，精心指导学生和教师参加科技创新活动。他以身作则、率先垂范，带领师生开展常态化的发明创造活动。他善于激发学生的学习兴趣和发明创造的热情，因势利导，因材施教，让学生把学到的知识运用到发明创造中。2004年，他的发明作品参加巴黎发明博览会获铜奖。还有全国万人计划教学名师、全国基础教育教学成果二等奖成果主持人钱永昌。钱老师10多年来几乎所有的假期都泡在学校的创新工作室，埋头梳理一个个课题研究，带领学生开展科技创新和小发明活动。钱老师一共指导了50多个课题参加青少年科技创新大赛，其中40多个获奖，“做中学”在初中理化教学中的应用、中学物理低成本创新实验开发与设计的实践研究、以创新实验和创客活动为载体，培育学生创新素养的实践研究等近10项课题结出硕果并得到推广。

此外，厦门外国语学校海沧校区和思明校区分别建立了创新工作室，并被厦门市总工会授予“厦门市钱永昌创新工作室”称号。厦门外国语学校还与厦门市知识产权局共建厦门市青少年科技创新联盟，以厦门市知识产权夏令营和保送生实践活动为基础开展科技创新与实践活动。2018年9月17日，在钱永刚教授的授牌下，厦外首届“钱学森班”正式开班建制，也是“钱学森班”首次落户厦门。“钱学森班”的设立在课程体系、教学模式、招生评价等方面对科技创新人才培养做了有建设性的积极探索。在开展科技教育活动中，厦门外国语学校十分注重机制创新，建立了行政组织系统、科技团队实施系统和专业支持系统“三位一体”的科技教育机制。学校整合物理、化学、生物、地理、信息技术、劳技等基础型课程、3D打印与Auto CAD制图等具有学校特色的拓展型课程、供学生自选的研究型课程和学生社团活动，构建“四课一体”的科技教育课程体系。学校还建立了研究性学习管理小组，编制研究性学习指导方案。良好的机制激发了学生参与科技活动的热情，学生主动参与，活动形式多样，过程与成果有完整的记载，评价制度不断完善。

经过长期的科技教育探索和实践，厦外逐渐形成了以科技节、科技竞赛交流、科技实践考察和科技社团活动等多途径、多形式的科技教育活动格局，使学校科技教育渗透到学校教育之中、融入到学生生活之中。特别是一年一度的科技节是学生脑力竞技的盛会。“重物慢降”“高空落蛋”“我的一本课外科普书演讲赛”“知识产权知识竞赛”……一系列丰富多彩的科普活动让所有学生都能在快乐中感受科技，领悟创新。

厦门外国语学校四十周年校庆即将到来，在此我也祝福厦门外国语学校继往开来，再续华章，早日成为国内外一流的现代化名校。

黄家骅

2021年9月

（黄家骅：博士、教授、博导，教育部第一届、第二届中小学校长、幼儿园园长培训工作指导专家、教育部校长国培专家、教育部教师国培专家、享受国务院特殊津贴专家，原为宁德师范高等专科学校校长、福建教育学院副院长，兼任多所大学教授、教育机构顾问，现任福建省书法家协会教育书法专业委员会主任）

序二

◎谢　慧

百年大计，教育为本。人才是第一资源，国家科技创新力的根本源泉在于人。学校作为教育主阵地，承载着“为党育人，为国育才”的重要使命。从 1956 年吹响“向科学进军”的号角，1988 年提出“科学技术是第一生产力”的论断，到 1995 年提出科教兴国战略，再到党的十八大以来提出的全面实施创新驱动发展战略，党的十九大确立了到 2035 年跻身创新型国家前列的战略目标，科技创新事业在党和人民的事业中始终具有十分重要的地位、发挥着十分重要的作用。习近平总书记说：“科技是国家强盛之基，创新是民族进步之魂。”可见，在实现中华民族伟大复兴的历史征程中，为全面建设社会主义现代化强国，加快科技创新发展、加强创新人才教育培养，比以往任何时候都更为迫切。因此，加强创新人才教育培养，全面提高教育质量，注重培养学生在基础教育阶段的创新意识和创新能力，成为时代发展对教育的新要求。

厦门外国语学校作为一所应改革开放之运而生、顺时代发展之势而长的特色学校，在“突出外语、文理并重、全面发展”的办学理念指引下，学校注重多元培养、“五育并举”，致力于培养“中国灵魂，世界胸怀”的高素质国际性复合型预备人才。学生在科技创新等各方面的表现都十分突出。学校能够在短短的40年历程中就取得如此丰硕的成果，不仅得益于全国模范教师练仰贤打下的良好基础，也离不开以国家“万人计划”教学名师钱永昌为首的科技辅导员团队的不懈探索和孜孜追求。2004年以来，在钱老师的带领下，通过实施“兴趣驱动、自主成长”、“三协同、三依托”等策略，积极培育学生的科技创新素养，提升学校的科创水平。学校荣获了全国科技教育创新优秀学校、全国青少年科技创新大赛优秀组织奖、全国知识产权教育试点学校、宋庆龄少年儿童科技发明示范基地校、福建省科技教育基地校、福建省科技教育突出贡献奖等多项国家级、省级集体荣誉。我校学生在国内外主流青少年科技创新赛事中亦频获大奖，多次刷新了我国、我省青少年学生在相关重要赛事的获奖纪录，如2020年崔逸飞、阮煜昕、洪悦骞三位同学获国际标准奥林匹克竞赛金牌，实现了中国青少年在该奖项上零的突破，得到时任福建省委副书记、厦门市委书记胡昌升的批示褒奖；2017年钱日隆、吴凯文获日本超级理科高中竞赛互投项目最佳奖、高涵之获俄罗斯青年科学家竞赛一等奖；2013年陈锴杰、赖文昕获首届丘成桐中学生科学奖物理金奖。

2021年，时值厦门外国语学校建校40周年之际，钱永昌老师编著的《创新教育在厦外》一书，以厦外创新教育的发展为核心，回顾历程、总结经验、展望未来，既是对厦外创新教育辉煌历程较为系统全面的总结，更体现了一代代厦外人对创新教育规律孜孜不倦的探寻和对创新人才培养默默奉献的可贵精神。我殷切期望全体教师肩负起历史赋予的重任，立德修身、潜心治学、开拓创新，当好学生成长的引路人，期望同学们勤学上进、强健体魄、锤炼意志，共同为全面建设社会主义现代化国家作出新贡献。

借此机会衷心感谢所有关心我校青少年科技创新教育事业的各级领导、专家学者、学生家长和各界人士。学校的创新教育离不开大家的支持和帮助，希望你们一如既往地关心、支持学校的发展。特别感谢辛勤耕耘、默默奉献的全校科技辅导员及全体教师，正是你们的专业、努力、奉献和不断追求，为学校在新时代教育征程添砖加瓦，让每一位关心学校成长的热心人看到我们在前行路上所创造的诸多欣喜和无限可能。

这本书不仅是钱永昌老师对学校科技创新教育成长史的一次重要记录，也是对厦门特区四十周年建设和学校四十周年校庆的一份厚重献礼。

是为序。

谢慧

2021年9月

（谢慧，福建省厦门外国语学校党委书记、校长，教育学硕士、中学高级教师，先后荣获全国优秀教育工作者、福建省优秀中小学校长、福建省巾帼建功标兵、厦门市第三届优秀校长等荣誉称号；福建省首届中小学名校长、福建省中青年学科带头人、厦门市领军人才、厦门市学科带头人；福建省历史教学专业委员会常务理事、厦门市教育学会历史教学专业委员会副会长）

目录

CONTENTS

附　录 /317

后　记 /337

上篇：创新实践探索

专题一　厦外创新教育概述

专题二　青少年科技创新教育研究

专题三　厦外创新教育展望与思考

专题一　厦外创新教育概述

一、科技创新成果综述

厦门外国语学校40年创新教育成果巡礼

厦门外国语学校为全国科技教育创新优秀学校、全国知识产权教育试点学校、福建省科技教育基地校、福建省知识产权教育试点校、宋庆龄少年儿童科技发明示范基地校。2008年学校被评为第23届全国青少年科技创新大赛“优秀组织奖”、2017年第32届全国青少年科技创新大赛“基层赛事优秀组织单位”，2007年、2013年、2016年、2018年四次获“卢嘉锡科技教育奖”，2013年获“福建省科技教育突出贡献奖”，学校获得厦门市青少年科技创新大赛“优秀组织奖”累计11次。学生在“英特尔国际科学与工程大奖赛”等国际青少年科技创新知名赛事获奖6项，全国青少年科技创新大赛、“明天小小科学家”奖励活动中获全国一等奖5项、全国二等奖7项、全国三等奖5项、福建省一等奖24项。共计申请授权80项，并有7个专利成功转让。获全国发明展及全国“宋庆龄少年儿童发明奖”金牌16枚、银牌13枚、铜牌15枚。其中包括全国科技创新大赛的最高奖——科协主席奖；中学生实践活动的最高奖——十佳青少年科技实践活动奖；还有中国学生首次取得的国际标准奥林匹克金牌。

全国青少年科技创新大赛

优秀组织奖获奖证书

兹发给优秀组织奖获得者，以资鼓励.

单位名称　厦门外国语学校

全国青少年科技创新大赛首席荣誉科学顾问　韩启德

全国青少年科技活动领导小组
2008年8月

主办单位：中国科协、教育部、科学技术部、国家发展改革委、环境保护部、国家体育总局、共青团中央、全国妇联、国家自然科学基金委、新疆维吾尔自治区人民政府

厦外获全国青少年科技创新大赛优秀组织奖证书

荣誉证书

厦门外国语学校：

贵单位被评为第十三届“福建省青少年科技教育突出贡献奖”科技教育先进集体。

特颁此证，以资鼓励。

福建省科学技术协会　福建省教育厅　福建省科学技术厅
2013年9月

厦外获“福建省青少年科技教育突出贡献奖”证书

厦外获福建省青少年科技创新大赛“优秀组织奖”

陈锴杰、赖文昕获首届“丘成桐中学生物理奖”金奖(2013 年 12 月)

陈姚佳(右二)获第十四届"明天小小科学家"一等奖(2014 年 11 月)

陈姚佳(左一)获全国创新大赛一等奖、科协主席奖、Intel 英才奖(2014 年 8 月)

(一)独具特色的科学课程体系

统整物理、化学、生物、地理、信息技术、劳技等基础型课程、3D 打印与 AutoCAD 制图等具学校特色的拓展型课程、供学生自选的研究型课程和学生社团活动，构建“四课一体”的学校科技教育课程体系，使科技教育特色进一步得到加强和提升。值得一提的是，3D 打印与 AutoCAD 制图校本课程给学生带来展示创意的舞台。

（二）营造和谐宽松氛围，搭建广阔创新平台

厦外还充分利用各种社会资源，让学生参加青少年科技创新大赛、全国发明展、“宋庆龄少年儿童发明奖”、“明天小小科学家”等各种各样的竞技与评比。通过展示交流，得到评委的鼓励和帮助，发现自己的差距和不足，锻炼自己的综合素质。许多作品在各类大赛中获奖，得到鼓励和肯定，大大激发了学生的研究热情。

不仅如此，厦外还与市知识产权局、厦门大学物理与机电学院携手共建“厦门市中学生知识产权发明创造联盟”，通过“请进来”（请专家开设名家讲坛）、“走出去”（带学生去校外实验室、科普基地实践）、考察和定制式培养（“英才计划”）等搭建广阔的创新平台。

（三）开展丰富多彩的科技活动

厦外经过长期的科技教育探索和实践，逐渐形成了以科技节、科技竞赛交流、科技实践考察和科技社团活动等多途径落实的活动课程体系，使学校科技教育渗透到学校教育之中、融入学校生活之中。通过科技节平台积极探索各学科融合活动：语文组举办科学家传记科技文章读后感与演讲大赛；外语组举办外语科技小报展评；数学组举办数学科技游园；物理组举办水火箭制作比赛；化学组举办创新实验演示活动；生物组举办生物实验探究能力竞赛；信息组还举办机器人大赛等活动……搭建科技竞赛交流平台发挥科技竞赛骨干的传帮带，培养一批批创新小能手。科技实践考察走进高新科技企业：三安光电、ABB 开关公司、美亚百科等；高校实验室、博物馆：厦大物理与科技学院创新实验室、厦门理工学院汽车实验室、厦大生物博物馆、厦门市科技馆等。

二、创新教育教学成果

以创新实验和创客活动为载体，培育学生创新素养的实践研究

本成果在2018年12月获国家级教学成果二等奖。成果主持人：钱永昌。

（一）问题的提出

当前中学物理实验开发与创新教育存在以下主要问题：

（1）中学物理部分实验存在效果不明显、指向不明确等问题；实验资源开发中主体缺失，仅有少数教师在做，大多数教师和学生几乎不做或做得很少。

（2）多数物理教师在应用创新物理实验和生活用品进行教学实践时不注重呈现方式，没有充分挖掘物理实验的价值，教学实际效果差。

（3）学生创新素养培养无处着力，平台单一，团队创新氛围营造不足，评价机制滞后。

以上问题的存在对培育学生的创新素养十分不利。本教学成果以当前中学物理实验教学、创新教育中存在的瓶颈问题为线索展开，聚焦中学物理创新实验和创客活动，历经14年的实践研究，8年的推广检验，总结出“兴趣驱动、自主成长”的创新素养培育策略，探索出“三协同、三依托”的创新素养实践策略，有效培育学生的创新素养。

（二）解决问题的过程与方法

1.明确问题、学习提升

建立课题组，开展现状调查，明确物理教学中培育学生创新素养的瓶颈问题，围绕这些问题，广泛学习先进科学教育和创新教育理论。

聘请高校教授、资深发明人以及科创资深教师组成专家顾问咨询小组，针对创新实验制作研发进行具体指导与提升。

2.拟定方案、实践探索

（1）注重顶层设计：将中学物理教学中的学生创新素养培育融入学校整体创新文化营造，对学生实践活动、创新视野拓展、科技前沿知识渗透等进行整

体规划。明确研究目的：教学活动围绕学生创新素养与实践能力的提升；清晰研究思路：开发、应用、调整、实践、改进、再实践；明晰研究原则：突出学生主体地位，聚焦课例研究，引导学生能动学习。

聚焦问题：针对当前物理教育中培养学生创新素养存在的问题开展调查，与部分师生访谈，明确研究的主要问题与主要矛盾。厘清创新实验开发的研究内容维度和研究层次，以创造力理论为指导，关注创新文化氛围的营造，关注问题意识与好奇心的保护，以物理实验问题为导向，聚焦物理实验资源开发及应用过程的现状与问题进行研讨改进。

研究过程采用问题驱动策略和主体参与策略。不断收集教学实践中遇到的实验难题和问题，进行反复尝试与改进，把问题转化成小课题，逐个攻关，分项突破。教师通过问题驱动带领学生一起研究、制作和改进。学生在力所能及的范围内天马行空地提出解决方案，并在老师鼓励下进行尝试和完善。

开展课例研究和创客活动案例研究：应用"做中学"理念，开展创客活动，引导师生共同参与相关主题制作。在制作和展示过程中培育学生的创新素养。结合 DIS、手机、计算机等现代化手段开发创新实验。聚焦课堂，关注创新实验在教学中的应用，让学生使用身边随手可得的物品进行探究活动或利用 3D 打印机将创意制成作品。通过创意交流和科技大赛，培育学生的创新素养。通过创客活动指导的案例研究，总结培育学生创新素养的策略、方法。

以行动研究的方式，边开发，边应用，边改进。结合教学单元分系列开发，收集教师、学生小制作作品数百种上千份，开展几十个教学课例研究，其余的创新实验直接借鉴全国教学大赛课例和参考书籍。这也是我们课题研究的既定方略：不求所创，但求所用。对于一线教师而言，关键在于将最有利的教学资源应用于课堂教学实践，提高学生全面素质。

3.课题研究、凝练提升

针对创新实验开发中往往都是教师在做，而学生几乎不做或做得很少的问题，确立指导学生开展"中学物理低成本创新实验"设计与开发的实践研究，力图通过教师引领和评价机制改进，带动学生一起开展"低成本创新实验"开发，通过案例研究如何在制作和分享过程培养学生创新素养。

针对学生的制作较为零散或不成系列、不同学生间制作能力与创新水平差异较大、学科教师的教学理念与行动力不足等问题，确立“做中学”教育理念在初中理化教学中的应用研究。学习借鉴“做中学”科学教育先进理念和实施策略，通过开展创客活动，突出科学探究，引导师生根据教学进程开展系列化的实验资源开发与学生实验探究。课题组师生全员参与，从模仿到创新分层推进。本课题2016年3月获得厦门市十一五重点课改课题立项(编号:Z15)，2010年3月结题。

研究过程通过制作作品展示会，让学生对比同一主题的不同作品效果，思考现象背后的原因，促进他们改进，提高创新能力；通过同一物理原理的不同实验开发，加深对物理原理的理解；通过团队协作，关注学生在科学探究与创新素养培育过程中情绪能力的提升。

从低成本创新实验扩展到结合DIS传感器、手机、计算机等现代化手段开发创新实验，并将创新实验用于指导学生参加青少年科技创新大赛和指导教师参加课堂教学实践与比赛。通过课题以及总结不同校情背景下创新氛围营造的策略，再造教师协同教研的文化以及物理实验与其他学科的融合创新。本课题在2010年11月获得厦门市“十二五”规划2011年度课题立项(批准号:1118)并于2014年3月结题。本课题在厦门六中等多所学校实践、推广、应用，期间还通过厦门市骨干教师培训、厦门市教师技能大赛培训、连江进修校物理实验专题培训等平台进行推广，取得初步成效。

创新素养培养要打破学科局限，提倡学科融合，由创新物理实验到创客活动就是让学生使用身边随手可得的物品进行探究活动，或利用3D打印机将创意制成作品，既拉近物理学与生活的距离，又让学生深切地感受创新的乐趣和意义。此外，我们还利用乐高机器人开展创客活动，激发学生创新欲望，通过创意交流和机器人大赛，培育学生创新素养。“以中学物理创客活动为载体，培育学生创新素养的实践研究”在北师大海沧附属学校推广取得明显成效。该课题获得福建教育学院基础教育研究课题立项(项目批准号:JYYB-2017091)。

4.及时总结、应用推广

创新素养培育需要搭建各种平台，激发学生创新潜能。厦外还十分注重网络平台的搭建和应用:师生在微信群和QQ群开展头脑风暴，随时随地交流想法,启迪创新火花;利用校园网和微信公众号进行成果推广和传播,扩大成果影响力。

厦外总结出"兴趣驱动、自主成长"的促进创新素养培育的育人模式,总结出"三协同、三依托"的学生创新素养培育机制。师生协同优化教学效果,校内外协同整合优势资源,跨学科协同开展STEAM学习,依托教研平台聚焦创新实验,依托创新大赛平台激发创新潜能,依托高校与科研院所平台提升创新品质。注重网络平台的搭建和微信公众号的应用,推动课题成果在省内、外辐射,推广。

(三)成果的主要内容

研究成果是在现代科学教育及创造力理论的指导下,充分发挥现有物理实验教育资源的优势,基于当前中学物理实验教学与创新教育存在的瓶颈问题,积极组建创新社团,开展创客活动,探索师生共同参与设计并开发中学物理创新实验的策略方法;通过课例研究,改进创新实验在物理课堂的呈现方式,总结实验教学的实施策略,优化物理课堂教学,激发学生创新潜能,培养学生创新素养,提高教学效益。

1.注重创新文化氛围营造

(1)面向全体。把提升全体学生的创新素质作为学校创新文化价值观的核心。每年开展一次"科技创意大赛",面向全体学生甚至学生家长。开展普及性的"科技节"活动和"研究性学习"活动。科技节活动除了设置个人单项奖外,还设置以班级和教研组为单位的团体奖,弘扬合作精神与团队意识。

(2)突出主体。创新文化建设中充分发挥学生的主体作用。创新社团,民主管理,自主活动,参与学校科技节活动策划。

(3)关注情感。为学生创造"宽松、民主、开放、向上"的成长环境。尊重学生的个性和心理需求,积极开展社会实践活动培养学生的意志品质。

(4)注重过程。通过制定规范化的研究性学习手册,引导学生经历研究性学习的每一个环节,并感悟参与研究过程的乐趣。

(5)形成体系。按照学生的年龄特征有序安排科技教育活动,并形成系列化、体系化的科技教育方案,促进学生创新素质的可持续发展。

2.开发科技创新特色化、精品化校本课程

(1)开发系列特色校本课程。现编有《创造发明思维与技法》《中学生知识产权读本》《厦门外国语学校创新素养培育实践探索》《青少年科技创新大赛案例选讲》等校本教材。

(2)科技专家论坛。经常性地开设科技专家论坛,邀请知名教授、资深科技辅导员等为学生开设科技创新专题讲座,培养创新兴趣,开阔学生视野。

(3)科技实践活动课程。有序开展丰富多彩的社会实践活动,带领学生到高新企业、科研院所参观、学习。

(4)成立中学生科技创新联盟,开展科技创新夏令营。我们与厦门市知识产权局签订了《厦门市中学生知识产权发明创造联盟》和《厦门市知识产权工作志愿者外国语学校分队》两个共建协议,通过开展"知识产权夏令营"和志愿者活动等模式,为我市具有发明创造特长的中小学生建立交流平台。迄今为止已举办4届科技创新夏令营,培养一批批中学生创新骨干。

3.创新素养培育系统实施方案

(1)课内创新实验和课外创客活动有机结合的整体计划及运行机制:

①加强创新实验和创客活动的计划性。

②拓宽实验内涵、培育创新素养。

③挖掘生活资源,开发低成本创新实验。

④创客活动与物理教学相结合。

(2)师生共同设计开发创新实验、培养学生创新能力的思想方法:

①广泛参与,模仿制作(全体参与、动手操作)。

②聚焦课题,团队实践(同伴互助、协同制作)。

③突破创新,引领提升(规划设计、创新实践)。

(3)利用创新实验促进课堂物理教学、促进创新素养提升的实施模式:

①模式一:演示实验魔术化。

②模式二:随堂小实验探究化。

③模式三:小制作与小发明创客化(突出展示交流)。

(4)利用循序渐进、形式多样的创客活动提升创新素养的有效策略:

①按教学单元开展普及型小制作。

②在小制作基础上改进升格为小发明。

③将小发明实用化并申请专利。

④搭建各种创新发明大赛平台。

(5)学生创新素养的评价体系：

①学生的小制作、小发明按一定比例计入总评成绩。

②按创新获奖的级别和质量折算学分。

③对创新成果突出的学生打通直升通道。

④创客活动小组评价方案。

4.创新素养培育的实施策略

(1)“兴趣驱动、自主成长”策略。“兴趣驱动、自主成长”就是将立德、树人与创新素养培育紧密联系，引导学生立志高远、开阔视野，形成内驱力，导向创新能力提升。具体包括：理想引路、整合资源、激励表扬、提供平台等策略。

(2)“三协同、三依托”策略。“三协同”即师生协同、课内外协同、各学科协同。开展基于项目的 STEAM 学习，培育学生创新素养的创新机制。“三依托”即依托教研平台，依托相关科技协会，依托高校、科研院所和高新企业。将创新实验活动对接各种教学大赛，激活教师创新热情；对接青少年科技创新大赛、“明天小小科学家”评比、全国发明展等赛事，激发学生的创新潜能，提升创新素养；整合资源，开展创新实践、寻找专业支撑提升创新品质。构建学校、教研平台和科协组织“三位一体”的创新人才培育机制。

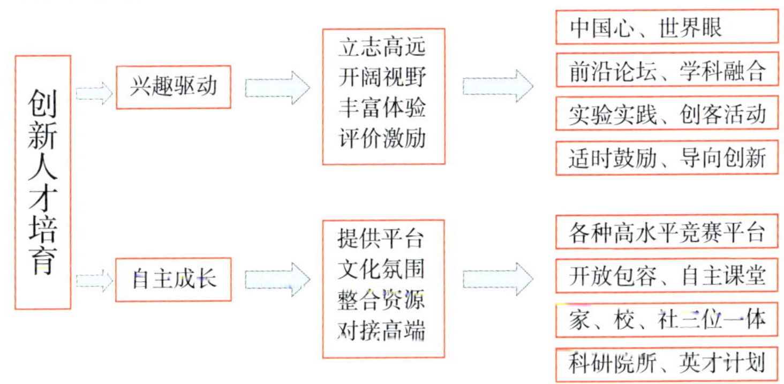

(3)区域推进策略。与厦门市知识产权局共建厦门市中学生科技创新联盟，通过举办科技创新夏令营和知识产权志愿者活动，提升厦门市的中学生创新水平。积极参与组织厦门市中学生物理实验能力竞赛和中学生物理夏令营，区域提升我市中学生物理实验能力和思维水平，为区域提升中学生创新素养搭建更多平台。

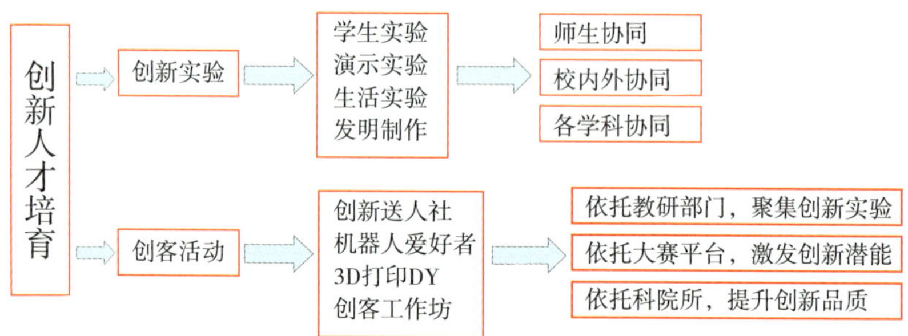

5.硬件保障机制

(1)创客空间：为普及型的创客社团提供活动空间和常规制作工具。

(2)创新工作室：创新工作室由厦门市总工会授牌，聚集学校科技创新骨干，对学校发明创新工作起引领提升，有一定创新活动经费，配备专业顾问和专业条件，有常规活动制度和有检查奖励机制。

(3)机器人俱乐部：为机器人爱好者提供物质保障，每年更新设备，有 3D 打印设备等。

(四)效果与反思

1.教改实践与推广效果

从整个教学改革实践效果来看，通过创新实验和创客活动的开发与研究，明确实验创新的开发主体，充分调动教师和学生参与创新实验开发的积极性，成效显著。

(1)改进提升了一系列物理实验演示效果，开发了一系列随堂小实验和课内外探究实验，为学生开展科学探究和创新活动丰富了实验资源。打破传统的纯粹验证型、演示型的实验模式，引导学生开展研究性学习和创造性实验研究。现在学生的问题意识比以前有了明显的提高。他们常常主动观察一些平时并不在意的现象，并提出研究思路。例如有的研究小组在绑鞋带中发现可以利用摩擦力的自锁实现鞋带的可控伸缩，从而发明出专利作品——自锁式活动绳扣。

(2)以小制作、小发明为突破口，开展一系列科技创新、创客活动。我们把学生制作的“土电话”摆出来，通过对比不同材料和尺寸的“土电话”的效果，引发学生思考其中的制作奥秘和蕴含的物理原理，使学生的探究欲望加强。学生在制作不同的纸飞机时，发现纸飞机的飞行时间和距离可能与其重心、展弦比等有关，从而开展相关问题的空气动力学研究并取得创新成果。将创新教具的应用由量到质，理论提升，以培育学生创新素养的视角，将开发的教具应用于学生实验、演示实验和课外探究实验，开展教学课例研究，总结实施策略。有 26 篇研究论文在各类 CN 杂志发表，其中北大核心 6 篇。

(3)充分为学生创造实验条件，让学生能够在教师的指导下充分发挥自己的潜力和创造力，开展研究性学习和创新活动。学生对实验有了亲近感，认为只要有兴趣保持好奇心，处处有问题，样样可探究，打破了只有在物理实验室才可以进行实验的看法。他们随时利用身边的工具，书本可以当重物，水管可以当器材，连体重计都可以当测量工具。小小的液体沸腾实验他们也观察出了门道：原来水在超过 100℃的情况下也不一定都是气态。当看到水在 300℃高温下跳跃旋转时，他们那种兴奋真是无以名状，说这是以前他们想都没想过的。

(4)以青少年科技创新大赛为抓手，开发和研制一批适应创新大赛的竞技实验项目，使学生在趣味中发现、在竞争中成长，以培养他们各方面的综合素质。教学改革实践期间总共指导 85 个项目获得各级青少年科技创新大赛奖励，其中全国奖 7 项，省级以上奖 25 项，50 项获得国家专利。在全国发明展等评比中，获金牌 9 枚、银牌 10 枚、铜牌 1 枚。学生在创新中获得成功的体验，在成功中不断地激发创新的热情。此外，厦外学生在厦门市实验能力竞赛、全国初中物理应用物理知识竞赛中也屡获佳绩，如厦外初三学生在 2018 年全国初中物理竞赛勇夺厦门市冠、亚军，是全市前 50 名中获奖比例最高的学校。

(5)创新成果亮剑赛场成绩斐然。课题组教师应用物理创新实验参加课堂教学大赛、实验说课比赛、教学技能大赛等，获全国一等奖 6 人；省特等奖 2

人，省一等奖 6 人，省二、三等奖各 1 人；市级奖多人。

(6)成果分享，推广辐射。课题组主持人钱永昌，核心成员陈宗荣、陈芬等作为厦门市物理学科指导组成员，积极推进厦门市教师实验技能培训和指导，大面积提高厦门市物理教师的实验素养，从而为提高厦门学生的实验能力和创造力提供了保障。课题组还参与起草《厦门市科技教育工作条例》，从加强课程建设、加强科技实践活动、加强场所基地建设和加强科技教育师资队伍等四个方面建言献策，对推动厦门市中小学科技教育产生深远影响。研究成果不仅在本市分享，还惠及省内其他地区，课题组教师在课题研究及推广应用中开设与物理创新实验相关的省、市级公开课以及省、市级讲座共 40 多节，部分讲座面向西藏、新疆、青海等地，受益面广。

(7)创新、创客比翼齐飞。机器人创客活动的 VEX 工程机器人团队在机器人亚洲锦标赛、世界机器人大赛等高级别比赛中获金奖 7 项，银奖 2 项，铜奖 4 项，省、市级奖几十项。

2.教改成果的实践反思

(1)通过教改实践，我们发现革新教育方式与教具创新同等重要。

首先，教师要注重通过低成本实验创新让学生感受科学的真、人性的善与艺术的美。立德树人是教育的首要目标，教师在实验创新开发中千万不能忽视德的培养。

其次，教师要注重创新实验的展现形式。

教师实验的目的是给学生做示范，启迪学生思维，发展学生素质。所以教师在使用创新实验教学时应注重激发学生兴趣，提高学生参与实验的欲望。

再次，落实实验制作环节，突出“做中学”。

学生创新的想法有时只是漂浮不定的一个闪念，它急需通过动手实验加以证实和强化。有时只有面对实验器材，学生富有个性的想法才会喷涌而出。物理实验制作是一项从模仿到创新、手脑并用的过程，物理教师不要轻视学生的模仿与制作，其实模仿与制作是创新发明的土壤。哪怕是一个纸筒做的小孔成像仪，学生经过亲自动手制作与改进，从经历失败到成功的过程不仅更深地领悟到其中的物理原理、制作技巧，感受到探索物理的乐趣，同时在制作过程也会产生一系列新的值得探索的问题，如：选用什么材料才能使成像效果更好、小孔多大才最合适等。

最后，倡导实验反思，突出交流评估。

实验反思是一种有益的思维活动和再学习的过程。实验反思可以提高学生科学探索的自主性和积极性，目的是指导促进实验的改进。经常性的实验反思可使学生的研究能力、创新能力得到提高。教学中教师要提供时间与平台让学生交流感受，并对实验的得失进行较为深入的思考与总结。

(2)通过教改实践，我们发现创新文化氛围的营造十分重要。

学生创新能力的培养不是一蹴而就的，教师的关注点应该是创新文化氛围的营造。我们十分注重追求宽松自由，尊重个性发展，鼓励标新立异。首先为学生创造“宽松、民主、开放、向上”的成长环境。其次要尊重学生的个性和心理需求。我们搭建各种创新活动与竞赛的平台，使各种层次的学生都有机会发挥各种潜能。此外，我们还十分关注学生意志品质的培养。学校每年组织学生到各种基地社会实践、参观访问、参与劳动等，锻炼学生的意志品质。

(3)通过教改实践，我们发现教师创新能力的提升是关键。

有创新能力的教师善于点燃学生思维的火把，善于结合知识教学挖掘其中的创造因素。教师的创新行为对学生也会产生潜移默化的影响。

例如对于物理仪器的教学，教师不要仅仅局限在实验原理、使用规范、读数等基本要求的介绍，而应进行适当拓展，让学生充分了解其中蕴涵的创新思想。

(4)教改成果还存在以下几个有待改进的方面：

第一，创客活动还有待更深入的研究和总结。可借鉴国际 STEAM 的理念，开发出操作性更强的评价方法，采用技术手段支持并深化个性化的考评进程。所采用的方式、平台或设备，应该服务各种类型的学生。

第二，开展创新素养培育的教育实验研究，就总结出的教学策略实施后对创新素养和教学质量提升方面获得更精准且更有说服力的数据。

第三，加大培训力度，形成研发团队，提高教改实践教师自身的创新能力。

三、创新项目典型案例

厦外“英才计划”与“钱学森班”

项目一:厦外参与中国科协“英才计划”简介

厦外具有先进的办学理念,致力于培育“中国灵魂,世界胸怀”的高素质国际性复合型预备人才。厦外英才,群星闪耀;“钱学森班”,师资雄厚。学生参加英才计划亮点纷呈,厦外“钱学森班”特色突出,构成厦外创新教育的金色名片。

(一)英才计划:淑质贞亮,英才卓砾

1.英才概况:精英荟萃,俊采星驰

中学生科技创新后备人才培养计划(简称“英才计划”)是由中国科协、教育部共同组织实施的一项拔尖创新人才培养计划。“英才计划”旨在选拔一批品学兼优、学有余力的中学生走进大学,在自然科学基础学科领域著名科学家的指导下参加科学研究、学术研讨和科研实践,感受名师魅力,体验科研过程,激发科学兴趣,提高创新能力,树立科学志向,进而发现一批具有学科特长、创新潜质的优秀中学生,为“基础学科拔尖学生培养计划”输送后备力量,为青少年科技创新人才不断涌现和成长营造良好的社会氛围。

厦门外国语学校高中学生自2013年开始参与“英才计划”,迄今共有81人参加历届英才计划活动,厦外为我省参与英才计划学生人数最多的中学。自此学校为拥有梦想的孩子提供了更广阔的平台,让这些学生得到跟随大学教授学习的机会,让他们有机会进入实验室,学习并参与自己感兴趣的课题。

“英才计划”培养学科覆盖五个基础领域:数学、物理、化学、生物、计算机。学生培养周期为一年,培养期结束后,学生可继续报名参加下一年度的培养。培养时间主要是利用周末、寒暑假等课外时间来开展。

2.英才选拔:伯乐相马,百里挑一

“英才计划”选拔主要有两种途径:导师推荐和学生遴选。

（1）导师推荐。“英才计划”导师原则上应从“基础学科拔尖学生培养计划”导师中推荐，以两院院士、“长江学者”特聘教授、国家杰出青年科学基金获得者、国家级教学名师、省级教学名师为主。参与高校根据工作计划推荐导师人选，省级管理办公室根据导师条件进行审定后，正式成为“英才计划”导师。新增导师获得主办单位颁发的导师聘书，往届导师自动进入“英才计划”导师库。导师由热心青少年科技教育的专家组成培养团队，团队成员原则上应具备博士学位或副高以上职称。

（2）学生遴选。省级管理办公室根据《“英才计划”中学参与办法（试行）》有关要求确定参与中学，并联合相关高校及中学向中学生广泛开展宣传动员工作。中学负责推荐品学兼优、学有余力、对基础学科具有浓厚兴趣的高中一年级和高中二年级学生参加报名。学生相应学科成绩排名应在年级前10％，或者综合成绩排名在年级前15％。学生根据个人兴趣爱好选报导师，并提交相应材料。

省级管理办公室和高校联合对报名学生的学科基础知识和创新潜质进行笔试、面试。笔试可选用全国管理办公室提供的五学科潜质测评试题，也可自行命题。省级管理办公室和高校根据学生报名材料和笔试情况确定进入面试人数，面试学生与入选学生比例原则上不低于3∶1。学生通过面试后，进入培养环节。

3.英才培养：百年树人，孺子可教

（1）导师培养。导师应充分利用高校科研平台和学术资源对学生进行培养。导师根据学生的不同特点，采取指定阅读书目、参加学术讨论、听取学术报告、指导课题研究等方式培养学生，使学生真正了解学科发展方向，切实体验科研过程。对于兴趣爱好或科研项目属于交叉学科或边缘学科的学生，可以推荐高校内部不同学科导师、不同实验室或校际间的合作共同培养。

导师应保证必要的时间和精力投入，保证与学生的见面次数，对学生进行当面指导。导师应要求学生投入必要的时间和精力，培养周期内到校参加培养不应少于10次，并督促学生在每次活动后登陆网络平台提交《成长日志》，记录培养过程。

（2）中学培养。参与中学需选派科技教师或学科教师对学生进行基础科研技能培训，配合高校导师做好学生日常培养。

(3)科学实践与交流活动。5个学科工作委员会每年组织优秀学生参加学术会议、培训班、大师报告、夏(冬)令营、论坛、交流会等多种学科交流活动。全国管理办公室将组织野外考察等综合性实践活动,选拔推荐优秀学生参加国际竞赛或交流活动,与国外优秀青少年、科学家进行交流,提高对世界科学前沿的认识,开阔国际科学视野。

4.英才成果:厦外特色

厦门外国语学校自2013年开始参与“英才计划”,自此学校为拥有梦想的孩子提供了更广阔的平台,让这些学生得到跟随大学教授学习的机会,让他们有机会进入实验室,学习并参与自己感兴趣的课题。

(1)宣传到位。厦门外国语学校参与“英才计划”以来,每年都有一批学生参与培养,收获颇多。从第一届的赖文昕、欧一、林宇辉等起,每年他们都会现身说法,向学弟学妹们做宣传,分享他们与厦大教授们在一年的接触和交流中的体会。他们体会最深的有三点:①导师们都很“厉害”,都有非常高大上的学术基础和项目,非常吸引他们。②导师们都很努力于学习和工作。很多学生反馈说,很多导师每天晚上都工作到很晚,到凌晨1点是常有的事。而导师们都这么努力工作,更何况自己是一名普通的中学生呢!导师的榜样不断地激励着他们努力向前。③导师们的实验室都很新,都是闻所未闻的设备,在导师们的指导下,在实验室参与导师们和研究生们的共同研讨,虽然不能完全明白理论,但是很有兴趣,能激发人,感觉科研就在身边。

(2)理念认同。厦门外国语学校培养人才的理念是文理并重,注重全面发展。尤其是2018年以来,本校与国家“钱学森办公室”合作开办了“钱学森

班”，以钱学森的科研、爱国、追求大成智慧的精神，培养适合时代发展的人才。现已招收三届钱学森班，共 6 个班级。年段和学校时常会邀请国内外的教授对学生进行现场讲座指导。而“英才计划”的培养理念与本校的发展理念是高度吻合的，是本校学生在成长中最内核的追求。能让学生基于高中学业，又能跳出高中学业，向科学科研出发。在学生的青少年阶段给他们种下一颗科学的种子，他们在学有余力的情况下，能较早接触到真正的科研。

(3)公平、公正、公开、有效的学生推荐方案。厦门外国语学校参与“英才计划”的人员多。本校在省科协下发关于“英才计划”的通知后，组织年段骨干教师和班主任进行说明和部署，并确定好推荐方案上报学校教务处，按划定的成绩要求组织预报名，并由班主任教师把关审核。由年段组织一批相关学科的骨干教师对预报名的学生进行一定的学科指导。由教务处统一开具学业成绩，并作公示，接受全体师生的监督。2018 级，该校被省科协认定的培养学生有 12 名，为全省最多。每年厦门外国语学校参与“英才计划”的学生人数均居我省前列。

(4)定期开展校内座谈。学生和厦大导师对接好后，年段的主要工作任务就转向对培养学生的跟踪和激励。这项工作主要包含三方面的内容：选出一些代表，作为优秀学生推荐给学校，在“国旗下讲话”活动中谈体会；定期开展学生座谈会，长则一个多小时，短则十几分钟，目的是了解学生的学习状态、与导师的联系情况、兴趣的方向；在“英才计划”的小圈子里面进行交流，提供一些提升活动的机会，如外出研学、听科学讲座等，配合高校对“英才计划”学生的培养共管。

(5)创新工作计划。厦门外国语学校于高二下学期利用选修课程，组织“英才计划”的学生进行小课题的研究和指导，邀请厦大老师对“英才计划”学生团队和部分负责教师进行课题的研究指导。与“钱学森班办公室”进行合

作，开展特色项目。

(二)学员风采

【学员佳绩】

2015届学员李昆鹏赴大连参加第三十届化学年会，聆听大会的报告和化学领导人论坛。同时，李昆鹏还参与了化学嘉年华活动，以志愿者的身份向小朋友讲解化学知识。

2016届学员韩江月参与了2016年中日青少年科技交流项目暑期高中生活动(也称“樱花活动”)。通过为期一周的交流活动，包括访问大中学校、科研院所，与前沿领域科学家和日本青少年进行交流探讨，进一步加深了对日本科技和教育的认识。

2017届学员许应玕同学作为全国中学生“英才计划”学员，经福建省科协推荐，参加了世界顶尖科学家论坛中的青年科学家论坛，与世界各地多位顶尖科学家有了近距离接触。

高涵之，2016年和2017年两届英才计划学生，师从厦门大学数学科学学院博士生导师邱建贤教授。“英才计划”期间完成一个研究课题(“论高速运动物体的反常观测结果”)以及一个个人发明(“自动车门防雨装置”，该项目在2016年8月第十二届宋庆龄少年儿童发明奖评选中获得银奖。此后，他作为中国代表团成员凭该项目获得第26届俄罗斯青年科学论坛暨第26届俄罗斯青年科学家竞赛工程与技术学科论坛最佳项目奖及大赛一等奖)，并于2016年7月入选“樱花计划”，赴日本参加中日青少年科技交流活动。2016年12月参加在北京大学举行的“英才论坛”活动，被评为“英才计划”优秀学员，同时获得参加“中国科协青少年国际科技交流项目遴选培训暨Intel ISEF冬令营”的资格。2017年8月参加全国中学生物理竞赛获福建省一等奖。

2018届学员汤杰在《流浪地球》的启发下，跟随厦门大学教授展开《木星与地球之间的洛希瓣双星吸积模拟》研究。且经福建省科协推荐，来到世界顶尖科学家论坛介绍自己的项目，并表达了自己对未来科技社会的展望和对星际航行发展的看法。他的听众包括世界顶尖科学家协会主席、2006年诺贝尔化学奖获得者罗杰·科恩伯格，以及世界顶尖科学家协会副主席、2013年诺贝尔化学奖得主迈克尔·莱维特。

【学员感想】

通过“英才计划”培养，在导师的辛勤教导下，在夯实基础知识同时，拓宽物理视野，学会用所学知识解释物理现象，学习探究课题的必备条件，培养物理兴趣。在积极参加物理冬令营，聆听2019年中国大学生物理学术竞赛辩论会，参加厦大海韵校区2019年大学生物理竞赛集训报告会等的过程中，集中物理思想，解决之道，收益颇丰。

（2018级物理英才计划学员　施懿宸）

我选择《木星与地球之间的洛希瓣双星吸积模拟》这一课题，源自去年热映的科幻电影《流浪地球》，也与我五岁起萌发天体物理学兴趣、种下一颗梦想星际旅行的种子息息相关。“科学研究让我非常有激情，从事这项研究，对我来说，是探讨更多的可能性。只要坚持努力，相信未来所有的人都能拥抱‘星际社会’。”

（2018级物理英才计划学员　汤杰）

回想入选之初，我对“英才计划”的看法仅仅停留在学术层面。可是在两年的时光里，我发现当时自己的认识实在是太肤浅了。教授的悉心指导、高水平的学术讲座、国内外的参观交流、自己的科研过程、结交到的优秀同龄人……所有这些都在促使着我不断提升、完善自己。在我看来，“英才计划”更像是一个学习机会的集合体，它为我们创造了无限的可能。只要我们全情投入、积极面对，必能使自己达到更高的高度。“英才计划”带我走进了一个更加高深而美丽的学术世界，让我更加深刻地体会到了宇宙那神秘的美；自己在两年间努力的成果得到了导师、省科协与中科协的鼓励和认可，让我更加坚定了对自己的信心，支持着我向目标不断前行；最重要的，“英才计划”使我重新看清了自己的位置，引领我找到了自己的信仰和愿意为之付出一生的人生方向，那便是更高深、更尖端、更重要的科研。对我而言，兴趣、信心和信仰这三者，便是“英才计划”带给我最大的收获。

（2016届，2017届“英才计划”学员　高涵之）

项目二:厦外“钱学森班”简介

(一)钱班概况

2018 年 9 月 17 日,厦门外国语学校高中部“钱学森班”揭牌。“钱学森班”旨在弘扬钱学森精神,提升学生科技、人文等各方面素养。厦门外国语学校成为厦门市唯一一所可以开办“钱学森班”的学校。钱学森的儿子钱永刚教授在揭牌仪式上说,“钱学森班”的目标是三年后培养出有精神担当、创新实践、目标高远的人才,让这些积极参加各级各类科技创新比赛、学科竞赛以及创造发明实践活动的学生,不仅能收到知名大学抛出的橄榄枝,更要承担起爱国向上、尊重科学、为国奉献的责任。

(二)钱班选拔

厦门外国语学校思明校区每年有一定比例的本校初中优秀毕业生直升高中,这当中将挑选 50 人和全市中招报考外国语学校的前 50 名,共 100 人编为 2 个班,冠名为高中“钱学森班”。2020 年起,厦外集美校区每个年级也相应开设两个高中“钱学森班”。

(三)钱班培养

“钱学森班”的课程分为基础型课、拓展型课、研究型课三大类,除常规课业之外,学生们还会有“加料”课程,特别是三年的高中生涯,“钱学森班”的学生会有思维科学训练、数理化拓展这样的“头脑风暴”课程,也会有工程技术入门这样常人难以接触到的必修课。为推动厦外钱学森班高质量、高水平的发展,厦外还与厦门大学航空航天学院建立战略合作伙伴关系。厦门大学航空航天学院在厦外开设的“南强讲台”课程,分为“航空特色课程”和“工科科普课程”。

航空特色课程	工科科普课程
1.航空概论	1.MEMS 技术介绍
2.流体力学专业介绍	2.机电工程专业介绍
3.飞行控制专业介绍	3.精密制造专业介绍
4.航空结构强度专业介绍	4.自动控制专业介绍
5.航空发动机原理介绍	5.基于深度学习、强化学习的智能技术
6.飞行器健康管理专业介绍	6.大数据智能分析与决策

厦门大学航空航大学院、厦门外国语学校合作签约仪式

（四）钱班丰富的活动

1.《中国传统文化自选集》编写活动

“语文学习任务群”是《语文课程标准》中的一项重要内容。为了贯彻课标精神，体现语言文字运用的综合性、实践性与过程性，整合学习情境、学习内容、学习方法和学习资源，引导学生从“文本互涉”的高度，在运用语言的过程中促进学生阅读、写作、编排等跨学科综合素养与能力的提升，在厦门外国语学校

班级	编号	姓名	自选集名称
1	1	陈晗希	《“漾舟”——唐诗中的“舟”意象》
1	2	秦一云	《食之性也》
1	3	胡文静	《飞入寻常百姓家——中国诗人所见明知的乡村百态》
1	4	上官宇雯	《火树银花，佳节舞蹁跹》
1	5	侯亦凡	《诗似画卷，执笔绘天涯——王维诗自选集》
1	6	邱欣然	《心弦——苏轼诗自选集》
1	7	汤毅文	《以议入诗》
1	8	吴悠	《忆·千古之音——唐诗吴悠自选集》
1	9	陈虹羽	《回声——唐诗中的自然之声》
1	10	鲁宇晗	《河岳日星爱国精神自选集》
1	11	陈宜佳	《簃声：追寻古诗词中生命的共感》
1	12	苏毓晨	《盛唐月色：浅析李白诗中的“月”文化自选集》
1	13	孙僖	《晓风残月真性情》
1	14	甘宇童	《红香绿袖——宋词甘宇童自选集》
1	15	王毓伟	《知否知否——王毓伟李清照词自选集》
1	16	周静莼	《女性文学形象剪影》
1	17	林恺燕	《诗经中的女性》
1	18	陈琪	《纵死犹闻侠骨香》
1	19	李子菡	《田陌间的民歌——汉乐府诗歌自选集》
1	20	梁晨	《诗酒话人生——饮酒诗自选集》
12	21	陈颖怡	《月下吟》
12	22	沈婧然	《自是痴情 无关风月——中国古代女性诗歌自选集》
12	23	林文达	《古人的夜间生活》
12	24	王挥闵	《梅心惊破——中国古典咏梅诗选集》
12	25	王希彦	《杀死那朵春花——迁怒诗王希彦自选集》
12	26	龚林鋆	《物皆著我之色彩》

《中国传统文化自选集》编写活动

语文组(特别是高二年语文备课组)的指导下,2018 级“钱学森班”启动了《中国传统文化自选集》编写活动。

2.西昌卫星发射基地航天研学活动

受钱学森之子钱永刚教授邀请,2018 级“钱学森班”12 名学生在郑远鹏副校长等四位老师的带领下,赴西昌卫星发射基地参加航天研学活动。在基地工作人员的带领下走进西昌卫星发射基地,学生们参观发射塔架,零距离触摸火箭,了解火箭工作原理。

3.上海研学之旅

读万卷书,行万里路。为了积极响应教育部下发的《关于推进中小学生研学旅行意见》文件精神,同时为了使厦外“钱学森班”学生更深刻地领会钱学森先生的“大成智慧教育理念”,2019 年 12 月 13 日,厦门外国语学校高二“钱学森班”学生代表在德育处副主任赵卫红老师等 4 位老师的组织带领下,进行了为期三天两夜的上海研学之旅,拜访参观了钱学森图书馆、上海交通大学、上海博物馆、复旦大学、上海科技馆等地。

西昌卫星发射基地航天研学活动

上海研学之旅

除此之外,“钱学森班”还有其他形式的活动,如主题为《红楼梦里的艺术化生活》的讲座,“传承钱学森精神,共铸厦外新辉煌”——纪念钱学森先生逝世十周年暨 2020 届优秀学生培养的研讨会等。厦外以多样的活动践行钱学森的“大成智慧”的教育理念,努力培养有精神担当、创新实践、目标高远的人才。

【学生感想】

从初步定题阅读大量王维的诗篇，从中寻找合适的篇目加入自选集中，到后期需要阅读其他的相关论著，以了解诗人的人生经历，以及补充相关的知识。最后，十分感谢欧阳老师能够让我在已经习惯的快节奏生活中忙中偷闲，愿我们日后都能在文字间“慢慢走，欣赏啊”。

（侯亦凡《诗似画卷，执笔绘天涯——王维诗自选集》）

确认选题之后，我首先从大量阅读唐诗开始，把《唐诗三百首》所有的篇目认真地看了一遍，标注出其中含有自然声音意象的所有篇目，并在网上搜索其他篇目或相关资料，借助叶嘉莹先生《唐宋词十七讲》等书目进行理解。在阅读书和资料的同时，我也在这些含有同样或不同声音意象的唐诗中寻找着规律和其表达效果之共性与个性。完成这个自选集的过程中阅读了很多不一样的唐诗，在文字美中探寻音韵美与试听的有机结合，受益匪浅。

（陈虹羽《回声——唐诗中的自然之声》自序）

在 2018 年 10 月 16 日观看火箭发射的过程中，不经意间映在我眼里的一幅画面，使我动容。那是一个兵，手里小心翼翼地抱着一个几个月大的婴儿，他向来笔直挺拔的脊背微微弯曲，低头凝视着怀里的小孩。由此，我不由联想到钱学森对家庭与国家的责任与担当。

在中国日益强大的背后，正是有着如钱学森、西昌卫星发射基地的军人这样默默无私奉献的人，他们常常无法陪伴自己的家人，却知晓责重山岳、公而忘私的大义，这亦是对家的情谊深凝在对他人的大爱、对国家的担当上，体现了一种厚重伟大的家国情怀。

上官宇雯　高一(13)班

在本次研学活动中，我们学到了关于火箭的知识，见识到了彝族的文化民俗，观赏了邛海的美丽景观。

不过，要说最令人感到惊喜的，是有机会与真火箭进行零距离接触。虽说是已经退役多年的试验箭，但它却是货真价实的“长征三号”载运火箭，同时我也更加深入地了解到了火箭各个部分的名称、组成和功能。而这种体验，在平时生活中，哪怕是在电视上也无法确切地体验到。因此，我十分庆幸我能有这样的研学机会。

叶照　高一(12)班

我自幼便时时听闻钱学森老先生的光辉事迹。听过不同声音、不同身份的人在不同的时间地点对我讲述着几乎完全相同的故事，我自问对钱老已有了较深的了解。但此次上海钱学森图书馆之行却让我更真实地看到了那位热爱祖国、鞠躬尽瘁的科学家，那位立有丰功伟绩却亲手挥去重重浮名的老人。从图书馆内收藏的照片、信件和钱老曾用过的物品中，我看到了他的爱国，看到了他的知恩与情义，看到了他对事业的奉献与投入。看完最后一个展厅后，离开图书馆的路环绕着一枚巨大的导弹，沿着建筑内墙蜿蜒而上。那慑人的威力被钱老和几代科学家们所驯服，在这导弹漆黑的金属外壳中敛了气息沉眠，如一座泛着金属光泽的丰碑，向天矗立。其上不铭一文，却仍重于寻常石碑；所纪念者或非烈士，却亦是英雄。

苏逸馨　高二(12)班

从消费者变为生产者。诚如巴提斯所言，文字的魅力在学姐的艺术美讲座中浮现，引导我们从“消费者”变为“生产者”，变为一个“思想者”。讲座从宝黛间有关“弱水三千”的言谈开始，从细节展现出红楼的细节美，禅家的诗意美，随即学姐对《蜗牛》、何为艺术和《亲密关系》中伤痕所缘的思考与阐释。

学姐引用林语堂的言论表明自己对红楼独特艺术美、诗意美的认识。如何看待红楼中的儒、道、释文化？学姐将之比喻为明清社会的横截面，生动而形象。什么是艺术？学姐介入艺术在于游戏的理论。“只有当许多一般人民都喜欢以艺术为消遣，而不一定希望有不朽成就时，真正艺术精神方能普遍弥漫于社会中。”引用了林语堂先生的话，学姐向我们解释了她眼中的艺术。

通过这一场灵动而富有深意的交流，我们认识到了如何自省，如何品读，如何从阅读的“消费者”变为“生产者”，从阅读者变为思想者。

孙予欣　高二(1)班

四、创新教育策略途径

“三协同”“三依托”共育创新人才

“三协同”即师生协同、校内外协同、跨学科协同，“三依托”即依托各级教研平台、相关科技大赛平台、高校科研院所平台，两者都是培育学生创新素养的有效途径。

（一）“三协同”：师生协同、校内外协同、跨学科协同

1.师生协同，优化教学效果

针对创新实验开发中往往都只是教师在做，而学生几乎不做或做得很少这个现象，我们采用教师示范、学生跟进的策略，通过教师引领，评价机制改进，带动学生一起开展“低成本创新实验”开发，通过案例研究在制作和分享过程培养学生创新素养。研究由少数教师“做”到多数教师一起“做”，由仅仅教师“做”到通过教师引领和评价机制改进，带动学生一起“做”的师生协同的过程。

我们面向全体学生，把课外制作与课内教学有机结合。物理教学中突出科学探究，课后开展小制作。课题研究过程中，我们十分注重团队合作，倡导做中学、学中思、思中悟，让不同学生都能在做的过程中产生积极的情绪体验。

2.校内外协同，整合优势资源

我们打通课内课外界限，整合校内校外资源。学生通过课外时间开展创新作品研究与制作，在课内展示交流。在物理课堂学习基本原理和方法，到广阔的社会大舞台寻找实践与应用的天地。在实验室开展探究实验，设计各种简易电动机，感悟磁场对电流的作用以及物理的神奇，到运动场上开发可调节训练难度的引体向上装置，到科研院所开展风洞实验探究。

我们充分整合校外资源，提升创新品质。实践能力是创新素养培育的重要着力点。离开亲身体验与实践，创新就是无源之水、无本之木。我们充分整合社会和家长资源，积极拓宽社会实践内涵，以学生生涯发展和学习力培养为

切入点，让学生自主组建小组，选择实践专题开展实践考察，丰富体验激发好奇心，提高创新素养。

学生走进科技场馆、高新企业、科研院所，参观考察、学习体验、发现问题、主动探索。他们以世界为书本，引万物进课堂，从而获得丰富的体验，激活了创新的源泉，许多创新课题喷涌而出：面对暴雨后，城市下穿隧道被淹，行人和车辆事故频发，有学生提出制作"下穿隧道水位报警与自动控制装置"；遭遇莫兰蒂台风之后，树木东倒西歪、窗户破碎，有学生提出发明"多功能抗台风加固装置"；看到高速路交通标志牌经常蒙上厚厚的灰尘，有学生想到发明利用风能自清洁的交通警示牌……

3.跨学科协同，开展基于项目的 STEAM 学习

由于分科教学的知识碎片化，不利于提高问题解决能力，因此开展基于项目的 STEAM 学习研究。我们由创新物理实验到创客活动，就是让学生使用身边随手可得的物品进行探究活动或利用机器人、3D 打印机将创意制成作品，既拉近物理学与生活的距离，又让学生深切地感受创新的乐趣和意义。(解决学科融合的问题)

学生作为完整、独立的个体，其学科能力不能孤立而割裂地进行分项培养。教学时，我们将学生当成有情感、有主体意识、有血有肉的完整个体。在了解学生的心理需求和自我意识前提下，通过提供丰富的、可选择的课程、促进学生全面而有个性的发展。所以，我们从人的跨学科能力出发，打破学科界限，促进学科融合，共同培养全面发展的具有理想信念和社会责任感、有自主发展能力和沟通合作能力的人。

我们倡导打破学科局限，提倡学科融合，让学生利用工程思想、整合的理念，通过小组合作在解决问题和创造过程中感悟创新，培育创新素养。我们通过开展跨学科的基于项目的 STEAM 创客活动，以物理核心概念为基础，组建跨学科团队，融合数学、艺术、信息技术等学科知识开展主题探究。

例如在"激光束照射镜面圆柱的研究及其应用"研究中，针对学生发现的问题，融合物理、数学、工程、信息技术通过创客活动开展学科融合，打破学科边界，促进学科间相互渗透，交叉创新，通过解决问题促进素养提升。开展基于项目的 STEAM 学习就是以解决实际问题为导向，在综合运用跨学科知识过程中激发学生的创造热情，培育学生的创新素养。

（二）“三依托”：依托各级教研平台、相关科技大赛平台、高校科研院所平台

1.依托教研平台，聚焦创新实验

教师的教学技能和素养的提升是课堂增效的关键环节，学校学习效能提升的主动权很大程度掌控在教师讲授环节上，要想点燃学生的创新热情，引导学生自主探究与合作学习，都源于教师对创造性教学艺术的追求。我们依托教研平台，将教师的创新实验开发对接各级教学改革创新大赛、教学技能大赛、实验说课比赛、教具展评等活动。通过合作与竞争有效激活教师的内在需求，专业学科竞赛的获奖对教师是有效的激励和促进。

一个教师参加教学比赛，就会带给课题组一个好的研究主题。全体课题组教师通过听课、评议和交流，大家贡献各自的智慧，使创新实验开发更科学、更合理、更有效。

依托教研平台的优势不仅在于使教师开发实验创新有了动力来源，而且各级教研人员也对实验创新的开发不断提供智力支持，同时在赛课的展示平台上，有更多的同行参与观摩与学习，增大了受益面。

不仅课堂教学大赛有助于教师聚焦实验创新，实验说课比赛、教具展评活动更是直接导向实验开发与创新。几年来，我们参与指导厦门五中卢倩、厦门金尚中学的庄莹莹等均获全国实验说课初中物理学科比赛全国一等奖，自制教具作品“楞次定律演示仪”也获得“全国优秀自制教具”称号。

随着物理课堂教学研究的深入，我们发现实验在物理教学的基础地位是不可动摇的。实验创新是物理教学品位提升的重要着力点之一。实验创新有利于激发学生的好奇心与求知欲，而且对于培育学生创新素养有不可或缺的意义。

2.依托科技大赛平台，激发创新潜能

教育的目标是培育素质全面的学生，教师的创新最终要通过对学生的示范和引领发挥作用。教师除了要激发学生的好奇心与求知欲，更重要的是培养学生自主探究的科学方法以及坚持不懈的毅力。为了参加青少年科技创新

大赛,就必须有创新的作品。怎样拿出创新的作品呢?首先就要有新颖、实用的选题创意,这是对学生创新意识的检验。我们引导学生要留心社会生活,从生活中挖掘创新的需要,找到值得深入探究课题。其次,要把创新的想法付诸实践,就需要不断改进和有效利用资源。有时创新还会走入死胡同,使研究停滞不前,就要有坚定的信念和科学方法的引导。参加科技大赛的过程还可以让学生在与同伴的竞争中发现自己的不足和优势,在不断的改进中感受研究与创新的艰辛和快乐。

每年一届的青少年科技创新大赛对学生来说就像一个盛大的节日。开始是全校人人都可以参与的科技创意大赛,他们围绕生活中问题展开"头脑风暴",提出奇思妙想。老师们对学生的创意从科学性、新颖性、实用性、可行性等角度进行评估,优选出优秀作品开展发明制作或优秀课题开展深入研究。这些优秀作品将被逐级推荐参加全国创新大赛,课题在比赛过程中还会在专家评委的指点下逐步改进与提升。参赛学生也伴随着大赛逐渐成长,他们的问题意识变得更强,创新思维得到训练,研究方法也更加规范。

例如获得全国青少年科技创新大赛一等奖、科协主席奖、"明天小小科学家"一等奖、"英特尔国际科学与工程大奖赛"30米望远镜专项奖二等奖的陈姚佳,就是通过青少年科技创新大赛逐渐成长起来的创新达人。她在厦外先后参加三次青少年科技创新大赛。第一次参赛作品是"多功能便携式充电与照明装置",顺利通过层层选拔,获得了全国青少年创新大赛二等奖;但第二年"人体接通电话实验探究"却止步于福建省三等奖,连参加国赛的资格都没有;直到高二年,她又满腔热情地投入到了"激光束照射镜面圆柱的研究及应用"的研究。其实,经历挫折对学生来说并非坏事,像陈姚佳一样,只要认真总结经验教训,就会获得更大的成功。最后一次,她研究更加深入。她用了近一年时间,研制出一种可准确控制离心率的光学圆锥曲线演示仪。但是,她的研究没有止步,并开始逆向思考,最终发明出一种可以在线快速定量检测圆柱表面粗糙度的仪器,并申报了多项国家发明专利。

我们在科技节专门为学校的创新达人开设创新论坛。通过创新论坛,他们将研究过程和成果在校内展示,为其他学生提供创新的范例,不仅激发带动一大批学生参与课题研究,而且在研究方法和研究思路方面对其他学生也有启迪和示范作用。一方面，科技比赛为孩子们研究课题树立了标杆，使他们研究课题的质量有了质的飞跃；另一方面，学生在竞争中综合素质也得到锻炼，创新意识与能力都得到长足的进步。

我们依托相关协会将学生的创客活动对接青少年科技创新大赛、明天小小科学家评比、全国发明展等赛事，不仅激发了学生的创新热情，而且提高了创新品质。学生在各类赛事上，向同伴、公众、专家和领导介绍自己研究成果，还提高表达交流的能力、团队合作能力和沟通与展示的技巧。

3.依托高校、科研院所平台，提升创新品质

中学教师的水平和实验条件毕竟有限，为了给学生更高的平台，提升他们创新的品质，我们聘请高校教授、资深发明人以及科创资深教师组成专家顾问小组，针对创新实验制作研发进行具体指导与提升。高校教师和资深专家不仅对学生提出的创意进行论证和指导，而且在课题遇到困难时提出建设性的意见。例如小型烟风洞实验设计时，我们遇到电阻丝发热时电阻变化导致甘油发烟不稳定，影响实验效果。这时我们只是想到通过间歇性断电来解决，操作上十分麻烦，而且实验效果也不理想。厦大陈文芗教授一看就说应该改进电源，设计一个提供恒定输出功率电源即可。我们与本地高校、科研院所和高新企业建立良好的关系，确立实践基地，开展创新实践。每年我们都组织学生参观厦大无人机基地、流体力学实验室、厦门理工学院汽车工程系，走进厦门ABB开关公司、美图公司等高新企业。通过参观实践，学生们感受到创新对企业核心竞争力的意义，创新作品要推向市场还有很长的路要走。另外，学生们还切实体会感受到科技正转化为生产力，改变着人们的生活。

总之，通过“三协同”和“三依托”，可以有效整合学校、社会和家庭多方面的教育资源，形成师生共创，学校、社会共育的创新人才培养机制。

（钱永昌.成果展示：“三协同”“三依托”共育创新人才[J].福建教育，2017(50)：31-33.）

专题二　青少年科技创新教育研究

一、搭建创新舞台，展示创新魅力

厦门外国语学校一贯坚持“突出外语，文理并重，全面发展”的办学指导思想，致力于培养“中国灵魂，世界胸怀”的高素质国际性复合型人才。我们清醒地认识到外语是一种打开世界大门的不可或缺的工具，同时也是了解世界文明的重要手段，但是要想培养国际级的卓越人才，关键还在于学生创新潜能的挖掘与综合素质的培养。因此学校历来重视科技教育，注重培养学生的创新素质。厦外科技教育活动特色鲜明，活动内容丰富多样，普及程度高，成果丰硕。近年来厦外荣获全国青少年科技创新大赛“优秀组织奖”、福建省青少年科技创新大赛“优秀组织奖”、首届“福建省卢嘉锡科技教育奖”等多项赛事及科普活动的优秀组织奖。

我们通过系统规划、课题引领、整合资源、搭建平台、点面结合等方式，着力打造科技教育特色并结合学科特点，采用“课内、课外相互渗透”的方式，融科技创新教育于各项教育教学活动之中，通过积极的情感体验来培养学生的创新精神和实践能力。总结如下：

（一）领导重视、组织规范

构建有效的“三体合一”的运行机制，夯实科技教育基础。

围绕“整体和谐发展、主体自主自立、个体特长初现”的“三体合一”的学生科技发展目标，学校构建了行政组织系统、科技团队实施系统和专业支持系统

"三体合一"的科技教育建设机制。

行政组织系统包括以校长为组长的学校科技教育领导小组、教务处、学校创新工作室和学生科技社团三个层面。领导小组负责学校科技教育工作的领导和计划的制定,教务处负责学校科技教育工作的组织开展,创新工作室和学生科技社团等负责具体落实。

科技团队实施系统以科技总辅导员为核心组成工作团队,包括相关学科教师、年段长、班主任等,负责学校科技教育各项工作的具体实施。在具体实施过程中,得到各部门的密切配合,形成分工协作、齐抓共管的工作格局。

学校聘请厦门大学等高校的著名教授、博导担任厦外科技辅导员协会顾问,形成专业支持系统。他们对厦外课题研究和青少年科技创新活动进行专业指导,有效地提升了厦外科技教育工作的层次和水平。

(二)经费保障、激励到位

领导重视科技教育,首先体现在遵循"重点倾斜"的投入机制。近年来,学校投入100多万元,建设2间DIS实验室、1间生物数码显微互动室,以及4间电工和电子、车工、木工、缝纫、汽车模拟驾驶等通用技术实践室,设施设备配置达到或高于省颁标准。为推进优势项目建设,学校投入60余万元组建了创新工作室,以确保优势项目优先发展。

学校教代会通过了新修订的《奖教条例》,加大了对科技竞赛指导教师的奖励力度。《奖教条例》还特别列出指导学生获得专利发明每项奖励1000元。

厦外充分发挥实验项目的引领作用,鼓励项目创新,实现了项目研究与科技教育共同发展的新局面。自2004年起,投入了数十万元的科技创新经费,确保创新工作室有序高效运转。创新工作室由专人负责,积极开展小发明、小制作活动,经过多年的研究和实践,取得了丰硕的成果,学校科技教育也上了一个新台阶。

(三)系统规划、教学渗透

1.合理规划科学教育内容,制定有针对性的系统教育方案

学校根据新课程改革的要求,统整理、化、生、地理、信息技术、劳技等基础型课程,以及学校特色的拓展型课程、供学生自选的研究型课程和学生社团活动,构建"四课一体"的学校科技教育课程体系,使科技教育特色进一步得到加强和提升。

学校提出了“初一、高一年级：发现优势；初二、高二年级：体验成功；初三、高三年级：追求卓越”的分年级工作目标，让学生在厦门外国语学校的3至6年成为一个有序的发展过程，为学生的终身发展打好基础。

学校通过提供广泛的科技教育课程与活动，让不同年级的学生在厦外的舞台上实现不断的发展目标。学校为学生实现自己的梦想，搭建成才的平台，助推他们追求卓越。

2.发挥学科课堂主渠道作用，在课堂教学渗透“做中学”科学教育理念

我们通过革新课堂，转变学生的学习方式，培养学生质疑探究、动手创新、观察思考等各方面的能力，让学生在实验中学习与发展。对学生在实验中所发现的问题，给予及时指导，或鼓励学生自主解决。

在学科渗透方面，我们的做法是：一是注重在课堂传授知识的同时，结合学科特点，充分挖掘学科教育中科技教育的元素，注意培养学生的合作精神和质疑能力。二是将科技教育与研究性学习有机结合。教师通过对学生研究性学习选题、方法等方面的指导，使学生在“自由选择、自主探究和主动创造”的氛围中体验、了解科学探究的一般过程，充分释放创造潜能，从而培养了学生的探究能力和创新意识。三是开设科技校本课程，开发了学生的多元智能，让部分学生的个性得到发展，使一部分创新人才脱颖而出。

（四）课题引领、总结提升

为了提高科技教育的实效性，学校一边实践，一边积极开展科技教育教研课题研究。学校先后承担省、市课改课题“研究性学习走进学科教学的探索”“做中学在初中理化教学中的应用”等研究。目前这两项课题均取得可喜成果并已顺利结题。“研究性学习走进学科教学的探索”的课题研究与实践，既是对研究性学习课程实施的充实和完善，也是研究性学习作为一种创新学习方式在学科教学中的融合与应用。课题研究为更快、更好地转变学生的学习方式和教师的教学方式，探索出学科研究性学习的理论体系、实践体系和制度体系，通过课题研究，提升了学生科学素养。“做中学在初中理化教学中的应用”主要是从借鉴国内外比较先进的“做中学”科学教育理念入手，通过改进课堂教学模式、丰富学生学习和生活体验、提高学生动手能力、关注学生情绪需求等方面，探索出一条适合培养初中学生创新能力的可操作性的、易于推广的策略。

在课题研究引领下，我们通过不断实践、反思、改进、再实践，进而提高科技教育的教学实效，为培养学生创新精神与实践能力服务。

（五）整合资源、形成合力

1.充分发挥家长优势

我们学校的一大优势就在于有许许多多无私奉献、全力支持学校工作的家长。我们十分重视家长与社会资源的挖掘，使我们的教育教学成效如虎添翼。有许多具备专业知识的家长也非常乐于为学校科技教育提供智力支持；有的家长发挥专业优势，大手拉小手，直接进行课题研究指导；有的家长提供经济支持，支持学生参与实践调查、购买实验器材等。

2.充分发挥区域教育资源的优势

学校与嵩屿火电厂、厦门市污水处理厂、厦门地震观测站、灌口的卫星测控站、可口可乐公司、金龙汽车公司、气象馆等建立了长期稳定的联系，这些单位都成为厦外学生课外实践的重要基地。学校还与厦门市科技馆签订合作协议，科技馆无偿为学校提供各种科技教育的设施与资源，搭建学校科技教育发展的舞台，并通过开展“互动科学进校园活动”等活动来激发孩子们的科学兴趣。

3.横向联系，优势互补

学校每年组织学生到基地参观、参与劳动。如在学校建立“观海”教育基地，在武夷山市洋庄镇坑口村建立“看山”教育基地，开展“看山·观海情系老区”系列教育活动；组织各种公益活动，如厦外学生利用寒暑假到厦门华侨博物院做双语义务讲解员，保送生参加“知识产权保护”活动、市图书馆志愿者服务队、奥运博物馆义务讲解志愿者服务队等，寒暑假举办各类夏令营，每年组织学生参加加拿大、英国及欧洲夏令营。这样既锻炼了学生的综合素质，也为社会做出了力所能及的贡献。

（六）搭建平台、展示魅力

学校经过长期的科技教育探索和实践，逐渐形成了以“科技节”“竞赛交流”“科技实践考察”“科技社团活动”等多途径落实的格局，使学校科技教育渗透到了学校教育的方方面面，并内化到校园文化之中。

1.举办科技节

学校以一年一度的科技节为重要载体，培养学生科技兴趣和科学素养。至今，已举办了18届，师生参与率达100%。学校科技节为期一至二个月，其内容包括：专家科技讲座、科技读书征文、演讲比赛、环保知识竞赛、学术沙龙、观看科技影片、科技小制作评比、“头脑奥林匹克”比赛、科技黑板报评比、科技小报及网页制作比赛等。通过这一载体，为学生提供展示科技才华的平台，使他们获得了满足感和成就感，科技素养得以升华。

2.组织科技竞赛

以各级各类竞赛、交流活动为发展平台，张扬学生个性特长。学校每学年都积极组织学生参加青少年科技创新大赛和“头脑奥林匹克”竞赛、电子百拼竞赛等省、市的科技教育竞赛。近年来，学生在中国智能机器人大赛、全国信息学奥林匹克联赛、全国发明展、“宋庆龄少年儿童发明奖”以及数、理、化、生等学科竞赛上表现出色。高中学生在学科奥赛方面累计获得中国数学奥林匹克竞赛金牌2块、银牌1块，中国物理奥林匹克竞赛铜牌1块的佳绩。

3.开展科普实践活动

以参观访问、科技实践为有效途径，开拓学生的创新思维。学校利用每年寒暑假，积极组织学生开展科技冬令营、夏令营活动和科技进社区活动。厦外组织学生进行综合实践活动的过程管理规范，详尽地做好活动计划，确保开展的综合实践活动安全、有序、有效，活动计划能妥善存档，并做好过程记录、评价和活动总结，通过综合实践活动大大提高学生的实践能力。厦外在做好综合实践活动的同时，在学生中全面开展研究性学习活动。研究性学习活动的实施方案完备，学生的研究课题涉猎面广泛，学校每年还进行一次学生研究性课题成果的展示活动。

4.组织学生科技社团

以社团运行机制建设为主要抓手，提升学生的科技水平。厦外不断完善现有的IT编程社、摄影社、银翼传媒社、头脑OM社、动漫社、生物实践社等科技类学生社团，并有计划、定时、定点地广泛开展科技类学生社团活动，充分发挥学生的主体作用，培养学生的动手能力和创造力。为鼓励广大学生积极参与各项科技社团活动,学校每学期评选出一批“科技特长发展优秀学生”。

比赛获奖并不是我们参与创新的全部目的,我们希望学生通过投身发明创造与科学探索活动,不断锻炼自己的创新意识、创造思维、创新能力,提高自己的科学素养与实践能力,进一步弘扬主体精神、求实精神、进取精神、协作精神。学校的可持续发展离不开高素质的教师队伍,我们也希望教师通过指导学生课题研究,提高自身素质与整合资源的能力,为实现学校“出优秀毕业生、优秀教师和优秀教学管理经验”的办学目标贡献力量。

(钱永昌.搭建创新舞台　展示创新魅力[J].福建基础教育研究,2011(4):16-17.)

二、兴趣驱动，自主成长

2013 年 12 月 17 日，厦外高二学生陈锴杰、赖文昕参加首届“丘成桐中学生科学奖”获物理竞赛金牌(第一名)。在答辩现场，两位同学高雅的气质、自信的风度、流利的口语、创新的实验、可靠的数据、缜密的思维、生动的演示、睿智的答辩赢得包括诺贝尔物理奖获得者 David Jonathan Gross 为首的六位国内外科学家的肯定。最终陈锴杰、赖文昕的课题研究——“纸飞机的空气动力学探究”(Paper Plane Aerodynamics)摘得物理奖桂冠，并获 15 万人民币奖金。颁奖照片如图 2-2-1 所示。本文简要介绍“丘成桐中学生科学奖”、参赛历程和指导体会。

图 2-2-1 David Gross、丘成桐、顾秉林等为厦外师生颁奖

（一）丘成桐中学生科学奖

丘成桐教授是世界知名的数学家（菲尔兹和沃尔夫奖得主）。2004 年，他首先在香港成立了针对香港中学生的两年一届的“恒隆数学奖”。2008 年，在泰康人寿保险公司董事长陈东升先生和美国坦普顿基金会的支持下，“丘成桐中学数学奖”正式成立，并已成功举办五届。2013 年，在中学生数学奖的基础上增设物理奖，合并称为“丘成桐中学生科学奖”。丘成桐中学生物理竞赛的主旨是激发中学生对于物理学研究的兴趣和创造力，鼓励中学生在物理学方面的创造性，培养和发现年轻的科学天才，建立中学教师和大学教授之间的联系。

“丘成桐中学生科学奖”采用美国“西屋科学奖”的组织与选拔模式，注重创新和实践，鼓励团队精神，鼓励青少年对数学和物理的热情和投入，激发他们在科学研究领域中的潜能。

其评选过程严格正规：研究报告通过地区性初选后，将被提交到评审委员会复审，最后入围的参赛团队还需参加研究报告面试答辩，接受国际、国内著名科学家（包括诺贝尔科学奖获得者）的提问。评审委员会采取类似学术专刊的选文准则，全面评估参赛学生和团队的水平和能力，并参照严格的博士论文答辩模式，评出最后的优胜者。各级别优胜者及其辅导老师，将获得由“丘成桐中学生科学奖”组委会颁发的高额奖金；优胜者在报考国内外高等院校的时候，享受评审专家委员的推荐。

在中国，经过多年持续的教育体制改革，目前已经拥有较为完善、成熟的基础数学教学、评价和奖励体制，却缺乏激励青少年科研创新精神和意识的竞赛形式。“丘成桐中学生科学奖”的诞生，将作为传统科学教育模式的有效补充。

（二）厦外学生参加“丘成桐中学生科学奖”获物理金奖的参赛历程

下面结合学生的参赛过程，谈谈对大家有借鉴意义的环节。

1.问题来源于孩子的好奇心

陈锴杰从小开始就对“怎样才能让纸飞机飞得更远、飞得更久”之类的问题充满好奇。因为玩纸飞机，他没少被小学老师抱怨，并曾经付出过血的代价：一次，纸飞机飞到草丛里，他飞奔过去，结果被埋在草丛中的消防水栓绊倒，缝了17针。他的整个研究持续了五六年，如果不是孩子自己的兴趣，研究热情很容易就会逐渐冷却、淡忘。初三时，他带着这个课题参加青少年科技创新大赛，止步于省二等奖。但他依然没有气馁，一旦有了新的实验手段和想法，又坚持深入地研究。其实孩子的好奇心无所不在，这两位同学看到飞机，他们会好奇地跑到飞机的尾部观察发动机；看到可乐倒在杯子里升腾的气泡，他们会不由自主地用相机拍摄下来，慢慢琢磨；看到烟囱上袅袅的炊烟，逐渐扩散、消失，他们也十分兴奋。他们所研究的问题大都来自于对自然和生活现象的好奇。

2.把生活问题转化为科学问题

有的学生好奇心也很强，想法一大堆，可是从来就没有深入地去研究，症结就在于他们没有将生活问题恰当地转换为科学问题。像"怎样才能让纸飞机飞得更远、飞得更久"这个问题，其实就是要研究哪些因素会对纸飞机的飞行距离和飞行时间产生影响，这显然是一个典型的物理问题，与飞机的一系列受力有关。陈锴杰根据经验和查阅资料发现纸飞机的重心、仰角、展弦比、攻角等可能是影响的主要因素。如果生活问题不能适当转化，这样问题就只能停留在粗浅的猜想或等待现成的答案上。只有将生活问题转化为科学问题，才有进一步研究的可能。

3.利用现成的仪器做实验

刚接触物理学科，陈锴杰就开始利用简易的实验仪器，如橡皮筋、铁架台、秒表等开始了研究之旅，实验照片见图2-2-2。他用胶带将铁架台固定在地板上，用橡皮筋当发射动力；利用移动回形针改变纸飞机的重心；摄像机记录纸飞机飞行的轨迹和飞行时间。应用控制变量法逐个对可能影响纸飞机飞行的因素进行反复实验，虽然现代科学越来越依赖尖端的实验仪器和精密的测量，但是中学生的研究必须立足现实。在没有昂贵且精密仪器的时候，我们并不一定就无所作为。我们要鼓励学生利用瓶瓶罐罐当仪器，拼拼凑凑做实验，善于去旧货市场和淘宝找需要的用品。陈姚佳同学为了

图2-2-2　发射装置

验证“英雄小八路”用手拉手的方法连接电话是否科学合理，就在淘宝上用比较低廉的价格买到部队淘汰下来的磁石电话，结果成功还原英雄小八路的英勇情景，通过模拟从科学性角度维护了英雄光辉的形象。

4.注重过程性资料的收集

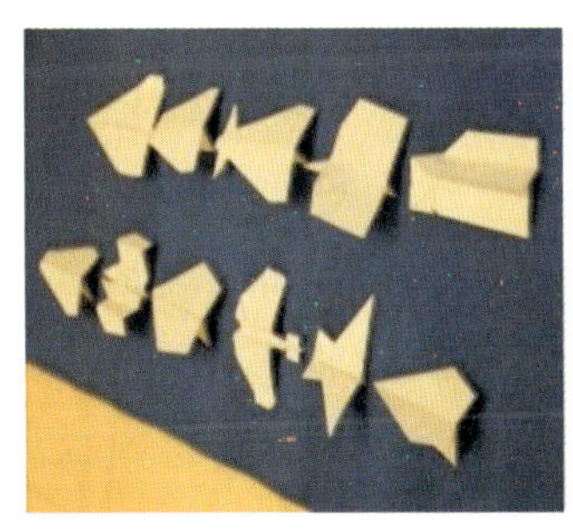

图 2-2-3　不同型号的纸

陈锴杰十分注重实验过程原始数据的收集，实验过的纸飞机（见图 2-2-3）、数据记录本、实验照片、录像都一一保存并有序编号。有时一个研究问题，他们要反复实验数十次，如果没有规范的实验数据记录表格就很容易张冠李戴，无法得出科学的实验结论。现在手机、相机、录像机已经非常普及，我们要鼓励学生充分利用这些现代化的工具，实时记录实验情况，录像既可以记录纸飞机的飞行时间，又可以再现纸飞机的飞行轨迹，便于反复对比研究。现代科学的重要特征就是实验结果的可重复性，因此实验数据的收集和处理是整个课题研究的关键。

5.主动寻求帮助，不断提升研究质量

在我的记忆中，陈锴杰刚开始提交的论文虽然已经是图文并茂、洋洋洒洒有 10 几页了。里面的专业术语如展弦比、攻角等已经远远超出初中生的视野，但是如果就此满足了现状而止步不前，也就不会有后面的成果了。其实在研究的初步阶段，实验设计、误差分析、论文的规范性等都存在一些不足。在该课题参加省青少年科技创新大赛时，厦门大学林之融教授也提出了改进意见。参加“丘成桐中学生科学奖”时我又建议他们使用 DIS 力学传感器进行简易的风洞实验（图 2-2-4），收集更科学的数据。在赴北京参加“丘成桐中学生科学奖”终评前，厦门大学物理与机电学院陈忠教授、航空系鲍峰教授等

图 2-2-4　自制“风动实验”

又对文章的科学性和论文的表述进行指导。

6.内外兼具,提高答辩的成效

这次获奖一个非常重要的原因是得益于我们学生良好的外语素养,他们纯正而流利的英语口语使他们与国际评委交流没有语言上的障碍。他们还善于利用计算机软件,将实验数据和误差分析以图文并茂的方式科学地表达出来,赢得评委的赞赏。在终评答辩时,他们还为每位评委展示一架纸飞机,并通过现场演示证实他们理论的科学性。答辩照片如图2-2-5所示。终评时,答辩的时间每个小组总时间30分钟,其中讲解时间为15分钟,回答问题15分钟。要在短短的时间内赢得评委的青睐,PPT展示时就要突出课题的关键,告诉评委课题的意义与创新点、做什么、怎么做、得出怎样的结论,对关键的实验方法和误差分析要有比较侧重的介绍。答辩过程中,评委会随时针对他们的疑点和感兴趣的问题打断发言,进行提问,我们都要做好积极的应对。我们的选手答辩时与评委交流的气氛十分融洽,欢声笑语不断,这样既注重论文本身的质量和学生的综合素质,又关注图文并茂与幽默轻松的表达,有效地提高答辩的效果。

图 2-2-5　答辩现场

(二)指导的体会与思考

1.树立远大理想,让学生有挖掘潜能的愿景

厦外致力于培养具有“中国灵魂,世界胸怀”国际性复合型人才。我们的学生很早就树立远大的理想和目标。陈锴杰的理想是当一名像爱因斯坦一样的物理学家,现阶段的目标就是考取哈佛大学的物理系。赖文昕也是一个有理想和抱负的学生,初中阶段开始就通过网络自学MIT教授的视频。有了远大的理想,人的潜能就会源源不断地被挖掘出来;有了远大的理想,人就不会因为一些小的挫折而抱怨或萎靡不振;有了远大的理想,人就会广泛涉猎科学知识,不断提升自己的科学素养。

2.提供广阔平台，让学生有施展才华的机会

学生天生就具有很强的创新能力，从这个意义上说，创新能力不是被培养出来的，而是要通过各种平台让他们充分展示、自主发展。学校一年一度的科技节是学生“脑力竞技的运动会”，为学生提供了展示科技才华的平台。我们还充分利用各种社会资源，让学生参加青少年科技创新大赛、全国发明展、“宋庆龄少年儿童发明奖”、“明天小小科学家”评比、“丘成桐中学生科学奖”等各种各样的竞技与评比。通过展示交流，得到评委的鼓励和帮助，发现自己的差距和不足，锻炼自己的综合素质。如果能够获奖，得到鼓励和肯定，对学生的研究也是一个很好的促进。

3.给予激励表扬，让学生有提高素质的动力

学生刚开始研究，可能有点像蹒跚学步，文章的格式可能不够规范，文字表述可能不够严谨，实验设计也许会存在瑕疵，推理过程可能存在前后矛盾等，这时教师不要一味指责和批评。教师要找到其中的闪光点加以激励和表扬，让学生发现自己研究的价值，保持继续研究的热情。当然在表扬之余也要委婉地指出他们的不足，口吻要尽量和蔼，不要泼冷水，而要做点燃创新激情的火把。建议使用煽动性的语气，如：如果你能在某些细节加以改进，你的研究就会更加完美。其实学生的课题研究恰是襁褓中的婴儿，它们需要教师精心的呵护与照料。

4.有效整合资源，让学生的创新素质得到提升

学生的研究往往没有现成的答案，有时指导老师也是门外汉，因此，要不断鼓励学生自己去寻找答案和新的导师。互联网是一个重要的资源宝库，学生可以通过期刊数据库学习相关研究的最新成果，还可以通过互联网与顶尖专家取得联系，得到帮助。陈锴杰在纸飞机研究过程就曾通过 E-mail 得到纸飞机飞行时间世界纪录保持者——肯·布莱克布恩的帮助。他们还自学 MIT 的空气动力学的教学公开课。当然，前面提到的厦大物理与机电学院的教授也是他们重要的导师。开展创新性的课题研究，闭门造车肯定不行，一定要有开放的心态，尽一切努力取得所有可能的帮助，在少走弯路前提下，不断将自己的研究提升。

5.保持良好心态，让学生享受科技创新的乐趣

比赛获奖不是我们开展创新活动的唯一目的，我们希望学生通过研究，找到发现的乐趣，感受克服科学难题带来的成就感，把研究当作对知识渴求的一种手段，把研究当作探索未知世界和满足好奇心的一种方法。因此，在研究过程和比赛过程中保持良好的心态十分重要。学生在比赛前还到中科院去聆听2004年诺贝尔物理奖获得者David Gross的高端讲座，并在会上主动提问交流；在终评答辩前还表现得轻松、自如(情景照片如图2-2-6所示)。这是一种境界，也是优秀学生的特质。时刻保持良好的心态也是取得最佳成绩的重要保障。

图2-2-6 答辩前仍然轻松自如

(钱永昌.指导学生参加“丘成桐华人中学生科学奖”竞赛的点滴思考[J].福建教育，2014(z5):32-34.)

三、学生自主创新实验激活线上物理课堂

面对2020年的新冠疫情，在"停课不停学"的号召下，我们迎来史无前例的线上教学。由于离开实验室，无法正常开展演示实验和学生实验，物理教学比一般学科面临更加严峻的挑战，学生觉得物理更难懂、更抽象，表现在一些学生上课积极性不高，每次上课总是迟到，需要老师反复在群里喊，学生才陆续上线。这仅仅是学生学习物理积极性不高的一个表现而已，其实还有很多学生是出工不出力，挂在线上，忽悠老师。面对这个困境，激发学生学习物理的内在动力，提升物理学习的魅力刻不容缓。

学校老师尝试了很多办法，如：适时播放实验视频、动画课件，精讲精练、讲练结合，限时抢答、实时互动等，但是收效不如预期。

线上教学学生主体性如何发挥，如何让学生身临其境地感受物理现象，激发学生学习物理的兴趣和对物理学习有深度思考？为什么不可以让学生利用家里的器材自己动手做实验呢？于是开始尝试在线上教学中开展学生自主创新实验，效果不错，下面作简要介绍。

（一）任务驱动，视频展示

线下教学，遇到教学难点时，老师往往自己准备演示实验。然而线上教学学生的自由度更大，与其教师辛辛苦苦准备生活实验，学生未必领情，不如发动并指导学生参与自主实验，让学生有更多动手和表现的机会。

案例一：浮力——浮力的产生原因的探究

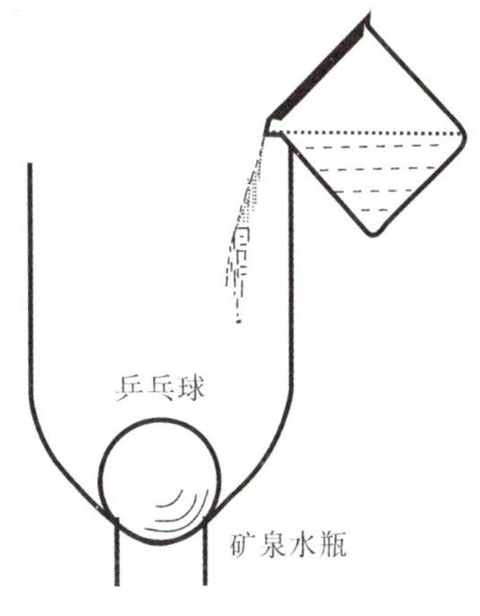

图 2-3-1　浮力产生原因

课前引导学生完成如图2-3-1所示的实验，观察乒乓球是否浮起来，并思考原因。如果用手稍微堵一下瓶口，当瓶口充满水后，乒乓球是否又浮起来了呢？为什么？学生通过

反复实验和现象对比就很容易发现乒乓球是否浮起与乒乓球底部是否与水充分接触有关。也就是说，乒乓球底部如果与水充分接触，乒乓球就会向上浮起。可见，此时乒乓球受到水对它的作用力合力是向上的，这才是浮力产生的关键。

案例二：浮力——浮力的方向

浮力的方向如何？引导学生完成图 2-3-2 的实验，通过观察发现无论容器水平还是倾斜，浮力的方向总是竖直向上。教学中除了完成实验、观察现象外，教师还要引导学生画受力示意图进行推理分析。由于乒乓球受到三个力平衡，其中绳子拉力可以从乒乓球静止时绳子的朝向判定为竖直方向，重力也一定沿竖直方向，因此第三个浮力不可能偏离竖直方向。

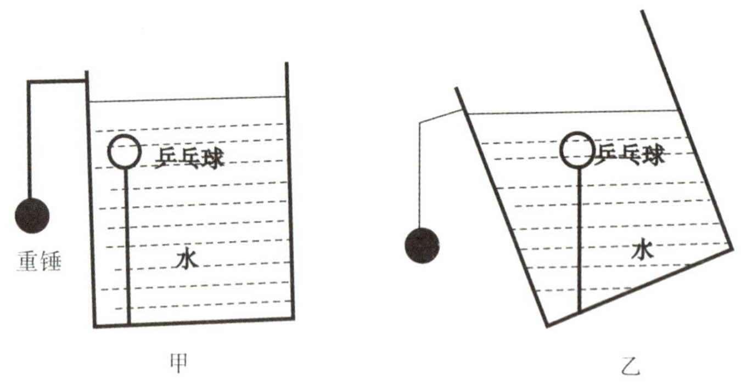

图 2-3-2 浮力的方向

这样，把随堂演示的小实验转化成学生课前体验的生活实验，优点在于每个学生都亲自操作，观察更具体，现象更明显，体验更真实，能有效突破难点，促进深度理解。笔者还鼓励学生将自己的实验过程用手机拍成视频，在班级群交流共享，这样不仅激发了学生们参与的积极性，也对相关物理现象有了更深刻的体会。

（二）预先准备，随堂操作

有些实验需要保留一些神秘感，可以边上课边体验；有些实验用到比较容易准备的生活用品，可以在课前 5 分钟通知学生准备好放在电脑边备用。学生看到现象后可以在讨论区发言，也可以拍照片或视频发在群里。由于实验是现场做，体验更加新鲜，讨论起来更加积极，有些疑难问题在实验中迎刃而解。

案例一：折射——观察与分析光的折射

问题 1：筷子放在水中，斜着看往哪个方向翘，为什么？（实验如图 2-3-3 所示的甲）

问题 2：筷子竖直插在装有水的圆柱形玻璃杯的圆心处，侧面看去会观察到什么现象？如果筷子向两侧移动呢？（实验如图 2-3-3 所示的乙、丙、丁）

这一系列实验学生操作起来很简单，现象很明显，但是要一一说清楚其中奥秘，就不仅仅对光的折射规律要有深刻的理解，更要有一定的空间想象能力和分析推理能力。没有实验或者仅仅给个图片，远远达不到亲自动手体验的效果。

甲　乙　丙　丁

图 2-3-3　筷子在水中的折射

案例二：液体压强——体验液体压强的大小与方向

让学生准备小半桶水和一个保鲜袋。

实验时，让学生将保鲜袋套住左手，右手用力挤压保鲜袋，想办法将保鲜袋贴到手上，是否可以实现呢？怎样才能让保鲜袋紧贴着手呢？

引导学生把套住保鲜袋的手放入水中，体验手的感觉，观察保鲜袋与是否紧贴在手上了，思考为什么会产生这样的现象。建议学生将手伸到水中不同的深度，感受水的压力变化。

随堂生活实验的特点是操作简单、体验真切，学生通过对比，能有效分析出其中的物理原理，这样使物理的线上教学更加生动有趣，更有生活气息。

前两个类型的学生生活实验离不开老师的引导，然而老师不可以总是手把手地引导，应该是一个逐步放手，让学生走向自主实验的过程。所以我开始尝试不限主题，让学生从模仿走向创新。

（三）模拟尝试，课后体验

学生看到其他同学的作品，也都跃跃欲试，开始在课后跟着模仿尝试，体验见证奇迹的时刻。做远远比看收获更大。学生不仅可以从成功的实验中收获知识，还能够在失败的经历中反思和总结经验教训。不仅如此，他们还可以在实验中接受安全教育，感受物理的魅力，真切体验到一些有用的大发明很多时候不是从坐在实验室里，用着精准的仪器和高级的药品得来的灵感，而是来源于生活实践。

案例一：以“凸透镜聚光”原理为基础的实验（选自学生实验报告）

材料是一张有黑色区域的纸（便于吸热有更好的实验效果）、一个矿泉水瓶、一个用来支撑矿泉水瓶用的的魔方和一支小小的温度计。我把装置（图 2-3-4）放在了房间窗边的书桌上。我要做的事情就是前后记录实验刚开始时黑色区域中心点的温度和半小时后的温度，比较温度差。

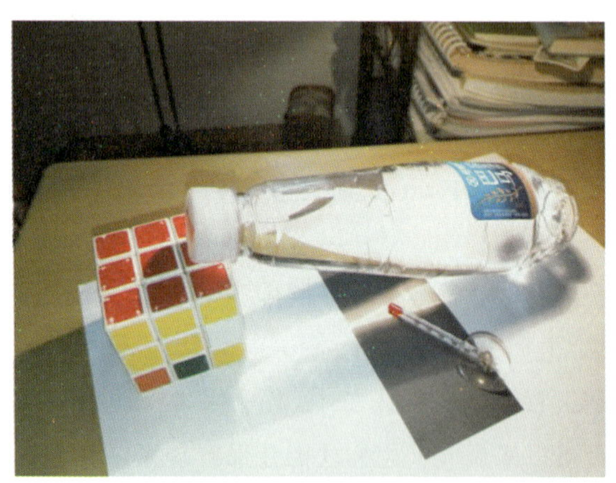

图 2-3-4 实验装置

实验开始之前一直挺忐忑的，虽说厦门的冬天不是太冷，但阳光毕竟没有夏天那么强烈，很有可能观察不到温度变化导致实验失败。

开始前，温度计示数是 19 ℃；放置了半小时后，温度只上升了 1 ℃。虽然有了温度差,看似实验成功了,但不排除其他因素。可能半小时之间到了中午时分,周围环境温度升高,室温上升。而温差小的原因,除了是冬天以外也有其他原因,像是水瓶摆放位置不到位、实验地点不正确等。

其实这个小实验想要告诉学生,不只是凸透镜会聚光,生活中更要注意这些容易酿成大祸的小细节。电视上曾经报道过一则新闻:车主在车里随意放置水瓶,竟使皮革烧坏。烧坏皮革事小,要是此时底下垫着的是易燃物品,后果真的不堪设想。

案例二:电吹风吹乒乓球实验(选自学生实验报告)

在实验中,我利用吹风机竖直向上吹风,而乒乓球可以放置在风道位置,如果风力足够大,可以放置 2～3 个乒乓球,而且可以看到球会互换位置。缓慢移动电吹风,乒乓球也会跟着移动。此外,当吹风机倾斜一定角度时(图 2-3-5),乒乓球也不会掉落。这是什么原因呢?对此,画出受力分析图(图 2-3-6)(已知 $F_{气}$ 垂直于 $F_{风}$)可知,当倾斜角度越大(θ 越小)时,$F_{风}$ 越小,$F_{气}$ 越大。当 $F_{风}$ 的大小不足以使得 $F_{气}$ 足够大时,乒乓球会掉落。

图 2-3-5　电吹风斜吹乒乓球实验

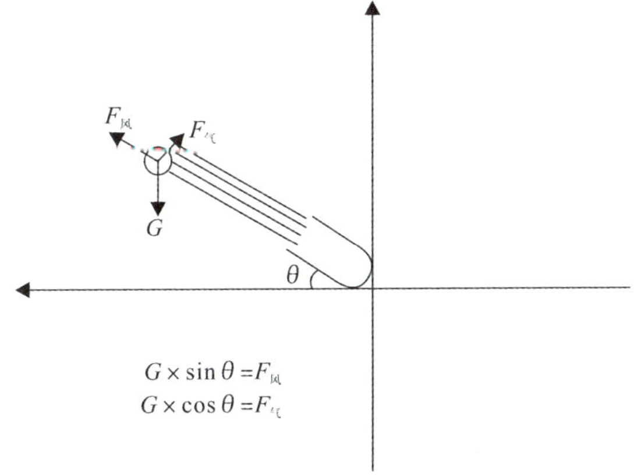

图 2-3-6　电吹风斜吹乒乓球受力分析图

思考分析始于现象,源于问题。实验创设了许许多多新的情景,激发各种各样、层出不穷的问题,学生就是在不断地观察现象,不断地激发好奇心,不断地提出新问题并形成问题矩阵,然后在分析和解决问题中提升科学素养的。

(四)自主创新,交流分享

中学生的创新往往始于点滴的改进,今天的小制作成就明天的大发明。教师就是要善于点燃学生创新的火苗,不断鼓励学生走向发明创新之路。

案例一:自制桌面倾角测量仪(图 2-3-7)

一个重锤线加上一个量角器就是一个可以测量桌面倾角的水平仪。学生通过项目制作,不仅对重力的方向有更深刻的认识,而且对"加一加"的发明原理有了更直接的体验。

图 2-3-7 自制桌面倾角测量仪

教师接下来要做的就是大力表扬,全班推广。

案例二:神奇的表面张力

创新实验不只是创新项目的制作,科学探究获取新知识对学生本人来说也是创新。黄宗翰同学设计实验探究了溶液的表面张力及影响因素(图 2-3-8和图 2-3-9)。实验表明:塑料瓶中的水倒置时,水会从瓶中流出;换成盐水倒置时,盐水溶液不会从瓶中流出。这是由于盐水与水的表面张力不同的缘故。通过实验进一步认识到溶液的表面张力是物质的特性,其大小与表面积大小,以及形成表面物质的种类和组成有关。一般来说,无机盐溶液表面的张力比水的大。

图 2-3-8 装盐水的塑料瓶倒置

图 2-3-9 装清水的塑料瓶倒置

学生自主实验首先起始于模仿。通过观察别人的实验，自己想办法实现，达到或超过前人的实验效果，这已经十分不简单了，因为这不仅仅是操作的模仿，还要拿捏实验操作的技巧，调节实验效果。其次是基于问题开展实验探究，通过控制变量开展简单的实验研究。经历猜想假设、设计实验、收集证据，总结结论，交流评估等过程。最高的层次就是迁移创新。这里的创新既可以是研究方式、方法的创新，研究问题的创新，也可以是应用的创新，即把探究出的实验结论首先应用于解决生活中某类问题。

总之，利用生活用品开展自主创新实验，提高线上教学实效是一个新的方向，后续还需要不断深入开展实践探索。

（钱永昌.学生自主创新实验激活线上物理课堂[J].中学理科园地，2020，16(4)：1-2+4.）

四、借助创新实验，促进深度学习

——以“阿基米德原理”的教学为例

关于阿基米德原理的教学，沪科版、苏教版初中物理教材均先探究浮力大小与哪些因素有关，然后直接过渡到研究浮力与排开液体重力的关系，要求学生由浮力大小与液体密度、排开液体的体积有关的线索，直接猜想浮力大小是否与物体排开液体的重力相等。教材这样过渡，跳跃性大，对学生的逻辑思维要求较高，多数学生都还不明白阿基米德原理研究什么就开始机械式实验，验证浮力大小是否与排开液体的重力相等。这样安排，学生的学习仅仅停留在初步理解层面，知其然而不知其所以然。物理规律的发现往往是从问题开始的，学生结合感性认识获得灵感，引起顿悟，发现规律，进行验证，即沿着“直觉—发现—验证”的路径前行。按照这种流程设计教学，学生不仅习得知识，还对规律发现、探究过程有所感悟，进而实现对阿基米德原理的深度学习。因此，对这部分教学内容的处理，人教版初中物理教材显得较为合理。人教版初中物理教材不仅介绍了阿基米德实验的灵感由来，还设计了一个学生实验：用手将一个空的饮料罐按入装满水的小容器中，体会饮料罐所受浮力及其变化，同时观察盆中溢出水面高度变化的实验（图 2-4-1），引导学生体验浮力与排开液体多少的关系，猜想浮力的大小可能排开液体的重力相关，随后验证猜想。

图 2-4-1　体验浮力与排开液体多少的关系

本着促进学生深度学习的目的，沿着“直觉—发现—验证”的路径，笔者对人教版初中物理教材引入实验进行改进和优化，让学生真切感受到浮力与排开液体重力确实相等；随后，笔者引导学生设计不同的实验验证阿基米德原理的科学性；最后，笔者用实验、演绎两种方式总结出浮力与液体密度和排开液体体积有关。整个教学过程流畅、合理，使学生对阿基米德原理的接受、理解和应用更为顺畅。下面具体谈谈本课创新实验的设计。

一、“阿基米德原理”引入实验的改进实验

教材使用的空饮料罐按入水中排开水的体积较小，造成实验时学生感受到的浮力不明显。笔者将其改成空的大塑料瓶(1.25 L)，相应地，将小容器改为大的圆柱形透明塑料筒(图 2-4-2)。这样按压时学生能明显感到水对瓶子浮力的变化。

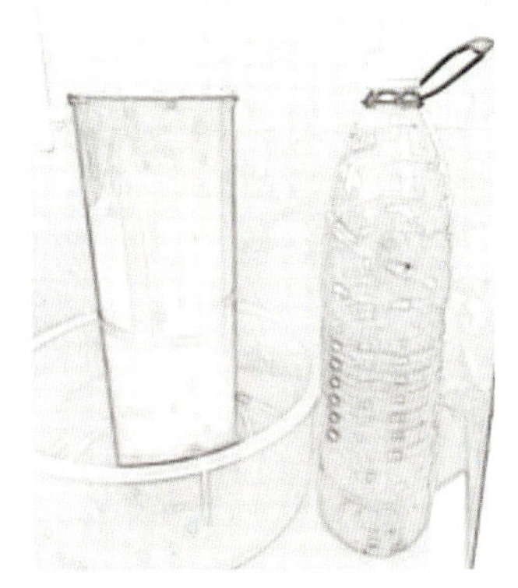

图 2-4-2　将圆柱形透明塑料桶装满水

为了演示浮力等于排开液体的重力，笔者将圆柱形透明塑料筒装满水，然后将空的大塑料瓶缓慢压入圆柱形透明塑料筒中(图 2-4-3)，注意不要全部浸没，至少露出少许在水面上(图 2-4-4)。将排开的水用透明塑料盆子收集起来倒入大塑料瓶中(图 2-4-5)，比较图 2-4 4 与图 2-4-5，大塑料瓶内外液面的位置几乎不变，这可以说明大塑料瓶浸入液体的体积等于排升液体的体积。再将装有排开液体的大塑料瓶缓慢放入圆柱形透明塑料筒中，观察大塑料瓶放置时所处的位置和状态。学生容易发现：装有排开液体的大塑料瓶在圆柱形透明塑料筒中处于漂浮状态(图 2-4-6)。此时教师可以引导学生对大塑料瓶做受力分析，得出：大塑料瓶受到的浮力等于排开液体的重力。

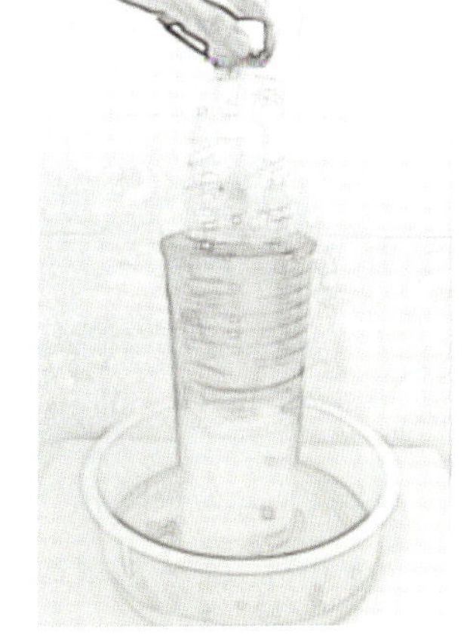

图 2-4-3　将空的大塑料瓶缓慢按入

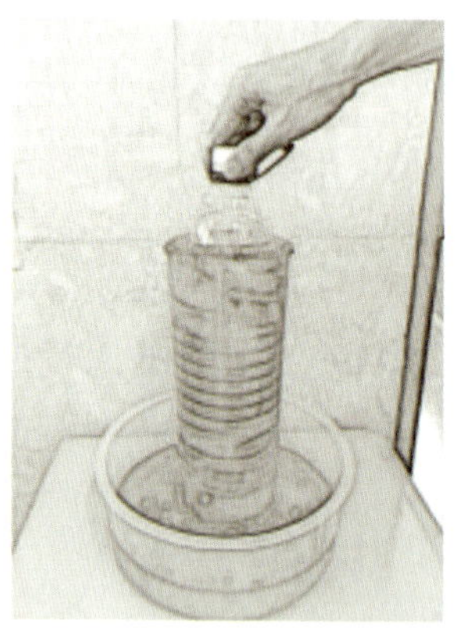
图 2-4-4 将空的大塑料瓶按入圆柱形透明塑料桶较深位置

图 2-4-5 将溢出的水倒回大塑料瓶

图 2-4-6 装排开液体的大塑料瓶漂浮于圆柱形透明塑料桶

这个实验的优点有二：其一，让学生真实地体验到物体排开液体越多，物体受到的浮力越大；其二，实验说明了物体进入液体的体积等于物体排开液体的体积，物体排开液体的重力等于它受到的浮力。当然，仅凭一两次的实验就得出物体排开液体的重力等于它受到的浮力这一结论较为草率，一次实验存在偶然性，所以还要设计不同的实验情境予以反复验证。是故，笔者引导学生设计出以下分组实验。

（二）学生分组验证实验的设计

实验目的：比较浮力、物体排开液体的重力之间的关系。

分组实验实验器材：测力计、溢水杯、铜块、铁块、铝块、石块、木块、悬浮水袋、盐水、水、烧杯等。

要点一：不同小组研究的物块（铜块、铁块、铝块）密度不同，体积不同。除了验证阿基米德原理外，学生还可以同时研究物体密度对浮力大小是否有影响（为了减少实验时相对误差，物块的体积可选范围为 30～60 cm^3）。

要点二：部分小组实验时不必要求物块全部浸没液体中。除了验证阿基米德原理外，学生还可以同时研究物体的体积对浮力大小是否有影响。

要点三：部分小组研究物体漂浮时阿基米德原理是否成立，部分小组研究物体悬浮时阿基米德原理是否成立，部分小组研究物体在液体中下沉时阿基米德原理是否成立。这样，除了验证阿基米德原理外，学生还可以同时总结出阿基米德原理的适用范围。

要点四：可安排部分小组完成如下实验——在排开液体体积相同的前提下，利用不同密度的液体进行实验，测定浮力与排开液体重力的关系。这样，除了验证阿基米德原理外，学生还可以同时研究浮力大小与排开液体密度之间的关系。

学生实验操作过程如下：

(1)用弹簧测力计测出测定物块重 F_1；

(2)在溢水杯中装满某种液体，直到液体恰好溢出为止；

(3)用弹簧测力计测出溢水杯和步骤 2 溢出的少量液体的总重 F_2；

(4)物块浸入(部分浸入或者全部浸入均可)液体中，用弹簧测力计测量，拉力示数 F_3；

(5)用弹簧测力计测出溢水杯、步骤 2 溢出的少量液体、步骤 4 溢出的液体的总重 F_4；

(6)比较 $F_{浮}=F_1-F_3$ 与 $G_{排}=F_4-F_2$ 的大小关系。

通过分组实验、交流分享，学生进一步认识到：任何浸在液体里的物体受到的浮力都等于它排开液体的重力。无论此物体在液体中所处的状态下沉、上浮还是漂浮，无论物体是否浸没在液体中，阿基米德原理都成立。通过交流分享，学生还可以总结出浮力大小只与液体密度和物体排开液体的体积有关，而与物体密度、物体体积无关。

深度学习始于对学生的学习动机和知识经验的激活。笔者设置创新实验，意在让学生通过切身的体验，感受物理现象与规律的和谐之美，激发学生持续学习的动机并对学习主题产生兴趣。一个好的创新实验要具有联接功能，即能让学生在对所关注的新知识进行深度思考过程中，建立起已有知识经验与新知识之间的内在关联。

本课引入创新实验设计，学生体验到：在物体逐渐浸入液体过程中，物体排开液体的体积逐渐增加，物体受到的浮力也逐渐变大。通过观察图 6，学生发现装有排开液体的大塑料瓶在液体中漂浮，直观感受到物体所受浮力与排开液体重力的关系，从而建立起新旧知识之间的关联，为进一步探究做足准备。此外，后续学生探究实验的设计，笔者有意识地设置一些变量，让不同实验小组获取不同类型的实验数据。通过小组间交流分享，学生充分挖掘实验数据的内涵，不仅提高了物理学习效率，还锻炼了分析归纳、逻辑推理能力。总之，本课的创新实验取材简易，从学生的认知起点出发，注重学生直觉思维的培养，符合学生对物理规律的发现和认知模式，促成了学生的深度学习。

（钱永昌.借助创新实验，促进深度学习——以“阿基米德原理”的教学为例[J].福建教育，2020(41)：56-57.）

专题三　厦外创新教育展望与思考

一、中学科技创新教育的规划与实施

（一）整体规划学校科技创新教育战略

1.做好科技创新教育的顶层设计

创新人才培养是教育的重要目标之一。学校要从资源配置、理念引领、氛围营造、人员导向、资源整合、奖励机制等方面全盘考虑，形成相互促进的有机整体。资源经费对科技创新教育适当倾斜，以凸显科技创新教育的重要性。健全科技创新的保障机制，形成可持续的科技创新教育发展战略。做好科技创新教育的顶层设计就是要自上而下理顺科技创新教育的体系，减小阻碍，形成创新人才培养的合力。全体学校管理层和教师达成创新人才培养的共识，形成创新氛围浓厚，创新资源丰富，创新策略有效，全面支持学生个性化成长的新时期基础教育创新人才培养的范式。

2.处理好创新人才培育与五育并举的关系

五育并举、全面发展，个性充分发展是创新人才培育的前提。创新人才需要坚强的意志品质，不畏挫折，团队精神既是德育教育的主要目标，也是创新人才的重要品质；智育的思维能力，如逆向思维、发散性思维、综合思维往往是创新的源泉；强健的体魄是创新的有力保障；加强美育是创新人才培养的关键；劳动实践是创新的源泉。学生在劳动中更容易发现真实的问题，将问题转化为研究的课题，解决实际意义的课题就是一种创新。因此创新人才培育必须依托五育并举、全面发展，它们相辅相成、相互促进。五育不能割裂，离开五育，创新素养培育成了无源之水、无本之木。

3.科技创新教育战略要体现学校特色

学校特色是一所学校通过长期办学积淀下来相对固定的、积极的、与众不同的地方。科技创新教育与学校特色相结合，既是对学校特色的提升，也是有利于对科技创新教育的助推。厦门外国语学校外语特色突出，学生外语优势明显，我们在学生参加国际性科创比赛中就有突出优势。多年来，厦外学生陆续在“英特尔国际科学与工程大奖赛”“日本超级理科高中竞赛”“丹麦青少年科学家竞赛”“丘成桐中学生物理奖”“俄罗斯青少年科学家竞赛”中取得较好的成绩。厦门外国语学校还是全国知识产权试点校，我们结合知识产权普及教育开展科技创新教育，多角度多层次提升学生科学素养。通过组织学生社团活动、每年定期举办学校科技节、学科竞赛，组织学生参加科技创新大赛，提升学生科学素养。这样形成学校科技创新教育与学校特色相互促进，让科技创新教育成为更鲜明的学校特色。

（二）落实面向全体学生培育创新素养

1.理念上要克服锦标主义

锦标主义是指比赛只关注结果即比赛成绩，不计代价。在教学上主要指为了少数学生的成绩而牺牲大多数学生的利益。这种锦标主义不符合现代教育理念。学校的科技创新教育必须面向全体学生，让每个学生都有收获，因此要注重点面结合，即普及性与提高性相结合，让每一位学生都有参与科技创新活动的机会和选择性。当然，克服锦标主义并不是平均主义，也不是不需要培养拔尖创新学生，而应该是在学生全面充分发展的同时有个性生动活泼的发展，创设适合不同个体充分发展创新潜能的时空条件。一枝独秀不是春，万紫千红春满园，教育者如果眼睛只盯少数所谓的“优秀学生”，结果往往挂一漏万，得不偿失。创新型国家建设需要千千万万创新型劳动者，教学中唯有落实面向全体学生培养创新素养，才能满足国家和社会发展的需要，才能真正提高教学效益。

2.途径上要课内外相结合

毋庸置疑，课堂教学是教育的主阵地和主渠道。创新教育一定要与学科教学相结合，理科课程教学要体现科学探究，培养学生发现问题、设计实验、收集证据、不断探索科学、追求真理的精神，文科课程也要培养学生敢于质疑、善于分析、提出独立见解的能力。课堂教学少用灌输式、照本宣科式、陈旧重复式，多用启发式、探究式、项目式、问题串等教学模式，激发学生的主体作用，引发学生的积极参与。课外实践活动和参观体验既可以让学生积累实践经验，真实感受鲜活的情景化知识的来龙去脉，又可以让学生多了解社会现状和创新需求，所以课外也是必不可少的创新教育的一片天地。厦外每年定期组织学生参加社会实践进工厂、进社区参观体验和宣传调研；组织学生进科技馆、图书馆、博物馆志愿服务和策划活动；进高校、科研院所课题研究和实验观摩既丰富了实践性知识，又提升了综合能力和服务素养。

3.策略上要突出实验和创客活动

面向全体学生培养创新素养，必须充分挖掘实验和创客活动在创新教育的作用和内涵。一类是模仿性的实验，它的功能在于训练基本设计和操作技能，获得一定感性体验，了解前人的工作。一类是创新实验。它的功能在于引导探究，激发求知欲，获取新体验和新知识。这是创新人才必备的能力，也是超越前人的基础。在实验探究中要让学生领悟到在遇到困难、存在疑问时，除了向书本和专家请教外，还可以自己去探索。即使有时候面对别人做过的实验，自己还可以改变不同的变量进行深入的研究。实验要跟思维联系起来，看到什么、想到什么进而思考说明什么；有时候没有新的发现并不是实验本身的问题，而是受到思维定势的束缚。所以实验时还要有开放的心态，要善于捕捉不同寻常的现象，刨根究底。创客活动是一种倡导“做”的逻辑。纸上谈兵往往不得要领，想到是一回事，做出来就更不简单。创客活动的过程一般会有大量高阶学习策略参与其中，如问题解决、系统推理、评价创造等。厦外的创新实践不仅倡导老师做创新实验，还通过老师带动学生做；不仅课内做创新实验，还延伸到课外的创客活动中，由点及面，由课内到课外的铺开，这样创新教育成效十分显著。

（三）注重专兼职科技辅导员队伍建设

1.以老带新形成梯队

科技辅导员队伍培养是学校创新人才培养的基础和关键。一方面资深科技辅导员要做好榜样，言传身教，引导带动一批青年教师加入科技辅导员队伍。另一方面年轻教师要积极好学，主动实践，摸索学习。学校要形成一种以老带新的传承机制与体制。当然，由于学科和专长的不同，并不是每位年轻教师都要向资深科技辅导员亦步亦趋地学习。学校倡导青年教师在传承过程要结合各自的优势和特点进行创新，进而开创科技创新教育的新局面。老一代科技辅导员往往动手能力强、学科功底扎实，新一代科技辅导员往往知识面更宽广、信息技术水平高，将他们的优势互补，形成以老带新的科技辅导员梯队，是当前学校科技辅导员队伍建设的关键。

2.给青年教师压担子

一所学校，青年教师应该成为最活跃、最会创新的一部分。他们应该要尽快成长，成为学校科技创新教育的主力军，学校的科技创新教育事业才会可持续，才会兴旺发达。青年教师刚从大学出来，走向工作岗位，经过高校系统培养的研究能力如果没有及时的检验和施展的机会，逐渐就会退化。因此学校要充分信任年轻教师，给年轻教师压担子，提供平台，让年轻教师在带领学生开展创新活动中提升指导学生开展创新活动的能力，实现教学相长。当然，年轻教师的专业成长也需要一个循序渐进的过程。首先提供平台，让年轻教师有机会尝试，尝到参与指导青少年科技创新活动的甜头，产生一定的兴趣；其次要提供岗位相关的培训，提出具体要求，让年轻教师有所追求。尤其要注意不可拔苗助长，一下子给于过高的要求，把年轻教师的积极性压垮。

3.不可忽视兼职队伍

有的学校科技教育基础薄弱，很难找到一支以老带新的队伍，这时候就要充分发挥兼职科技辅导员队伍的力量。一方面学校可以聘请有经验的科技辅导员定期到校指导，另一方面可以定期派出年轻教师参加各类培训。兼职科技辅导员队伍的来源要更加开放，可以是各行各业的专业人士，也可以是普通工人，只要有一技之长，愿意与学生分享创新故事、指导发明创造，就可以为我所用。所以兼职科技辅导员队伍一方面可以向高校、科研院所征集，另一方面还可以面向家长遴选。兼职科技辅导员还可以采用项目制，某位人士擅长某个创新项目的指导，就聘请他为这个项目的兼职辅导员。值得一提的是，2020年厦外与厦门大学航空航天学院正式建立战略合作伙伴关系。厦门大学航空航天学院将通过派出优秀的教师和研究生参与外国语学校“钱学森班”的教学，开设特色课程、开展科创合作等，促进厦外在人才培养、师资队伍建设等方面往更高水平发展。

（四）整合社会资源拓宽创新实践领域

1.把世界当做课程资源

把学校的课程当做学习全部的时代已经一去不复返。教育就是要培养10年、20年后的国家建设者和接班人，因而，教学内容和课程的更新越来越快。人们认识到创新素养的实质就是一种在新情境中能迁移所学知识并顺利解决问题的素养。要培养这种素养必须不断呈现鲜活的、真实的情景和问题让学生去面对。原有课堂中展示的许许多多简化的理想模型由于可迁移性差，正在成为教学改革的焦点。创新教育不仅越来越需要将真实世界的情境和问题引入课堂，而且要带领学生到真实的世界中去感受问题、发现问题并且逐步学会去解决真实世界的问题。把世界引入课堂，会让学生觉得学习更加有趣且有现实意义，从而激发学生的学习热情和探索欲望。把世界当做课程资源，还需要搭建各种平台，让学生参与互动、交流。2020年10月，厦外高三学生汤杰作为“英才计划”学生代表参加第三届世界顶尖科学家论坛，与世界各地多位顶尖科学家、两院院士进行了交流与对话，这就是一个值得倡导的案例。

2.向各行各业的成功人士学习

对于青少年科技创新教育不可忽视榜样的力量，有时候一个励志故事和一个创新先锋的案例会影响一大批的追随者。要让学生去追随科学家、引领时代创新潮流的星。厦外的实验楼墙面上挂着钱学森、王淦昌、马斯克、乔布斯等名家的介绍，让学生在潜移默化中受到影响。我们还定期邀请各行各业的成功人士来学校为学生开讲创新、创业的故事。许多厦门本土发明家带着他们的专利发明作品走进厦外，介绍发明历程和创新技法。由于案例生动，过程真实，方法实用，发明贴近生活，这样的讲座受到学生的热烈欢迎，并吸引和带动一大批学生参与发明创新活动。现在学校师生已经申请获评国家专利80多项。不仅如此，那些中学时代参加过创新大赛毕业后又在专业领域有所建树的校友，也经常会回到母校或者通过网络向学弟学妹们介绍自己学生时代参加科技创新的体验，指导学弟学妹们开展项目研究。每年科技节我们还通过开展读后感评比和读书演讲比赛引导和鼓励学生阅读科学家的传记，并从中吸取营养，引导学生向各行各业的成功人士学习。

3.注重真实的体验和社会实践

学校要加强创新实践中心的建设，让学生有更多的创新实践和体验。厦外除常规的通用技术教室、物理、化学、生物等理科学科实验室外，还有两间科技创新工作室、两间人工智能教室、一间 3D 打印教室、一间机器人创新工作室和一间创客教室。里面配备激光切割机、3D 打印机等现代化设备。每年学校还会定期组织学生到高科技企业参观实践，让学生充分了解科技创新给社会发展带来的变化。如厦外“钱学森班”定期组织学生赴西昌卫星发射中心开展科普研学活动。2020 年 6 月 21 日，厦外作为央视新闻新媒体推出“2020‘金环日食’我们和太阳有个约会”直播的最佳观赏点位之一，将此次追日活动作为学校科技节的主题，通过观看日食活动激发学生探索天文的浓厚兴趣，在实践中掌握知识。科技节期间还举办科技馆进校园活动，假期举办知识产权夏令营，通过开展创客活动，组织学生到博物馆、科技馆参观活动，丰富学生的体验与实践，培养学生对科学的兴趣。

（五）建立配套的经费保障和奖励机制

1.建立配套的经费保障机制

学校科技创新教育规划的实施、推进离不开经费的保障。学校科技创新实践中心建设、学生外出参观体验、聘请专家学者到校讲座等每项工作的落实都需要经费投入。一方面学校在申报年度预算是要按一定比例申报相关财政经费支持；另一方面学校还要积极拓宽专项经费来源支持，如知识产权教育试点校的引导经费、学科竞赛基地校专项经费等。

2.建立配套的奖励激励机制

对创新成果突出的学生和指导老师给予一定的奖励，有利于激发师生参与科技创新教育的积极性。学校要在教师绩效分配差异性方案中给予教育教学创新成果突出的教师做一些分配倾斜，形成科技创新教育奖励配套机制。当然，对一些经费有限的学校，奖励还可以体现在优先推荐评优评先及职称评聘等方面。通过建立匹配的奖励配套机制，可引导学校科技创新教育适度优先发展。

3.营造创新光荣的学校氛围

对于参加科技创新活动获得荣誉的学生可以设立少年科学院，通过遴选院士活动，让学生感受参与创新的荣光。每年科技节还可以举办少年科学院院士论坛，让他们展示创新成果或者介绍发明创新的经验。对于科技辅导员可以通过评选优秀校级科技辅导员、“科技之星”等予以表彰；对于资深科技辅导员，可以让他们领衔成立校级科技创新工作室，给予一定的经费开展科技辅导员的团队培养和学生科技创新人才培养工作。在学校层面还可以成立创新书院，通过书院的建制和管理推进学校科技创新人才培养工作。总之，学校要通过各种渠道，立体化地营造创新光荣的文化氛围，让科技创新人才培育成为学校的新风尚。

二、学科科技活动的项目化学习提升策略

项目化学习是指学生在一段时间内对与学科或跨学科有关的驱动性问题进行深入持续的探索,在调动所有知识、能力、品质等创造性地解决新问题、形成公开成果中,形成对核心知识和学习历程的深刻理解,能够在新情境中进行迁移。项目化学习倡导学生在应用所学的数学和科学知识来应对真实世界挑战时,创造、设计、建构、发现、合作并解决问题。它为学生提供融入真实情景的体验,辅助学生学习,帮助学生对各领域的概念形成深度而真切的理解。项目化学习对学生发展核心素养培育具备独特优势,推广和开展项目化学习已经迅速成为新一轮课程改革背景下中国教育的热点。学科科技活动是与项目化学习较为接近的,是一线教师较为熟悉的常规教学活动。学科科技活动是基于学科教学需要,在课堂内外开展的以培养学科兴趣和实践能力为目标的学科制作或学科探究活动。笔者将学科的科技活动与项目化学习进行比较,期望找到一条能将学科科技活动进行适当改造,将其转化成项目化学习的路径。这样既可以发挥学科科技活动的最大效益,又可以让老师们快速地走进项目化学习,促进学生核心素养的发展。

(一)项目化学习与学科科技活动的比较

1.特征不同

项目化学习的特征是:真实的驱动性问题;在情境中对问题展开探究;用项目化小组的方式进行学习;运用各种工具和资源促进问题解决;最终产生可以公开发表的成果①。

学科科技活动的特征是:通过任务驱动;基于评比需要;基本没有过程指导与评价;内容主要局限于单一学科;成果一般以提交报告或作品的形式呈现。

2.目的不同

项目化学习是学生在一段时间内通过研究并应对一个真实的、有吸引力

的和复杂的问题、课题或挑战，从而掌握重点知识和技能。项目化学习的重点是学生的学习目标，包括基于标准的内容以及如批判性思维、问题解决、合作和自我管理等技能。

学科科技活动对核心知识目标达成一般没有特定的要求，它对学生核心素养目标达成聚焦不够，一般仅是围绕某一学科知识，作为学科课堂教学的延伸、巩固与发展，以培养学科兴趣为目的。

3.参与对象广度不同

项目化学习对象是全体学生，以小组的形式全员参与。尽管有时角色分工不同，但是通过展示交流所有的学生都能对核心知识有深度的体验与理解。

学科科技活动一般不强制要求人人参与，学生自主选择参与。部分没有参与活动的学生既没有机会体验学科科技活动的过程，也没有从其他参与活动的学生处获取交流经验的机会。

4.评价方式不同

项目化学习过程与结果评价并重。

学科科技活动以鼓励、表彰为主，几乎没有过程性评价，很少开展个人反思和团队反思。学科的科技活动更加注重物化的成果，具体获得成果的经历、怎样的探索过程并不重要，也很少要求过程记录。学科的科技活动虽然也有强调动手能力、创新能力的培养目标，但较为空洞，很难落实到每个环节中。

（二）由学科科技活动向项目化学习转变的策略

1.利用工程设计流程优化学科科技活动

工程设计流程是工程师为了解决特定问题，通过长期实践总结出的解决问题的一整套较为确定的步骤过程。一般包括：识别问题和制约因素；调查研究；形成合理的多种解决方案；分析解决方案；建立模型；测试、评估，并改进解决方案；交流总结沟通反思等环节。利用工程设计理念组织学科科技活动，能优化学科科技活动流程，促进学生思维能力、元认知能力的发展，提高完成活动任务效率。利用工程设计理念开展科技活动设计需要提供尽可能多的机会让学生尝试、改进自己的方案。针对中学生，以上工程设计流程还可以简化为四步循环模型（赛耶模型）：明确问题、描述具体要求、提出可选择的方案、分析测试解决方案[2]。

案例：搭建"意大利面搭高塔"活动。

材料：30根意大利面条，1米细棉线，1米窄胶带，小剪刀。

要求：搭建高塔最高，而且稳定，即在塔顶放一颗棉花糖也能站立不倒。

第一组：教师只提要求，没有具体指导。学生制作过程的自我描述如下：关于意大利面搭建高塔的活动，我和组员还没来得及想就迫不及待地动手了。可是，没搭一会儿，老师就走了过来，提醒我们底座不够稳。一开始我们还不以为然，可是当高度超过50 cm时，看起来柔韧无比的意大利面咔嚓一下折断了。这时，我才意识到底座稳定对建筑的重要性。但已经为时已晚，我们的胶带已经只剩下10 cm了……结果也就不言而喻了。我们只好把意大利面折断，横着叠加成了25 cm的"高塔"。

第二组：教师进行指导，要求学生按工程设计流程进行优化：(1)明确任务和条件，只能利用提供的有限材料进行搭建，完成搭建足够高的高塔。(2)进行"头脑风暴"，提出尽可能多的解决方案，分别从高度、稳定和美观进行评估，优选出最佳方案。(3)开始制作测试，测试过程给予不止一次机会，允许不断尝试和改进。(4)应用相关科学理论分析结果，交流各自得失。(5)领悟提高稳度的方法是加大支撑面、降低重心、三角形结构的稳定性等核心知识。(6)让愿意继续改进的小组继续尝试，直到满意为止。按照工程设计理念，不断改进，"意大利面高塔"最高可达1 m。

通过以上案例分析以及大量的相关实践证明工程设计流程，有利于优化方案，提高问题解决的效率和质量。

2.注重交流展示环节实现核心知识的深度理解

交流展示是对学生创造性劳动的总结和尊重。通过交流展示不仅可以促进学生对项目学习的反思和相互借鉴，加深对学科核心知识的深度理解[3]；还可以提高学生的自豪感，锻炼他们使用技术的技能和增强自信心，提高表达交流能力。

交流展示的形式多种多样，主要有以下几种：

(1)测试交流。在规定的时间，每个小组都要把制作的作品进行测试，了解作品的优劣，明确下一步的改进方向。测试后一定要进行反思和分享，首先让学生进行自我剖析，看是否能抓住问题的关键；其次与其他小组学生进行互动,相互质疑、讨论;最后教师或外聘工程师要做指导性的点评,促进项目有所提升。

(2)主题报告。作品制作结束后,挑选不同的小组登台展示设计的过程和总结,寻找成败的真正原因。主题报告要求介绍项目研究的过程和反思、结果与涉及的理论等。这样做的目的可以让各种经验得到交流分享,让不同的小组对项目所涉及的核心知识有更深入的理解。

(3)创建网站。创建网站和网页可以让更多需要的人找到自己的项目成果,便于更广泛的交流分享。互联网技术的应用可以将全世界的资源进行有效整合。学生可以将他们所有的 PBL 工作整合到一处,在一个更方便的平台上展示给观众。

(4)STEAM 大赛。可以开展针对网页的数字故事和 STEAM 网页大赛,还可以开展针对作品的创客大赛。在学校的科技节上开展 STEAM 节日活动,评比展示学生的创客成果。

案例:无动力减震小车

任务:制做一辆无动力小车,用该小车装载 1 杯水从斜坡下行,至坡底撞墙停止。

要求:车速快,装载的水流失少。

限制条件:

(1)小车由各队自行制作,必须由一块宽 15 cm,长 25 cm 的平板作为车身底板,小车要有车轮,所有的设施及装载物都要放在车上。比赛时要求装载物与小车同步行进。

(2)装载物为敞口的一次性水杯,水杯不得加盖,水面上不得放置物体或加入其他物质。水杯为一次性 200 ml 航空塑料杯。

(3)斜坡由木板制成,跑道宽 80 cm,长度为 350 cm,坡底设置挡板。斜坡的最高点(即出发区)为 72 cm。

该活动为厦外科技节的一个比赛项目,原来我们让有兴趣的学生一周后提交作品,然后进行测试,评奖。整个活动组织完,我们发现学生设想充满智慧:有的将水杯悬挂在摆上,小车撞击挡板后,水杯自然摆动,水溢出较少;有的利用海绵等吸能材料实现小车缓冲后缓慢停下,水泼出较少;最妙的是利用橡皮筋储能，让小车能量最后转化为橡皮筋的弹性势能。只要橡皮筋松紧适度调节，小车到达下面底部时恰好停下，几乎与挡板没有撞击，水自然不会有溢出。整个过程评比完，笔者发现只有少部分学生通过参与活动取得较大收获，大部分学生仅仅作为旁观者，收获甚微。

经过反思总结，第二年我们对项目评比过程进行如下改进：

(1)每个小组都要进行展示，并将展示过程录像。

(2)结合展示过程的录像，进行制作过程和效果介绍以及最终采用这个方案的理由，并接受班级其他小组问询。

(3)在充分交流、互动和反思和分享后，允许各小组有再次改进制作的机会。

通过测试交流、报告分享，让所有学生对项目设计中应用到的能量转化、力与运动、速度、惯性等核心知识有了深度理解，并通过相互交流得到创新的启迪，从而大大提高科技活动的效益。

3.突出过程评价实现学科科技活动项目化

教师可以根据项目化学习设定的预期目标，结合项目的过程设计评估量表，突出过程性评价。评价时要体现自我反思，小组评价和专家评价相结合。评价要将创造力评估作为整体评估的一部分。如果是基于结果的评价表只能如实记录测试结果，无法反映制作过程和展示交流的情况，所以还需要开发见表 3-2-1、表 3-2-2 等评价表。

表 3-2-1　注重过程的项目化学习评价表

评价项目/分值	创新性/30	过程性/30	表达/15	反思/15	美观性/10
小组自评					
组间互评					
教师评定					
总分					

备注：创新性要求解决问题与实现方案的独特性；过程性要求设计科学、过程简洁、能有效解决制作过程出现的问题；表达要求项目报告完整、规范，图文并茂；反思要求能发现问题和不足，并进行改进；美观要求制作作品结构紧凑、合理，简洁流畅，有艺术美感。

表 3-2-2　自我反思评价表

自我反思(日期：　　　　　　)	评分

备注：在每周五最后一节课前，都要完成一次自我反思。每周选择一个主题以开展反思。主题每天张贴在提示板上。写下每周反思的日期，在两次反思中间空一行进行区分。确保工作是清晰且完整的。既使缺席，依然要完成每周的反思。

内容和长度要求：每次反思都必须至少有 5 句话，并达到标准。

5 分　清晰的主要想法；深度解释；达到所有的任务要求。

4 分　可辨认的主要想法；有证明材料但是材料有限；达到所有的任务要求。

3 分　可辨认的主要想法；有证明材料但是材料有限；只有 3～4 句话。

待修改：可辨认的主要想法；证明材料有限；少于 3 句话。

总之，要将学科科技活动改造成项目化学习要求，我们在选题上更加关注真实的、较复杂的现实问题，目标上更多地达成素养目标，路径上从工程设计入手，评价上导向过程与结果并重，提供更多的展示交流平台，切实落实学习者为中心的理念。

(钱永昌.学科科技活动的项目化学习提升策略[J].教学与管理，2020(4).32-34.)

三、点燃创新的火把，挖掘创造的潜能

中学阶段培育学生创新素养基础在课堂，关键在实践，着力点在兴趣培养、理想引领。我积极开展项目化学习，利用真实的驱动性问题，将学习素养转化为持续的创新实践。依托科技大赛平台、高校科研院所、高新企业等平台，积极开展创新实践。以创新实验和创客活动为载体，点燃学生创新的火把，激发学生的创新兴趣，不断挖掘创造的潜能，播撒创新报国理想的种子，改进评价机制，让学生主动发展，从“小制作”走向“大发明”。

（一）开展项目化学习，形成持续的创新实践

当前物理课堂存在填鸭式、灌输式的教和机械记忆、题海训练的学等不良倾向，使得教学过程没有生活气息、很少自主活动、不会活学活用，最终培养的学生不会反思、不懂质疑、无法创新。为此，我尝试开展项目化学习，让学生围绕项目活动，解决真实的驱动问题，在应用知识和解决问题中建构核心概念，创造出新意义与新知识，促进核心素养的发展。

例如“合理利用机械能”一节教学中，我设置 3 个项目制作活动：自制蹦床、乐高投石机、不用电的小车，让学生分组合作完成并开展投掷比赛和小车赛跑，在活动中检测作品的实现效果。在作品制作过程，学生要应用问题解决、实验、测试、系统分析等高阶认知策略达到项目要求。学生还可以在项目展示和反思中通过对比、分析等感悟到影响动能、势能的因素以及它们之间相互转化的规律。

项目化学习使教师的关注点从怎样教转为如何引导学生学上，教师的精力从知识的讲解过渡到项目学习的设计上，利用高阶学习带动低阶学习，让学生对学习的意义和价值有更深的认识。在项目化学习中，学生从一开始就很清楚所学的知识是用来做什么的，具体的知识和技能都被问题结构化、组织化在其中。这种组织知识的方式会对学生的学习动力产生极大的影响。学习首

先是学生自我系统的启动(马扎诺等，2012)。在项目化学习过程中，学生投入学习的状态更加积极主动。项目化学习奠定了学生心智自由的基础。

中学物理课堂中有很多“小制作”，如土电话、小孔成像仪、不倒翁、浮沉子、电动机等，都蕴藏丰富的物理核心知识，可以作为项目化学习的设计素材，学生在制作和改进过程中将学习素养转化为持续的创新实践。

开展创新实践还要依托各种展示平台，让学生有机会充分展示，自主发展。学校一年一度的科技节是学生“脑力竞技运动会”，为孩子们提供展示科技才华的平台。我还让学生参加青少年科技创新大赛、全国发明展、“宋庆龄少年儿童发明奖”、“明天小小科学家”等各种各样的科技创新的竞技与评比，让学生通过展示交流，得到评委的鼓励和帮助，发现自己的差距和不足，锻炼自己的综合素质。

(二)兴趣驱动，让创新成为自主行为

学生创新兴趣培养需要教师的引领带动。只有教师身体力行地成为创新的示范者，学生创新的火把才会被点燃。我任教物理学科，经常会遇到实验器材操作不方便、实验演示效果不理想、实验器材缺乏等问题。针对这些问题，我自己动手进行改进创新，不仅取得良好课堂的教学效果，还让师生的创新成为学校的风尚，现在学校累计申请获批专利 80 项，并在国内外青少年科技创新大赛、发明比赛上频频获奖。

例如教学中我发现原有的反射式色光混合演示器很难准确调整三原色的比例，混合后的颜色经常会变为灰色。而另外一种透射式色光混合演示器，使三色光直接照到光屏上进行混合，但存在不能连续调节并混合出特定颜色，且耗能大、结构复杂等不足。这些缺憾激发我发明的欲望。我找来红、绿、蓝三色“食人鱼”LED 作为光源，将它们排列成“品”字形，并设计分压式光源驱动电路，调节电阻时，色光的强弱会变化，混合光的颜色也会随之发生变化。三色光通过各自光栏发出的光束在空间的分布是呈圆锥形的，调节内筒的光屏到光源的距离从近到远逐渐改变时，单色圆形光斑的半径会逐渐变大并部分重叠，其交集会从双色混合直到三色混合，可以很容易地获到包括白色在内的任何色光。该项目还申请了实用新型专利。

当然，激发学生自主创新的兴趣也不是一蹴而就的，需要多种办法跟进。除了教师引领示范外，我还改进了评价机制，采用教师示范、学生跟进的策略进行“创新实验”开发。实践中我不仅打破了课内课外的界限，还整合了校内校外的资源。学生利用课外时间开展创新作品研究与制作，在课内展示交流；在物理课上学习基本原理和方法，到广阔的社会大舞台寻找实践与应用的天地；在实验室开展探究，设计各种简易电动机，感悟磁场对电流的作用以及物理的神奇，到运动场上开发可调节训练难度的引体向上装置，到科研院所中开展风洞实验。这样实现从少数教师做到多数教师做，从仅教师做到师生协同做，形成了师生共同参与创新活动的学校风尚。

学生们刚开始研究，如蹒跚学步，创新作品或许较为粗糙，文章的格式可能不够规范，文字表述存在不够严谨，实验设计也许会存在瑕疵，推理过程也可能存在前后矛盾等，这时教师不要一味指责和批评。教师要找到其中的闪光点加以鼓励和表扬，让他们发现自己研究的价值，保持继续研究的热情。当然在表扬之余也要委婉地指出他们的不足，不过口吻要尽量和蔼，不要泼冷水，而要做点燃创新激情的火把。其实同学们的创新兴趣恰似襁褓中的婴儿，需要教师精心的呵护与包容。

比赛获奖不是我开展创新活动的唯一目的。我希望同学们通过研究，找到发现的乐趣，感受攻克科学难题带来的成就感，使他们把研究当作求得知识的一种手段，当作探索未知世界和满足好奇心的一种方法。因此研究过程和比赛过程中，摒弃功利、保持自然的参赛心态十分重要。我的学生在“丘成桐中学生物理竞赛”的前一天晚上还赶到中科院去聆听 2004 年诺贝尔物理奖获得者 David Gross 的高端讲座，并在会上主动提问交流。这是一种境界，也是优秀学生的特质。

（三）理想引领，让创新获得持续动力

伟大的创新需要经历无数次失败和挫折，需要坚定的理想信念支撑。为了能让人类到达火星，马斯克创立了 SpaceX 公司，在经历近乎破产的数次发射失败后最终取得成功。由于具有伟大的理想和责任感，马斯克生命不息，创新不止。因此，培养学生创新素养，首先要“养志”，通过课堂内外的活动，让学

生树立科学志向,再引导学生开阔视野、亲身体验;其次,要因材施教,我们为普通学生开展科普活动、宣传竞赛知识,为天资较高、对科学有浓厚兴趣的学生予以重点培养。要培养国家栋梁式创新型人才,一定离不开科学报国的宏伟志向。

学生要来参加创新活动,首先要回答的问题是:你为什么要参加创新活动。这个问题看似简单,其实动机决定行动,没有远大的目标,创新很难有可持续性的动力。选择参与创新活动,虽然长远来看,对学生的核心素养发展十分有利,可是短期来看也会遇到这样或那样的挫折,有的创新还要经历很多次的失败,如果功利心太重的学生,往往浅尝辄止,无法坚持。如获得全国青少年科技创新大赛一等奖、科协主席奖、“明天小小科学家”一等奖、“英特尔国际科学与工程大奖赛”30米望远镜专项奖二等奖的陈姚佳就是通过青少年科技创新大赛逐渐成长起来的创新达人。她在厦门外国语学校先后参加了三次青少年科技创新大赛。第一次参赛,作品“多功能便携式充电与照明装置”顺利通过层层选拔,获得了全国青少年创新大赛二等奖,但第二年“人体接通电话实验探究”却止步于福建省三等奖,连参加全国赛的资格都没有。到了高二年,她又满腔热情地投入了“激光束照射镜面圆柱的研究及应用”研究。其实,经历挫折对学生来说并非坏事,像陈姚佳一样,只要认真总结经验教训,就会获得更大的成功。最后一次,她研究得更加深入,用了近一年时间,研制出一种可准确控制离心率的光学圆锥曲线演示仪。更可贵的是,她没有止步于此,开始逆向思考,最终发明一种可以在线快速定量检测圆柱表面粗糙度的仪器,并申报了多项国家发明专利。

厦门外国语学校致力于培养具有“中国灵魂,世界胸怀”国际性复合型人才,我们的学生很早就树立远大的理想和目标。我指导的获得首届“丘成桐中学生物理竞赛”金奖的学生陈锴杰,他的理想是当一名像爱因斯坦一样的物理学家。他现在是美国杜克大学学生,研究领域为人工智能。另一位学生赖文昕也是一个有理想和抱负的学生,他现在就读于北京大学物理系。从初中阶段开始他就通过网络自学 MIT 教授的视频。有了远大的理想,学生就不会因为一些小挫折而抱怨或萎靡不振,而能坚持广泛地涉猎科学知识,不断提升自己的科学素养,潜能也就能源源不断地被挖掘出来。

四、学习素养视角下项目式学习特征再认识

项目式学习作为提升学生发展核心素养的一个重要的教与学模式，得到越来越多教育界人士的认可，越来越多的中小学教师在学科教学中尝试开展项目式学习。然而，部分教师对项目式学习存在认识误区，还没有全面认识项目式学习的本质特征和重要内涵。本文结合教学实例，谈谈项目式学习的一些认识误区，进一步澄清项目式学习的特点。

（一）认识误区

1.项目式学习仅仅是知识应用，教师必须先教会学生知识，才可以让学生应用知识去做项目

有的教师认为学生只有真正理解某一知识，才能够开始应用这一知识解决问题。所以他们在教学环节处理上，把课堂前面大半部分时间按传统教学方式先学习理解基本知识和规律，再把项目式学习放在知识运用环节，利用项目应用，加深学生对知识和规律的理解。实际上，项目式学习应该是贯穿学习始末的教与学的方式。学习理解和知识的应用都是项目的一部分。项目式学习过程中，通过创设真实典型的项目情景，学生通过项目问题的探究体验知识，形成规律，通过项目制作逐步理解知识，然后在迁移应用中加深对知识的理解。例如，《流体压强与流速的关系》一节新课教学，有教师先用演示实验和学生分组实验，引导学生分析出流体压强与流速的关系的规律，然后应用该规律设计制作一个喷雾器。整节课项目制作只是点缀，没有很好地体现以高阶学习带动低阶学习，说到底是还没有真正理解和挖掘项目式学习的意义。那么，如何才能在这节课中进行完整的项目式学习设计呢？在规律的体验和形成阶段就应该用项目任务驱动：①怎么一口气把 2 m 长、0.5 m 宽的塑料袋吹鼓？②如何吹气能让点燃的烛焰靠在一起？③如何搅拌，能让沉在柱状容器底的鸡蛋浮起来？④利用注射器能将两艘并排的纸船靠拢在一起吗？让学生经历失败和成功，反思其中奥秘，总结科学规律，在做中学、学中思、思中悟。

为了避免在规律的形成过程耗费过多的时间,建议用分组完成不同的、相对较小的项目来驱动,然后通过各小组展示和交流来总结规律。后续的迁移应用再用相对较大的项目促发学生深度学习。

2.实验课、制作课就是项目式学习,项目式学习就是小制作

有的教师认为学生要动手参与,无论是实验课还是制作课都是在开展项目式学习。这是对项目式学习的简单化理解。应该说,项目制作是项目式学习的核心特征之一,属必要条件,而非充分条件。首先,实验有很多种,验证性实验和部分探究性实验如果没有挑战性,激发不了高阶学习,不能算作项目式学习。少部分探究性实验可以作为项目式学习的项目,但必须经过项目化处理,如通过驱动性问题和过程性评价导向高阶学习,进而带动低阶学习。小制作的情况也是类似,如果仅仅按部就班地模仿制作,没有反思、总结,没有展示交流,只是训练操作技能,那就不属于真正意义上的项目式学习。例如,在《滑动变阻器》一节教学中仅仅设计一个利用滑动变阻器改变电路中电流的学生实验,这不算项目式学习。真正的项目式学习应该通过引导学生设计并制作一个可以简易改变电阻的仪器,让学生从电阻定律出发探讨改变电阻的不同思路(科学性),然后从可行性、低成本、便捷性等角度优选实现方案,最后通过交流展示、评价反思等加深对滑动变阻器原理、使用方式等核心知识的学习。项目化学习设计要求适度的开放与创新,而不是简单制作与实验。

3.项目式学习是针对精英学生培养的教学模式,普通学校、农村学校不适用

有的教师认为项目式学习需要设置有挑战性的任务,这种任务对普通学校、农村学校的学生难度太大,不可能逾越,所以项目式学习是针对精英学生培养的教学模式,普通学校、农村学校不适用。这种认识错误在于片面认识挑战性任务,忽视教师的设计与引导作用的发挥。首先,项目式学习的挑战性任务不是绝对一成不变的,针对不同层次的学生可以有不同难度的挑战性任务。其次,教师在教学中会针对不同学习小组存在的不同问题提供支架策略,引发他们进行深度学习。项目式学习不是只给任务,不做指导。此外,项目式学习的意义在于回归学习的本源,激发所有学生的求知欲和探索精神,这是所有学生都值得尝试的。在项目式学习课例实践中,这种教学模式对农村中学、新办校还是优质学校，对不同学业水平的学生都能适用，可有效激发大多数学生的学习热情。在项目式学习研讨课上，至今还没有发现类似学生趴着睡觉的消极现象。当然，实践中项目的选择需要针对不同的学生进行调整，使项目更贴近学生的生活经验和认知水平。为使项目指导更有针对性，我们还创造性地设置项目研究指导锦囊，对不同小组项目研究进行方法和策略方面的指导。例如，《小小郎中，称方配药》一节教学中，针对杆秤制作中测量仪器的设计要素，变量控制的优化、改变杆秤的量程方法等关键问题设置指导策略，让不同层次的学生根据需要选择使用，从而实现对不同层次学生的有效指导。

4.项目式学习在单一学科中较好推进，不宜在跨学科教学中实施

虽然基于当前普遍存在的分科教学现实，项目式学习在单一学科中的确较好推进，但并不是说项目式学习不宜在跨学科教学中实施。其实，项目式学习有单一学科的项目，也有更多跨学科的项目。真实的项目往往是不同学科融合的。而且项目式学习的突出优势就在于通过跨学科项目使不同学科的知识进行有效融合，让学生深度理解不同学科知识之间的关联性。虽然各自学科的知识体系的学习很重要（尤其是对学科领域核心知识的基本理解），但是跨学科学习由于具备综合性、重整化等特点，不仅有助于学生高阶思维技能的提升，还可以帮助学生在不同学科知识之间形成有意义的联系。基于项目的STEAM学习是跨学科项目有效形式。良好设计的项目式学习本身就是跨学科的，而且其本质是合作性的，所以项目式学习更强调不同学科教师之间的合作。成功实施跨学科项目式学习的学校，一般会成立跨学科项目式学习课程开发小组，讨论学校实施的每一个具体项目，不同学科的教师一起备课，协作教学，完成项目式学习的课程设计，同时按课程设计指导学生做项目。例如《斑马线摩擦系数研究及改进实验探究》以"为什么雨天踩在涂白漆的斑马线容易滑倒"为驱动性问题，引导学生探究不同类型的斑马线在不同天气时的摩擦系数的变化，并设计可操作性的解决方案。其中涉及学科有历史（斑马线形成的历史）、物理（摩擦系数测定原理及摩擦系数的改变方法）、数学（数据测量与统计）、化学（斑马线涂料相关配方的研究）等，需要多学科教师相互协作教学。

(二)学习素养视角下的项目式学习的核心特征

为避免项目式学习的比较典型认识误区,造成项目式学习教学实践走样,有必要对学习素养视角下的项目式学习核心特征进行再认识。

1.项目式学习的项目要有真实性

项目式学习的任务情境和角色代入越真实,就越能激发学生对所研究项目价值感的认同,进而激发他们投入项目学习的热情。真实情境具有综合性,也更具挑战性,既是对学生知识、技能、情感、态度价值观等多方面要求的综合考验,也是对情境交互和问题解决等行动力的挑战。当然,项目式学习的项目不全是真实生活世界的项目,还可以是具备真实问题要素的虚拟仿真式问题,有时也不排除指向学科中关键概念、关键问题的学术性项目。

真实的项目不应该仅仅指现实生活中本来就有的、原原本本的、不可有一点点变动的项目。其实,只要项目的原型来源于现实世界,而且学生在今后的生活中也很可能会遇到类似情境,就基本可以到达真实项目的要求了。如果学生在做一个项目过程中能找到这个项目与现实生活世界的联系,明确项目的现实意义,项目的真实性就会得到凸显。比如模拟联合国,大家都知道是通过角色扮演来模拟解决不同国家面临的问题,但是学生在其中的思维方式和解决问题的方法是和现实的情境相似的,所以也是符合真实性的特征。项目化学习所说的"真实",即所学内容和能力的真实,所需要的思维方式也是与真实情景一致的。至于它是虚拟的还是现实的,是过去的还是将来的,不必过于苛求。

值得一提的是,真实的生活问题往往具有综合性。为了便于实施,一开始设计项目式学习不宜跨越太多学科,以 2 个相近学科融合效果较好。例如《制作亮度可调的手电筒》一节的项目式学习设计主要将物理与工程结合。物理方面先完成电路图原理设计,工程方面完成制作过程并进行效果调试,改进与完善。

2.项目式学习指向核心知识的再建构

项目式学习设计必须从大概念出发,引导学生在项目学习中逐步建构核心知识。所以,项目式学习不只是追求活动形式的轰轰烈烈,更重要的是通过做项目,促进学生对核心知识的再建构;不只是简单追求项目制作的成功,更重要的是让学生通过对比分析项目成功或失败背后的所反映的核心知识、关键能力与必备品格。

所以，学生发展核心素养是项目化学习的落脚点，撇开这个落脚点去追求形式上的热热闹闹、轰轰烈烈就是假的项目化学习。教师在设计和评价项目式学习时一定要有素养目标意识，尤其是要突出核心知识与高阶认知策略目标，进行落实和达成。这一点是项目式学习设计质量的重要标志。

核心知识的建构不是一蹴而就的，需要螺旋式上升的过程。教学设计时教师要善于分解任务，通过学习进阶达成最终的项目。还以《制作亮度可调的手电筒》一节设计为例，入项项目是设计简单的手电筒电路，根据不同的需求设计亮度可调的手电筒电路，进而能否设计功能更强大的手电筒。通过层层递进，把核心知识的建构落到实处。

3.项目式学习是用高阶学习带动低阶学习

项目化学习旨在高阶学习包裹低阶学习，即通过高阶认知带动低阶认知。设计时，教师需要澄清驱动性问题和学习成果中包含的主要的高阶认知策略类型。对高阶认知策略的明确设计更能整合基础知识与技能，实现概念知识的项目化学习历程，所以设计的项目必须具备挑战性、开放性、相关性与延展性。所谓挑战性，就是要有一定难度，激发学生运用高阶策略参与学习（包括问题解决、创意、决策、实验和综合分析等）。所谓开放性，就是要给学生选择和参与决策的机会，让学生承担不同决策带来的结果。开放意味项目结果的多元化，为后续反思、总结核心知识创造条件。相关性既是指与学生的生活经验相关联，也是指与达成的素养目标相关联。延展性指向学生的持续探究，一个好的项目可以生发一系列新的挑战性问题，不断将学习推向高阶。高阶学习一般又是基于“获取和整合知识”和“扩展和精炼知识”两个低阶学习进行的。当然，在项目化学习中，高阶认知策略的使用会涉及大量的低阶认知策略，既需要互相搭配，也需要多种策略组合。

4.项目式学习要特别关注学生的活动过程和成果的展示

项目式学习需要关注学生学习过程的合作交流、相互借鉴、反思与评价等，强调做与学的结合。做不仅仅是操作技能的锻炼，也是会促发学生对核心知识的深度学习与理解。教师要注重全程评价，过程性评价与总结性评价相结合，引导学生开展过程的分享。项目成果的展示是项目式学习不可或缺的环节。通过项目成果的展示可以让展示小组反思总结项目制作过程的得失，又可以让其他小组成员分享不同的经验，进而通过对比强化核心知识的习得。展示环节可以锻炼学生的表达交流与思维能力，提高项目式学习的实效。

5.项目式学习中教师要注重引导学生在“做项目”中发展学习素养

项目式学习对教师素养要求很高，教师形成的思维定式和教学模式可能会成为项目式学习推进的障碍，导致项目式学习空有其表或者效果不佳，所以教师需要对自身在项目式学习过程中的角色作用重新思考定位。教师不是单向的传授知识，而应该在项目式学习活动发挥积极的组织、引导和评价的作用。教师必须熟悉学科知识，具有跨学科的综合问题解决能力、团队合作的精神和创设学习情境的能力，能把握学生的心理特点，具有较强的学习动力，善于总结经验教训，能带动学生在项目学习过程中积极参与学习。开始接触阶段，老师有时可以在常规的课堂教学中渗透项目式学习的一些做法，改变传统教学模式，熟悉项目式学习的操作策略。例如可以在不同的教学阶段，有意识地预留出时间让学生质疑，激发学生探究和分享。也可以尝试着做一些小项目的学习，把日光放到一堂课、一道题上，就会发现项目式学习原来也不难。例如《陈涉世家》教学中讨论“如果不下雨误期，陈胜吴广会起义吗”，可以要求学生查找资料、小组讨论、戏剧表演推理出导致他们起义的根本原因是秦王朝的暴政。项目式学习关键在于教师要通过引导学生“做项目”的过程中学习，从而促进学生素养的发展。

（钱永昌，郑远鹏.学习素养视角下项目式学习特征再认识[J].福建基础教育研究，2021(4)：34-36.）

下篇：创新实践案例

专题四　发明作品类

专题五　课题研究类

专题六　实践活动类

专题四　发明作品类

案例一：白鹭日晷

（科技辅导员创新项目）

厦门外国语学校　练仰贤

2009年第25届青少年科技创新大赛全国一等奖

自古以来，人类为了生存和发展就发明了各式各样的日晷用来计时，如赤道式日晷、地平式日晷、卯酉晷等，体现了人类理解和利用大自然的智慧。但是传统日晷大多存在一些缺点，例如传统的赤道式日晷（如故宫太和殿前的日晷）在春分、秋分日时就无法读数，春分后的夏半年内只能在日晷的上表面读数，秋分后的冬半年内只能在日晷的下表面读数，读数误差较大且难以进行时差校正，没有节气刻度等。本作品克服了传统赤道式日晷的这些不足和缺点，运用虚实相结合的表现形式，以若干特定的曲面组成一只抽象腾飞的造型白鹭，将日晷巧妙地寓于白鹭的造型之中。它像一只白鹭，实质上却是一种新型的球带式日晷。

所有日晷都是根据太阳视运动规律制作的。本作品也一样，但它将传统日晷晷面由平面改为球面（球带），晷球（标识物）的晷影就是太阳的天球视运动在球带形晷面的投影，最直观、形象地反映太阳在天球上的视运动规律。

作品由白鹭造型和底座组成。白鹭翅膀的上面为球内表面的一部分，它是日晷的晷面，晷面上标有时间和节气刻度线以及8字形时差校正曲线。白鹭的冠羽抽象为一杆状晷针，位于球型晷面直径的晷针平行于地轴并指向天北极，晷针上位于晷面的球心处设一晷球（标识物），晷面上的春、秋分时间刻度大圆垂直于晷针，各节气刻度线平行于春、秋分时间刻度大圆。作品底座则像带球冠的飞船，底面标有四正点东、西、南、北方向，并在相应位置装饰汉瓦当四方神象——青龙、白虎、朱雀、玄武，显得古朴庄重。

作品晷面的时间刻度和节气刻度根据太阳视运动规律（时角、赤纬）计算、绘制。所有日晷读出的是地方真太阳时，8字形时差校正曲线则根据天文年历中的太阳表所载时差描绘、平移（作品已经考虑了真太阳时、平太阳时和标准时的转换）。它能显示时刻并可进行时差校正，还能显示时令节气，它只须从单侧读数，晷面刻度均匀，全年可读，由于标识物（晷针、晷球）的投影方向总是垂直于晷面，故其晷影清晰。还能根据光路的可逆性原理判断日出、日落时刻和方位，便于理解和掌握太阳的视运动规律。

白鹭日晷构思新颖、造型简洁、线条流畅、气质高雅、寓意深刻、内涵丰富，具有地方特色（白鹭是厦门市鸟），是科学与艺术、时间与空间、技术与教育相结合的范例，被中科院紫金山天文台有关日晷研究专家认为是“近几年国内少见的设计颖

异、内涵丰富、具有很强的科学魅力和很高的艺术品味"的新型日晷。作品可制成中小学教具、纪念精品、城市雕塑，尤其是学校校园和青少年科技馆的雕塑参考，让科技艺术教育走出课堂、走出校园、走向社会，对普及天文科学知识有重要意义，有较大市场前景。

点评：日晷是利用日影测定时间的一种装置，有赤道式日晷、地平式日晷、卯酉晷、环形晷和柱面晷等多种。传统日晷大多存在一些缺点，例如赤道式日晷(如故宫太和殿前的日晷)在春分、秋分日时就无法读数，春分后的夏半年内只能在日晷的上表面读数，秋分后的冬半年内只能在日晷的下表面读数，读数误差较大且难以进行时差校正，没有节气刻度等。本作品克服了传统日晷的缺点和不足，拓展了日晷的功能，实现了科学与艺术相结合的创作意图。

案例二：

The Fully-Automatic Rainproof Car Door System

(《带自动回卷装置的车门防雨系统》)

厦门外国语学校 高涵之　　指导教师：曾宝枝

2017 年俄罗斯青年科学论坛暨第 26 届俄罗斯青年科学家竞赛一等奖
技术与工程学学科论坛最佳项目奖
第 12 届"宋庆龄少年儿童发明奖"银奖

Abstract: When we drive cars on rainy days, it is always hard to open umbrellas quickly enough while getting off so rainwater might pour into the car and wet our clothes. The *Fully-Automatic Rainproof Car Door System* was invented to solve the problem. When passengers open the car door on rainy days, a plastic film will be pulled out with the door, blocking out raindrops and providing passengers enough space and time to open umbrellas in an unhurried manner. On sunny days, the system automatically stops working to save energy and avoid unnecessary inconvenience. The system includes the *Working System* which mainly uses springs to ensure automatic retraction of the plastic films and the *Automatic Control System* which mainly uses the *Raindrop Sensor Switch* and the *Car Door Switch* to control the whole system automatically in order to ensure that the system only works when the car door is opened on rainy or snowy days. Everything is just automatically working when we need it. Passengers need to do nothing but open and close the door as usual.

Key Words: car door; rainproof; fully-automatic; spring; *Raindrop sensor Switch*; *Car Door Switch*; plastic film

1. Background

Cars were invented forour convenience. However, sometimes our cars do not seem convenient enough and even bring us trouble. Take a drive on a rainy day for example. You are going to get out and open the car door. Then you need to open your umbrella - but can you do it quickly enough? Most of the time, we can't. Before we successfully open the umbrella, the rain will pour into the car and wet our clothes - or even worse. In order to deal with this problem, we designed *the Fully-Automatic Rainproof Car Door System*.

This system includes two main parts: *Working System* and *Automatic Control System*. It can prevent us from getting wet due to rainwater when getting off the car on rainy days and will not bother at all on sunny days. The details of the design are as follows.

2.Details of the *Working System*

The*Working System* includes two parts: the *Main Body* and the *Connector*.

2. 1 The *Main Body*

The*Main Body* is installed inside the car door pillars. It is a long and thin box and has these components:

(1)A steel shaft that remains fixed in the box and works as a middle axis.

(2)Several truncated-cone-shaped rollers that are able to rotate on the middle axis are connected to the shaft with springs. Therefore, when the rollers rotate on the axis, the springs will gain elastic potential energy.

(3)Both the box and the car door pillar have a narrow slit to pull out the plastic film.

(4)A plastic film is winded around the rollers. One end of the film is connected to the rollers through several zippers while the other end of the film is fastened with an iron bar. The iron bar can be stopped from moving further by the narrow slit to prevent over-retraction.

(5)Two wiper blades are placed at each side of the narrow slit. They will nip the plastic film and wipe the water away from the plastic film when they are rolled back to the box in order to prevent water from running into the box.

The diagrams are as follows.

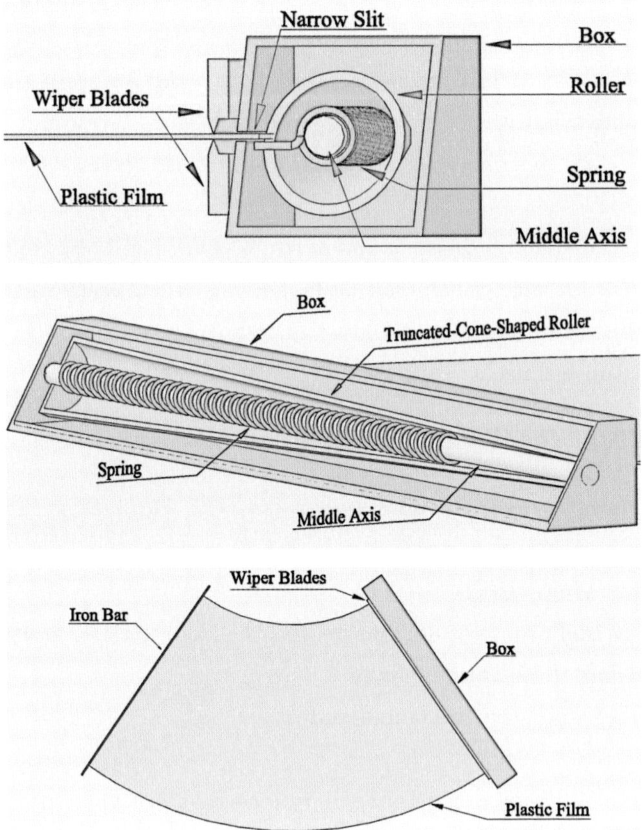

2.2 The Connector

The *Connector* is installed on the window frame. It consists of several electromagnets that are installed correspondingly with the iron bar.

The *Connector* is controlled by the *Automatic Control System*.

2.3 The working mechanism

Under its working condition, the electromagnets that make up the *Connector* will be switched on to provide magnetic force and attract the iron bar. After that, the plastic film will be pulled out together with the car door to prevent the rain from wetting the passengers.

At the same time, when the plastic film is pulled out, the rollers will rotate on the middle axis and the springs will gain elastic potential energy. When the doors are being closed, the elastic potential energy will be released, forcing the rollers to roll back and retract the plastic film back into the box. The wiper blade will wipe the rainwater off the plastic film for preventing the water from getting into the car. All the mechanisms described above ensure that the whole system will reset after shutting the car doors and be ready to work again.

The rollers will be pre-rolled several rounds during the installation before the plastic film is connected to them. Because of this, some elastic potential energy will be stored before the installation of the whole*Working System* completes. This guarantees that when the door is open with the system disabled, the plastic film along with the iron bar can be pulled back by the springs until the iron bar returns to the narrow slit, which means it will stay at the beginning position instead of dropping down due to gravity. When the car door is closed, the *Connector* will still correspond to the iron bar and be ready to work.

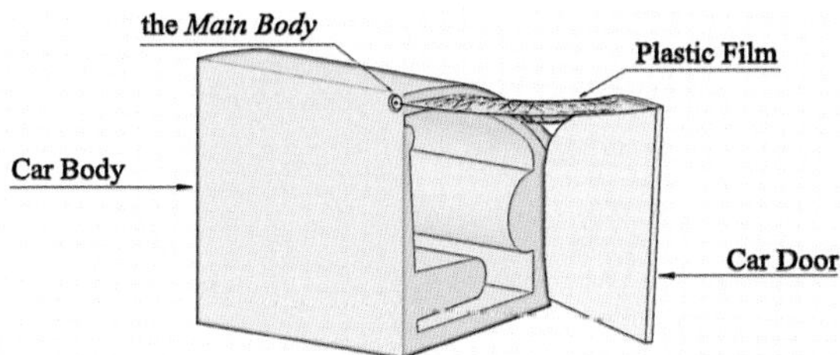

Every car door has a set of the *Main Body* and the *Connector*.

2.4 The bend of the *Main Body*

Obviously, almost every car's car door pillars are not straight, which means that the *Main Body* cannot be rather straight, either. That is the reason why we install more than one roller in every *Main Body*'s box. The steel shaft as the middle axis is also bent. For every car door, all the rollers share one plastic film. These rollers can rotate in a synchronized way so the plastic film can be winded around them smoothly. Between each two rollers there're several idler wheels for the plastic film to roll more fluently.

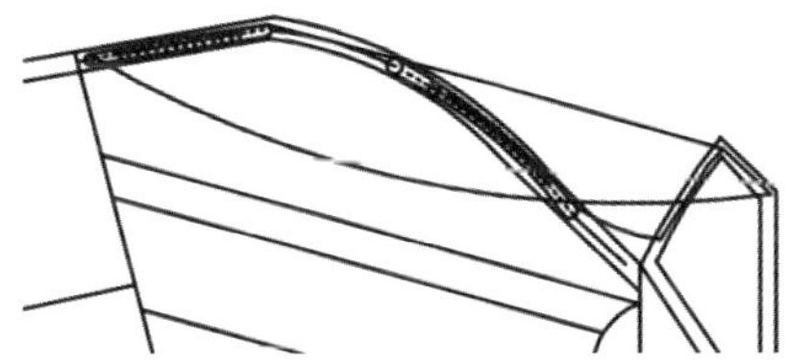

For different models of cars, the number of the rollers might also vary. In the simplest case, at least two rollers for each front car door and one for each back door are required.

3. Details of the *Automatic Control System*

The *Automatic Control System* consists of a *Raindrop Sensor Switch*, a *Car Door Switch*, a *Central Switch*, a *Remote-Controlling Switch* and the *Main Circuit*.

3. 1 The *Raindrop Sensor Switch*

The *Raindrop Sensor Switch* is used to check if it is rainy and will switch on when water drops on its sensor. Its sensor is installed between the car roof and the windshield. In case the rain stops, the rainwater will soon drain or evaporate and the switch will automatically switch off.

Nowadays most of the cars already have built-in raindrop sensor, which can also be used in this system straightway. It should be reminded that the switch will also switch on when the weather is snowy.

3. 2 The *Car Door Switch*

The *Car Door Switch* will switch on when the car door is opened. It will remain off as long as the door is closed. The switch is used to avoid unnecessary work of the system and the waste of electricity when the car door is closed.

3. 3 The *Central Switch* & the *Remote-Controlling Switch*

These two switches are normally closed. The *Central Switch* is installed at the center console while the *Remote-Controlling Switch* is installed in the car key. They are used to shut down the system momentarily when passengers think they don't need it in some particular situation like carrying something heavy.

3. 4 The *Main Circuit*

The Main Circuit *is controlled by the four switches which are all connected in series. The simplified circuit diagram is as follow.*

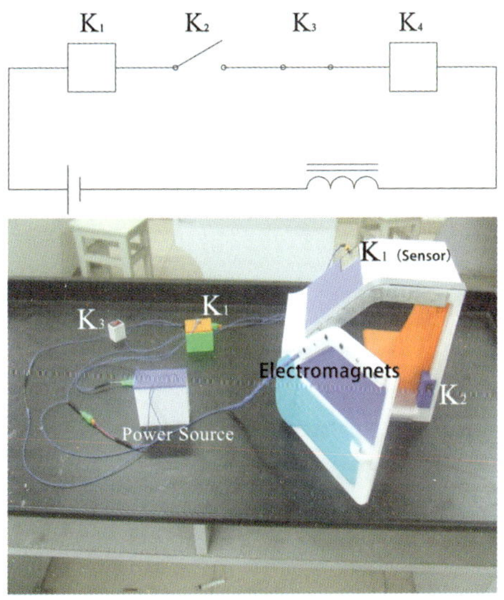

K1	The *Raindrop Sensor Switch*
K2	The *Car Door Switch*
K3	The *Central Switch* (normally closed)
K4	The *Remote Controlling Switch* (normally closed)
Power Source	The automobile storage battery, 12V DC
Coil	Electromagnets

3.5 The controlling mechanism

In rainy days, rain will drop onto sensor of the *Raindrop Sensor Switch* and switch it on. In this situation, as long as the car door is opened, which means the *Car Door Switch* is switched on, the *Main Circuit* will be in connecting condition and the system will start working.

If it is a sunny day, the *Raindrop Sensor Switch* will be switched off; if the car door is closed, the *Car Door Switch* will stay off. Both will cause the whole system stop working so the plastic film will not be pulled out. When this happens, the plastic film will remain pulled backward by the spring until the iron bar returns to the narrow slit. When the system is not working, it will act just like a normal car door and the passengers will not be bothered by this system on sunny days.

Two extra switches, the *Central Switch* and the *Remote-Controlling Switch*, are added for passengers to shut down the system momentarily if they think it's necessary.

The*Automatic Control System* makes sure that the whole system will only work when we need it and will automatically stop when we don't. It can also avoid the waste of electricity.

4. The replacement of components

4.1 The replacement of the ageing plastic film

After a period of time, the plastic film might be ageing and no longer suitable for using any more. As the plastic film is a consumable item, the replacement of it is convenient and easy.

According to the design, the plastic film is connected to the rollers through several zippers. When the users are going to replace the plastic film, the zippers can be reached by pulling the old plastic film out of the box. Using those zippers, we can easily uninstall the old film and then install a new one.

4.2 The replacement of the plastic film in cold areas

In cold areas where it will snow in winter, the normal plastic film is not suitable because the snow might not be easily wiped off it and will cause some unexpected malfunctions. For the users in these areas with cold weather, we can replace it with a special kind of *Heated Film*.

This kind of films is implanted with several resistance wire. If the temperature is lower than 0° C, the resistance wire will be automatically connected to the *Main Circuit* in parallel with the electromagnets. Therefore, when the system is working, the resistance wire will also start working and heat the film - together with the snow that has fallen on it and melt the snow into water. After that, the snow can be easily wiped off by the wiper blade, similar to the rainwater.

However, this heating feature is still under development.

5. Conclusion

In conclusion, the *Working System* mainly uses the springs to ensure automatic retraction of the plastic films while the *Automatic Control System* mainly uses the *Raindrop Sensor Switch* and the *Car Door Switch* to control the whole system automatically in order to ensure that the system only works when the car door is opened on rainy or snowy days. According to this design, the whole system will work as the descriptions below:

Firstly, when passengers open the car door on rainy days, a plastic film will be pulled out with it, blocking out raindrops and preventing them from getting into cars and wetting the passengers. This provides passengers enough space and time to open the umbrella in an unhurried manner. When passengers close the door, the plastic film automatically rolls back and is ready to work again.

Secondly, on sunny days, the system automatically stops working to save energy and avoid unnecessary inconvenience. In this situation, the whole system works just like normal car doors.

The usage of the sensor and the design of the *Automatic Control System* makes sure that everything is just automatically working only when we need it. The only thing passengers need to do is to open and close the car door as usual. The design solves the problem of getting wet because of the rainwater during the getting off and can bring our life a lot of convenience.

6. References

1. WG Wang, J Yao, J Shi "Design of an Automobile Infrared Rain Sensor"—《Instrumentation Technology》

2. Terakura, O., Kurahashi, A., Wakabayashi, S., Tokunaga, M. et

al., "Development of Rain Sensor for Automatic Wiper System," SAE Technical Paper 2001-01-0612, 2001, doi:10.4271/2001-01-0612.

7. Illustrations

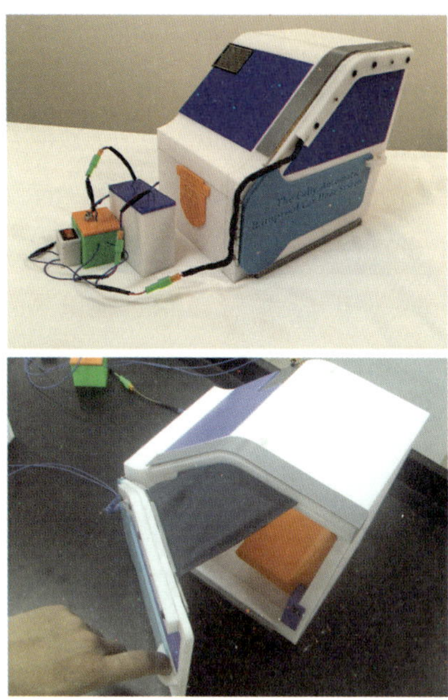

点评: 项目主要由弹簧回卷装置、自动控制系统和多组传感器组成,在降雨天气打开轿车车门时自动拉出一张薄膜起到挡雨作用,关门时自动卷回;非降雨天气则系统自动断开。项目针对性强,实现了自动化、智能化、人性化的控制机制。

学生毕业去向: 高涵之,北京航天航空大学,航空科学与工程学院流体力学专业。

案例三：可调节训练难度的引体向上辅助装置

厦门外国语　李沛琦　王林祺榕　　指导教师：钱永昌　王杰斯

第 20 届全国发明展金牌（宝钢青少年发明奖）
2014 年第 30 届青少年科技创新大赛福建省一等奖

【摘　要】该项目主要提出了借助弹簧的力量研究制作一套可以帮助同学们掌握引体向上技巧及提高体能的引体向上辅助训练器械的想法，目的是降低初学者起身上杠的难度，首先解决动作规范与协调性问题，然后在逐步提高要求，最后达到独立、自如完成引体向上的目的。装置采用弹簧（拉簧）作为装置的动力源，利用两个二连板装置作为主要支撑部件。该装置设置 8 条拉力弹簧，可提供初始 100～800 N 的推力，弹簧一端可沿着移动槽移动，起到调节推力的作用。底板两侧各装设四级调节档位，通过移动调节档位上的支撑杆位置可以调节器械初始高度，确保运动过程中脚不离器械，适用于不同高度练习者需要。两侧二连板间装设两个气压缓冲装置，具有锁止功能，用于防止装置突然往上弹起，吸收瞬间势能，防止伤人，同时气压缓冲器不阻碍正常运动。在底板两侧各装有四套弹簧缓冲装置，吸收装置下降剩余势能，同时对装置起始位置起助推作用，补偿装置起始状态力矩最小的不足。

【关键词】可调节难度系数；引体向上；训练装置

引体向上是一项对技巧和体能较高的体育活动，通过长期训练不仅可以获得健全的体魄，也可以锻炼肢体的协调性。目前引体向上已经成为中考必考体育项目，可是由于肥胖、协调性或者体质等问题，很多同学根本无法完成一次上杠动作。针对这个棘手的问题，我着手设计一种可调节训练难度的引体向上辅助装置来帮助像我一样连 1 次上杠动作都无法完成的同学实现上杠的愿望，并逐步掌握引体向上运动技巧。

（一）设计思路

（1）为训练者提供一部分的推力，协助其达到上杠，反复练习，在老师的指导下规范动作要领。

（2）通过阶段训练，具备逐步减少器械的辅助推力，加大训练者的上肢负担的功能，最终实现摆脱器械的目标。

（3）根据不同训练者的身高体重以及学校单杠高度，具备器械高度可调整的功能。

（4）装置必须具备防止意外弹起伤人的锁止功能。

（5）装置必须有良好的缓冲功能。

（6）结构必须简单，操作方便，安全性能好。

（二）装置结构

作品图纸：

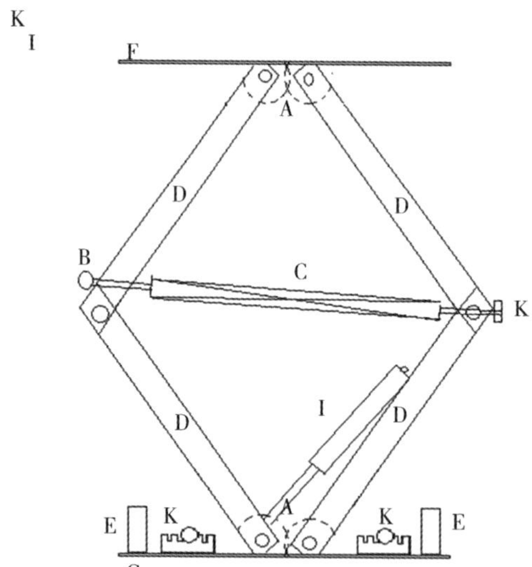

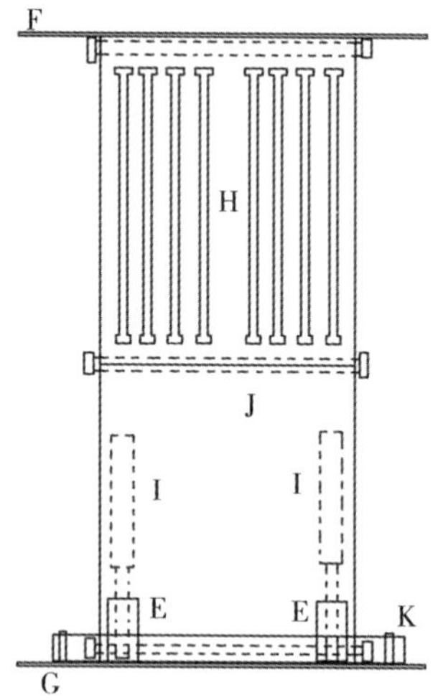

动力部分：通过实验比对，上下运动只有采用拉簧才能实现可调功能，压簧、弹簧钢板、卷簧都无法满足要求，该装置动力源主要来源于 8 条拉力弹簧。为了确保装置上升到最高位时弹簧不会被挤压，弹簧的原始长度不能大于 17 cm，但是装置下压到最低位，弹簧处于最大储能状态时长度会被拉伸到

60 cm,因此必须采用较高屈服点和抗拉强度比值(REI/RM 接近于 1)及最大弹性比功的弹簧钢,弹簧直径不小于30 mm;为了确保弹簧能够提供 100～800 N的动力,弹簧线径不小于1.3 mm。

支撑部分:为了实现装置有足够的抬升位移高度,采用双二连板结构,各部由轴销链接,上部和下部应装设齿轮同步器(图 1 的 A 部分所示),防止出现侧翻。为了确保装置有足够的机械强度、坚固、美观、防锈,确定采用钢板折弯加工成型。

踏板部分:踏板应具有固定整体结构、确保整体稳定、防滑作用,踏板分为上下踏板(图 1 的 F、G 部分所示),采用钢板折弯加工而成,表面滚花。

弹簧调节原理:将弹簧一端固定在一个二连板中间部位(图 1 的 K 部分所示)。另一端固定在另一个二连板中间部位(图 1 的 B 部分所示),该固定部位为可调结构,该二连板开有相应的 8 个移动槽(图 1 的 H 部分所示)供弹簧调节移动使用,可将弹簧移到这个二连板上部。因为将弹簧一端由中部移到上部后,不论双二连板如何运动,弹簧都没有发生变形,没有受力,因此起到调节作用。弹簧亦可通过拆卸起到调节功能。

高度调节原理:由于不同训练者的高度会有差别,为了确保训练者的安全,必须确保训练者的脚部始终不离开踏板,也就是支撑部分必须具备高低可调的功能。为了适用于人员较多的学校集体训练,调整必须简单、快速、可靠。底板两侧各装设四级调节档位,通过移动调节档位上的支撑杆位置可以调节器械初始高度,训练者站上来后伸展手臂刚好能够握紧单杠。

安全锁止部分:由于该装置是弹簧运动机构,必须确保弹簧在拉伸状态下时时受控,避免突然弹起伤人。因此两侧二连板间装设两个气压缓冲器,该缓冲器利用针筒活塞原理,活塞缸两端各有一个 1.2 mm 进出气口,活塞正常运动时进出气口正常为活塞前后腔补气,活塞正常运动,装置不受缓冲器控制。当装置意外突然弹起或突然下降时,由于速度过快将带动活塞过快运动,此时活塞缸两端的进出气口限制了活塞前后腔的补气速度,使腔内容积无法突变,反过来限制活塞突然过快运动,从而达到限制装置突然上升突然下降的锁止功能。为了能够完全限制 800 N 的冲力,在二连板中间安装了两套气压缓冲器,内腔直径 36 mm。

弹簧缓冲器功能：为了平稳吸收装置下降时的剩余势能，在装置地板四角各安装一套弹簧缓冲器。由于装置起始位置弹簧拉紧力矩最小，托举力最小，随着装置上升力矩逐步加大，托举力逐步加大，装设了该缓冲器后压缩的弹簧同时为装置的起始位置提供 400 N 的辅助推力，行程 90 mm，使使用者更加容易控制。

（三）装置工作原理

该装置秉承着结构简单、操作方便、安全可靠的理念，非常适用于各种公共运动场所使用，特别适用于 13～20 岁青少年训练使用。一方面训练者可以根据自己身高选择使用的单杠高度，也可以调整装置的高度来满足身高特别高或特别矮的训练者的要求。另一方面也可以通过改变弹簧的数量来满足不同体重训练者的需要。但是该装置只是用来辅助训练者进行前期训练，因此提升力也只能控制在 100～800 N 之间，并随着训练强度的加大逐渐减少弹簧数量。

该装置主要由弹簧拉动双二连板，实现上下运动，向下为人员负载通过双二连板向弹簧储能，向上为弹簧卸能，通过双二连板向上推举负载。通过调查了解，训练者在进行引体向上训练时起步属于较为简单环节，当屈臂到头顶后将是最为艰难的环节。装置在设计上考虑到双二连杆在最低位置时弹簧拉紧力矩最小，因为这时候训练者还处于比较轻松环节，能够满足训练者完成前半部分屈臂的动作。到后半部分的时候弹簧拉紧力矩逐步变大，拉力也加大，因此可以很平稳地协助训练者完成后半部分的动作。

装置起始高度的调节将关系到训练者是否能够顺利地完成训练，确保训练者在运动过程中脚不离踏板，防止出现踩空现象。训练者可以根据自己的伸臂高度与单杠高度的差来调整底版的高度调节杆（适当小于差值），向内移抬升起始高度，向外移降低起始高度。

装置弹力调整一方面是为了满足不同体重训练者的需要，另一方面通过逐步减少弹力，才能有效确保训练者负重，使训练者在训练过程中不断增强体能，最终脱离对装置的依赖。调整时可将弹簧活动安装的一端拉起，顺着二连杆往上开的移动槽上移到二连杆的最上端，也可通过拆卸弹簧使弹簧失去储能功能，需要增加弹力则相反操作。训练者调整弹簧应根据适当负重原则，不能全部依赖装置运动。

（四）操作注意事项

由于该装置为弹簧机构，使用前应检查装置各部位情况是否正常，训练者在上装置前必须将装置压到最低点，将扣带扣紧，上装置后才能解扣带解开。训练完后，训练者必须蹲下将扣带重新扣紧方可下装置。

儿童训练全过程必须有辅导老师或成人监护。

许多单杠训练场地都是沙地，地面比较不平，因此装设该装置时必须将下底板安放在比较平整的地面上或把沙地摊平，将装置安放平稳。

点评：该项目采用弹簧作为动力源和双连板结构组成的提升构架，仅用一套引体向上辅助训练器械，实现难度系数、起始高度和运动速度可调节的功能，有一定的创新性和实用性。

学生毕业去向：李沛琦，集美职业学校，中餐烹饪专业，目前从事餐饮业；王林祺榕，暨南大学，管理学院会计专业。

案例四：自频闪物体运动演示仪

厦门外国语学校　张隆达　陈莹莹　　指导教师：练仰贤

以本项目为基础设计的“磁吸式物体运动轨道”获全国青少年科技创新大赛三等奖、“明天小小科学家”提名奖、第十四届全国发明展铜牌。

自由落体运动、平抛运动、斜抛运动，是高中物理运动学中最典型的运动。与之相关的演示实验仪器主要有：电火花描迹仪(J2155)、运动轨迹演示仪(J2156)等。上述仪器存在构造复杂、需要高压、不易显示、使用不便等缺点。此外，教科书中有关插图也存在一些问题。例如原高一物理扉页自由落体的影像部分重叠，现高一物理第36页“频闪照片”出现错误等。

本设计提供一种用本身发出一定频率的闪光来显示物体各种运动的轨迹和速度的仪器。它主要包括以下三个部分：

(一)自闪式物体运动显示器

使用专用电路使高亮度发光二极管产生频率一定、占空比一定的间歇性闪光(用555时基电路或LM3909等或专用闪光集成电路制作)，其外形为圆柱形(胶卷的包装盒制成)，中心孔设有高亮度发光二极管。当闪光器静止时，闪光二极管只在原处闪烁。当其在轨道上运动或从轨道上射出时，由于人眼的视觉暂留现象，其闪光会在运动轨迹上留下不连续亮线(或亮点)，可以根据亮线的长短、形状来分析、研究物体运动速度和运动规律(因为频率固定，所以它实际上是一种计时装置，可由亮线间隔和方向判断速度的大小和方向)。

(二)磁吸式运动轨道

由铝合金材料制成的特定形状轨道外侧转折等处设有强磁体制作的磁吸器，用以将轨道直接吸附于铁磁性黑板的前方，轨道形状的设计服从实验需要。它决定了闪光器初始运动的路径和离开轨道的初速度。磁吸式轨道的首尾高差及出射口方位调节方便灵活，能做到一轨多用。可用于匀速、匀加速、平抛、斜抛（不同发射角）及自由落体等运动演示。由于轨道直接吸于磁性黑板上，在黑板前演示可省去支架，也不必调节背板垂直。黑板与闪光器的闪光能形成强烈对比，可增强实验效果。

（三）自由落体释放器

磁吸轨道末端制作门栓式自由落体释放器，带弹簧且能自动复位，用以按需要控制自由落体的下落时刻、位置，保证其下落时初速度为零。本设计还设置了接物网来承接闪光器，便于反复实验。

作品克服了外闪式频闪照像法的缺点（影像易重叠，需要外加大功率的频闪光源，不宜直接观察），节省电能并可直接观察。因为发光二极管很小，更接近“质点”这种理想模型，其照片影像不会重叠，能提供比教科书中更为清晰、科学的频闪照片。该演示实验不仅能直接观察，定性分析，更适宜摄影记录，定量分析。若采用数码相机摄影通过电脑进行大屏幕实时演示，效果更为理想。它能与现代教育技术相结合，具有广阔的应用前景。

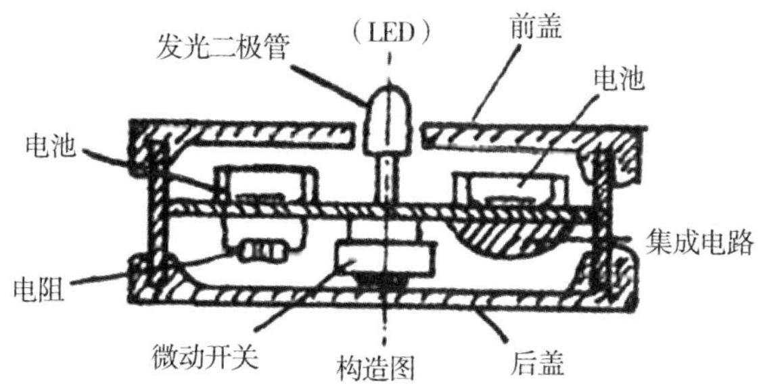

构造图

（注：本文发表于《中国科技教育》2003 年第六期。）

点评：当某些物理量从连续变为不连续时，它所赋予的意义就深刻得多了。例如，连续光谱不能进行光谱分析，而明线光谱和吸收光谱就能进行光谱分析。普朗克关于黑体辐射的不连续性发现导致了爱因斯坦光子说及量子力学的诞生。作者将此原理运用到实验教学上，如果运动的二极管只是连续发光，充其量我们只能观察到运动轨迹，但如果二极管发出频率一定、占空比一定的不连续闪光时，我们就可以从不连续的亮线的位置、形状、长短及已知闪光的周期来研究物体运动的规律（尤其是速度）。这就是本设计的巧妙和精髓。

案例五：下穿隧道水位自动报警与控制系统的设计

厦门外国语学校 张楷文 指导教师：钱永昌

第8届中国国际发明展览会金牌
第10届“宋庆龄少年儿童发明奖”银牌
2013年第29届“青少年科技创新大赛”福建省二等奖

【摘要】针对近年来城市范围内低洼地段特别是下穿隧道频发内涝，造成大量车辆被淹，甚至发生人员伤亡事故的现实问题，提出以水位自动报警控制方式及时规避积水险情的设计理念，并以演示装置来进行全新演绎。下穿隧道水位自动报警与控制系统的设计是以水位高低变化作为开关信号，对隧道附近的报警器、警示灯、抽水泵、交通信号灯和电动道闸等多路分控设备实施全自动控制。当隧道积水低于安全水位时，交通信号灯正常显示，隧道口绿灯放行，车辆正常行驶；当隧道积水越过安全水位，达到并超过警戒水位时，控制系统自动启动，控制室内警报险情；同时，现场交通信号灯自动切换为红灯禁行，警示灯闪烁示警，电动道闸降杆阻拦车辆通行，自动水泵启动抽水。当水位降回到安全水位以下时，系统自动解除报警，警示灯、抽水泵、交通信号灯和电动道闸等设施恢复正常。下穿隧道水位自动报警与控制系统设计的突出意义，就在于充分利用现代科技手段和现有资源，以最经济的方式，实现最大化的安全效益。

引　言

近年来，由于城市路面硬化过于密集、排水管网老化等原因，导致市区范围内低洼地段特别是下穿隧道内频发内涝。以厦门市区为例，2013年的“5·16暴雨”、“苏力台风”和“西马仑台风”在两个多月内连续带来三次暴雨，厦门连遭三次内涝，造成大量车辆被淹，甚至发生人员伤亡事故。针对城市内涝险情，我们除了加快城市排水网管改造建设、优化城市规划之外，应该加大下穿隧道的基础设施投入,改善目前抽水设备数量不足、自动泵和人工泵比例各半的落后局面,增加自动抽水泵的数量,加强隧道的自动抽水和排涝能力。此外,当务之急更是应该充分利用现代科技手段和现有资源,在险情发生时,能在第一时间自动控制交通信号灯、警示灯和电动道闸等设施进行联合交通疏导,主动提醒行人和车辆规避危险现场,及时有效地保护人员车辆的安全。

为了实现以上设想,我利用假期时间,在辅导老师的指导下,以“下穿隧道水位自动报警与控制系统”为项目课题进行了可行性方案设计,并着手研制了演示装置,通过该演示装置,直观地演绎了当下穿隧道遭遇内涝积水险情时,水位自动报警与控制系统在水险现场的系列自动控制过程。设计演示简单可靠,效果明显,充分展示了该系统的设计在实际应用中的可行性和实效性。

1.设计方案

水位自动报警与控制系统是由控制器及外围的报警器、警示灯、抽水泵、交通信号灯和电动道闸等分控设备组成,控制器则由设计在同一块电路板上的双水位开关、主继电器 J 和继电器开关 K、各分控设备的中间继电器组(J1-J5)和继电器开关组(K1－K5)构成,通过电缆与外围的分控设备相连。该系统的设计是以水位高低变化作为开关信号,通过对主继电器的控制,达到控制各中间继电器通断的目的,实现对多路分控设备的自动控制功能。系统控制原理方框图如图 4-5-1 所示。

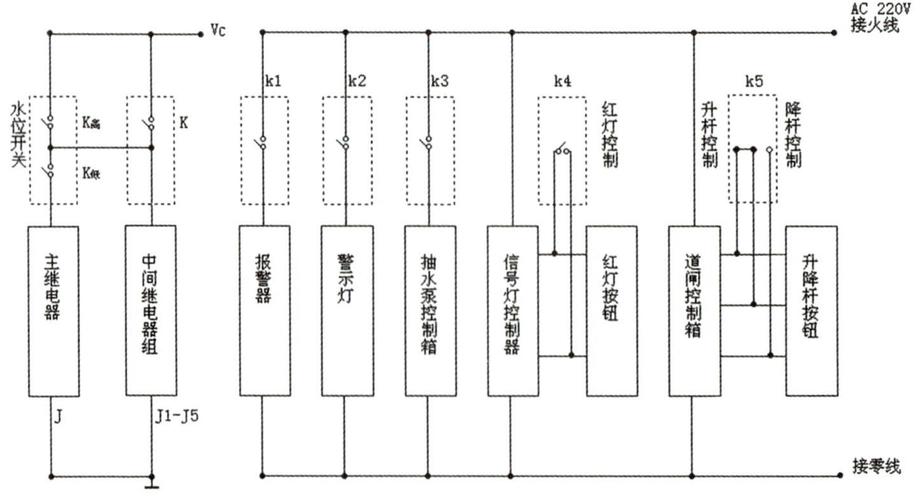

图 4-5-1　系统控制原理方框

(1)控制原理。在正常状态下，隧道水位低于安全水位线，双水位开关K低和K高断开，主继电器J断电，继电器开关K处于断开状态，中间继电器组J1—J5没有接通电源，继电器开关组K1—K5未被吸合，控制系统处于待命状态。报警器、警示灯和抽水泵不工作，交通信号灯正常显示，电动道闸处于升杆静止位置。

当隧道水位越过安全水位线，达到并超过警戒水位时，双水位开关K低和K高由低到高相继接通，主继电器J通电工作，继电器开关K被吸合接通，中间继电器组J1—J5接通直流工作电源VC，继电器开关组K1—K5呈吸合导通状态，分别为各分控设备接通220伏交流工作电源或提供开关控制信号，自动控制系统启动。报警器、警示灯和抽水泵接电工作，分别实现声光报警、警灯闪烁和水泵抽水功能，同时，交通信号灯由常态切换为红灯显示状态，电动道闸实现降杆阻拦动作。

当隧道水位降回到安全水位以下时，双水位开关K高和K低由高到低相继断开，主继电器J断电，继电器开关K被释放断开，导致中间继电器J1—J5直流供电中断，继电器开关组K1—K5同时也被释放断开，控制系统恢复正常状态。报警器、警示灯和抽水泵停止工作，交通信号灯显示正常，电动道闸回到升杆静止位置，警报解除。

在实际控制中，系统是通过向分控设备(如警报器、警示灯)或分控设备的控制箱(如抽水泵、交通信号灯和电动道闸的控制箱)提供220伏交流电源或开关控制信号来实现自动控制目的。中间继电器组与分控设备的对应关系详见表4-5-1。

表4-5-1　中间继电器组与分控设备的对应关系

中间继电器	继电器开关	对应分控设备	控制功能
J1	K1	报警器	控制交流电源通断
J2	K2	警示灯	控制交流电源通断
J3	K3	抽水泵控制箱	控制交流电源通断
J4	K4	交通信号灯控制箱	控制红灯显示
J5	K5	电动道闸控制箱	控制栏杆升降

(2)设备控制

①系统对报警器、警示灯和抽水泵的控制

控制系统对报警器、警示灯和抽水泵的控制方式较为简单,采取控制交流电源的通断来决定设备是否工作。因此,可将交流市电的火线分别通过继电器开关 K1、K2、K3 串接到设备(控制箱)电源的一端,电源的另一端接市电零线。特别值得注意的是,隧道的抽水设备一般是使用几百瓦以上的大功率三相水泵(380 V 三相交流电),启动电流较大,而控制系统采用的是继电器开关来控制水泵电源的通断,允许通过的电流较小,长时间工作将严重缩短继电器的使用寿命。为此,必须在控制器与水泵之间加接一个交流接触器,防止因启动电流过大,产生电火花而烧坏继电器开关。交流接触器通常安装在抽水泵控制箱内,其工作原理与电磁继电器类似,主要由启动线圈和几组开关构成,当启动线圈接通电源时开关闭合,断电时开关断开。选择交流接触器主要根据用户设备的电压和功率来选择,例如用户的水泵额定电压 220 V、功率1500 W,意思是该水泵正常工作时的电流是 $I=P/U=1500\ W/220\ V=6.8\ A$,这并不意味着使用一个电流稍大于 6.8 A 的交流接触器就可以了,因为水泵启动时的电流约是额定电流的两倍,即 13 A 左右,这种情况最好选择一个 220 V、15 A 的交流接触器就比较可靠耐用。

实际应用中,220 V 交流市电的火线通过继电器开关 K3,连接到控制箱内交流接触器启动线圈的一端,线圈得另一端接市电零线,而三相抽水泵则通过交流接触器的三个联动开关接到 380 V 三相交流电的三根火线端,抽水泵的零线与市电零线相接。当控制系统启动时,中间继电器开关 K3 接通,交流接触器启动线圈通电工作,接触器的三个开关同时接通,三相抽水泵得电后启动抽水。系统对报警器、警示灯和抽水泵的控制连线如图 4-5-2 所示。

②系统对交通信号灯和电动道闸的控制

交通信号灯和电动道闸的应用相当广泛,种类繁多,技术成熟,控制趋于智能化,各自配有独立的控制电路。作为道路交通控制的主要设施,交管部门为了便于应急控制,往往在交通信号灯和电动道闸附近设置人工控制箱,采取人工手控的方式强制设置红灯并放下道闸栏杆阻止车辆通行。因此,系统对交通信号灯和电动道闸的自动控制，可以通过将继电器开关 K4 和 K5 分别并接在对应控制箱的手控开关上得以实现，其控制连线如图 4-5-3 所示。

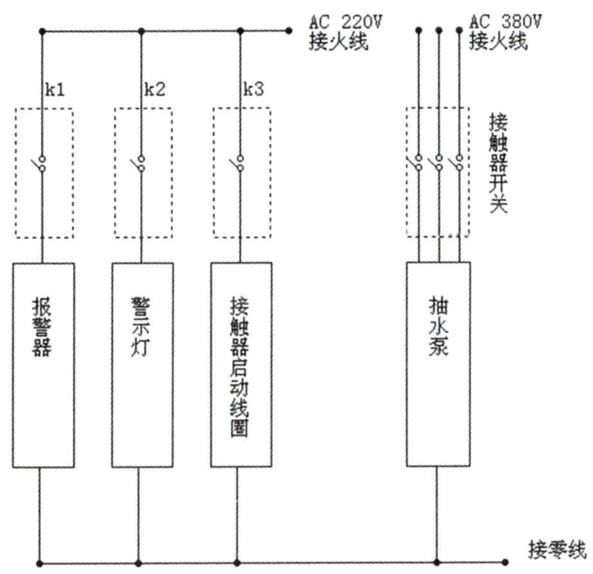

图 4-5-2 系统对报警器、警示灯和抽水泵的控制连线

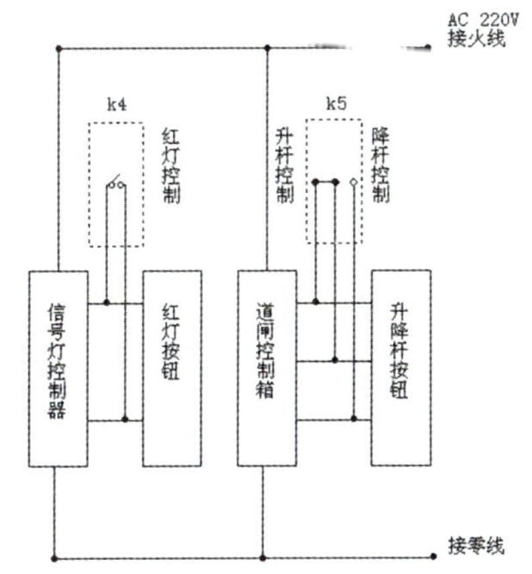

图 4-5-3 系统对交通信号灯和电动道闸等的控制连线

2.演示装置

为了验证水位自动报警控制系统设计的可行性和实效性，在老师的辅导

下，本人根据控制系统的设计思路研制了该系统的演示装置。为了达到实际演示效果，本装置简化了电路设计，选择和制作了相应的分控模块取代设计方案中的中间继电器组，同时，统一使用5 V直流电源为演示装置供电，方便取材，确保安全。演示装置由水位开关和继电器组成的控制电路及外围的报警模块、警示灯模块、抽水泵、信号灯模块和电动道闸模块等分控模块组成，工作原理方框图如图 4-5-4 所示。

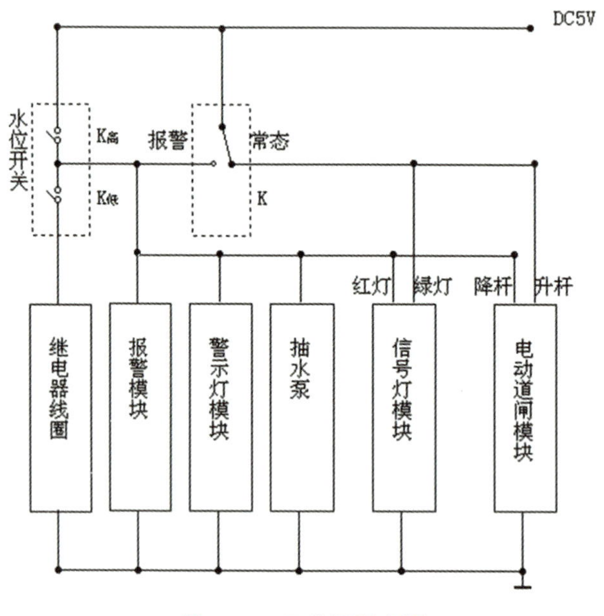

图 4-5-4　工作原理方框

当隧道水位低于安全水位线时，双水位开关 K 低和 K 高断开，继电器线圈断电，继电器开关 K 处于“常态”位置，为信号灯模块显示绿灯和电动道闸模块的升杆动作提供电源，其余分控模块因没有接通电源而未启动工作，控制电路处于待命状态。当隧道水位越过安全水位，达到并超过警戒水位时，双水位开关 K 低和 K 高相继接通，继电器线圈通电工作，继电器开关 K 被吸合到“报警”位置，控制电路启动，报警模块、警示灯模块和抽水泵接通电源，分别实现声光报警、警灯闪烁和水泵抽水功能，同时，信号灯模块由绿灯切换为红灯，电动道闸模块实现降杆阻拦动作。当隧道水位降回到安全水位以下时，双水位开关 K 高和 K 低相继断开，继电器线圈断电，继电器开关 K 回到“常态”位置，警示灯、抽水泵、信号灯和电动道闸恢复正常状态，警报解除。

在演示装置中，控制电路由双浮球水位开关和电磁继电器组成，是整个演示装置的核心部分；报警模块采用 CD4069 集成电路制作而成，报警时发出间歇报警声和红灯；信号灯模块由双色二极管组成，常态为绿色，报警时转变为红色；电动隔离护栏模块采取简洁设计方式，由微型减速马达、电磁继电器和限位开关构成，受到控制后，可以实现栏杆自动升降功能；警示灯模块和水泵可选用成品警灯模型及微型直流水泵代替。

演示装置实物如下图片所示，图 4-5-5 为系统处于正常状态，图 4-5-6 为系统处于报警控制状态。演示装置形象生动地演绎了自动控制和报警的整个过程，充分验证了水位自动报警与控制设计理念的可行性和实效性。

图 4-5-5　系统模型处于正常状态

图 4-5-6　系统模型处于报警控制状态

下穿隧道面临的水险隐患尚未完全消除，道路交通管理部门在努力加强基础设施改造建设的同时，也采取了多项警示和防范措施，包括设置积水警示标志，提醒过往车辆超过警戒水位不得通行；设置封路栅栏，在水位超限时封闭通道，禁止车辆通行等。但由于城市内下穿隧道数量较多，地理位置分散，受人力、物力或道路交通拥堵条件所限，遇到突发积水险情时，道路交通管理部门仍然存在未能及时到达现场实施交通疏导、封闭通道、排水和援救的可能，为此，下穿隧道水位自动报警与控制系统设计的突出意义，就在于把目前的水位监测报警系统与现有的交通信号控制系统和道闸控制系统更加紧密地联系在一起，遇到积水险情时，系统自动控制进行联合防范，充分利用高科技手段和现有资源优势，以最经济的方式，实现最大化的安全效益。

参考文献

[1]《道路交通信号灯设置与安装规范》(国标 G14886—2006)，摘自：http://wenku.baidu.com/view/9196ef00eff9aef8941e06a2.html.

[2]张卫. 水泵的工作原理及主要性能参数[M].北京：机械工业出版社，2010.

点评：利用双浮球水位开关精准感受水位深浅变化，设计智能控制系统并与交通信号灯、信号发射器、抽水泵、电动道闸等联动，实现自动报警并自动排水清障。本项目创意实用，模型设计合理，能针对热点问题充分利用现代科技手段和现有资源，以最经济的方式，实现最大化的安全效益。

学生毕业去向：张楷文，加拿大多伦多大学，优秀本科毕业生，在读硕士，生命科学专业。

案例六：小型烟风洞平台设计与实验探究

厦门外国语学校　钱日隆　吴凯文　　指导教师：钱永昌

2015年第31届青少年科技创新大赛全国一等奖
星光创新思维特等奖、高士其奖
2017年日本超级理科高中竞赛"公众互投最佳项目奖"

(一)目的思路

立足于目前中学阶段缺少流体力学实验研究设备，旨在设计并制作一款试验段流场品质佳、功能多样化的教学用小型低速风洞，开发探索一套成熟可靠的流动显示测量方案，以期实现该型风洞在中学物理教学的普及。结合目前国内外现有风洞技术，基于3D建模进行理论设计和构造优化，利用缺点改造法针对现有烟风洞的不足进行逐一改进，应用模仿迁移法，参考了大型风洞普遍采用的结构获得较好的流场品质，采用组合法将DIS测力传感器等应用在流体测量中以实现定量研究。本项目开展的基本思路：了解现有小型风洞的设计理念→了解本地加工工艺水平→设计本项目——小型风洞→购买加工材料→加工、装配→调试与改进→开展机翼流动显示实验和测升力实验。

(二)研究过程

1.问题提出

学长在研究纸飞机的空气动力学问题时，曾经用风扇自制的一个风洞实验，该风洞存在流场品质差、边界不清晰、流线无法显示等不足。针对这些问题，我们借鉴大型风洞的结构着手风洞小型化、可视化的研究。

2.设计准备

由于欠缺相关风洞和流体现象的相关知识，我们通过网络查找现有小型风洞的设计理念和相关部件加工工艺。在翻阅大量相关资料后，我们初步了解到小型风洞由动力段、突扩消能段、收缩段、试验段等部分组成。为了保证小型风洞流场品质，其内置蜂窝器、阻尼网等降低流场湍流度的部件。

3.设计阶段

在深入探索小型风洞设计理念过程中,还遇到种种难题,我们积极向老师请教。在统筹大量知识后,我们试着勾勒出相关理念,设计本项目的小型风洞。在指导老师的带领下,与加工师傅讨论本项目小型风洞加工工艺的可行性,然后修改本项目实际加工方案。

4.制作阶段

在对加工方案依据实际加工工艺进行反复修改后,我们最终提出了本项目的设计及加工方案。经过加工部件、装配部件和调试小型风洞后,验证了本项目小型风洞的流场品质。

5.实验与收集数据

最后我们选定了机翼为实验模型,进行基础的流体流动显示实验,对其表面的升力进行了定性及定量的研究。此外,我们还针对作品不足,结合专家意见进行改进,设计出二代作品。

(三)科学方法与原理

(1)对整体风洞进行能量损失计算,得出整体风洞所需的能量大小,即保障了风洞动力设备风机的输出的功率。

(2)借助大型风洞的通常做法,我们也在风洞整流段中内置蜂窝器、阻尼网等设备,从而降低小型风洞整体湍流度,提高风洞流场品质。

(3)本项目采用半封闭实验段,使得开展流动显示实验时,避免外界流场对研究区域流场的影响。

(4)本项目设计的烟发生器装置、钨丝直径大小的筛选根据卡门涡街现象和钨丝发热量来决定。

(四)创新部分

根据国内外查新本作品既有以下创新点:

1.演示效果清晰,现象持续时间长

采用吊瓶式滴注甘油装置,实现自动均匀滴注。利用甘油粘滞系数的温度依赖性,通过加热钨丝来调节进入观测区域微小液滴大小,产生较好的观测流场流线的效果。利用重锤保证电热丝始终保持竖直状态,从而使油滴能持续稳定下滴,使流线持续时间较长,实现流场可视化,演示效果十分明显。

2.测力系统效用突出，方便携带

本作品将 DIS 测力系统很好地引入到本实验平台，对于同学们从定量方面认识一些流体力学知识非常有帮助，达到教学演示的目的。

3.操作简便，演示多样，适用的探究内容广泛

操作十分简便。这个操作平台可直接演示和研究空气动力学许多基础实验，如流线分布、机翼升力、涡旋产生、飞行姿态、稳定性等。通过安装测力计、多条钨丝等，可以迅速拓展研究内容，具有很好的延展性。借助 DIS 力学传感器还可定量研究机翼受到升力大小与风速的关系。

4.绿色环保，节约能源

该风洞在设计时，考虑并解决了设计安装以及维护可能遇到的许多问题，在保证实验段流场品质的前提下，极大地提高了该风洞的适应性、经济性以及使用便利性，大大节省了风洞建设开支。结构简洁，纯手工制作，部分利用水管，成本约 1000 元左右，较为低廉，所占空间不到 $1m^2$，风洞噪音小，对办公室楼内无噪声污染。

（五）作品介绍

1.装置介绍与工作原理

本作品整体构型为半封闭式试验段、直流式结构（图 4-6-1）。风洞系统的气流工作过程如下：小风洞由轴流式风扇驱动并提供稳定的气流。气流相继流经形似喇叭口导管吸气进入突扩消能段，气流速度被降低，压力增加，同时也产生了一些涡流。减速后的气流从突扩消能段的消能板流出，进入稳定段，通过蜂窝器以及两层阻尼网整流后，垂直分量的速度分量被抑制，为进入收缩段对水平方向进行加速加速创造条件。由于在突扩段末端流速已经大大降低，从而降低了稳定段整流过程的能量损失。在收缩段，流量守恒使得气流沿水平前进方向被加速，反向速度分量在这个过程中被抵消而迅速消亡。出口处产生的射流，具有稳定的水平正向流场，提供给试验段后排入大气。在开展相关流动实验时，首先检查确认风洞处于正常工作状态；将实验模型放置在封闭试验段内；打开烟线发生装置，即分布涂有挥发性油剂的金属丝，利用电流加热后挥发的油烟作为示踪粒子，观测流线，即所谓的烟线技术。也可通过在半封闭试验段添加传感器，研究感兴趣的流场的具体性质。本项目采用 DIS

测力传感器，在实验研究方面结合定性研究和定量研究的结合，开展探索了影响飞机机翼表面升力因素等实验。

编号	名称	编号	名称
①	小风洞	②	发烟装置
③	测力系统	④	实验模型

图 4-6-1　作品结构图

2.实验装置与数据分析

(1)定性实验——流动显示实验

流场显示是本装置研制的基本功能，通过合理的设计实验模型，可以进行一系列流体力学实验，诸如：飞机机翼表面流动、钝体扰流、建筑物流场等。通过烟线将物体的流场展示出来，便于我们对一些基本的流体力学知识的理解掌握和后期的工程运用。

以下依次展示：①机翼翼面流动，②三角翼脱体涡，③圆柱扰流的实验现象与现实运用的比对。

①机翼翼面流动(图 4-6-2)：

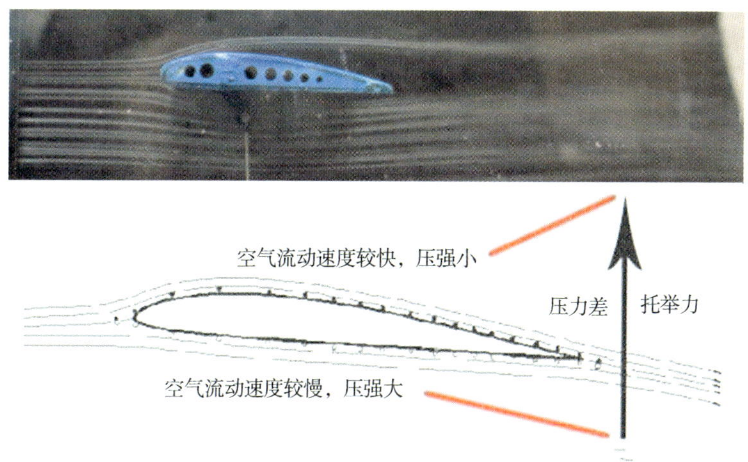

图 4-6-2　机翼翼面流动

②三角翼脱体涡增升(图 4-6-3)：

图 4-6-3　三角翼脱体涡增升

③圆柱扰流(图 4-6-4)：

图 4-6-4 圆柱扰流

(2)定量实验——机翼升力测量实验

测力系统采用目前市场上较为成熟的 DIS 拉力测量仪，该仪器分辨率高，测量精度大，通过设计定滑轮导向，将不同机翼在不同来流速度下的升力进行准确测量，直观地展示机翼升力原理等相关流体力学知识(图 4-6-5)。

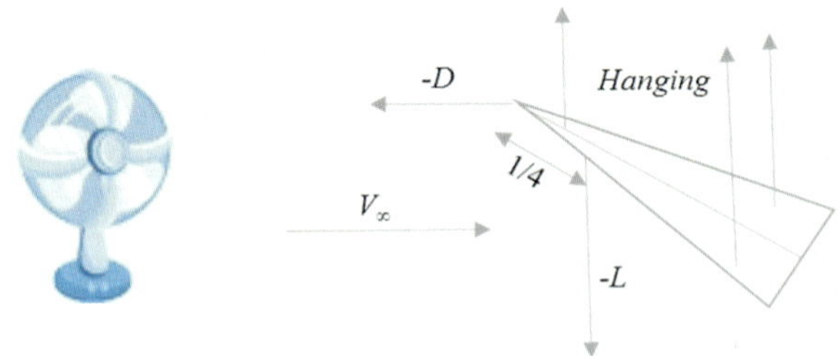

图 4-6-5 升力测量系统

通过测力系统，我们对选用的试验模型进行了升力测量，设定机翼迎角为 15°，风速从 0.3～2 m/s 进行变化，我们通过传感器采集升力数据，得到如下数据表，根据升力公式：y(升力)$=0.5\rho v^2 sc_y 1/2$(密度×速度的平方×翼面积×升力系数)，我们也计算了相应的理论机翼升力，见表 4-6-1，实际测量的数据均比理论计算的要小，可能是由于我们设计的测力机构的摩擦力较大，导致了部分的误差，但也发现，测量的升力与理论上的升力变化趋势基本上拟合(见图 4-6-6)。

表 4-6-1 升力测量数据 1

风速(m/s)	1.5	2	2.5	3.0	3.5	4.0	4.5	5.0	5.5	6.0
理论升力	0.21	0.32	0.38	0.45	0.53	0.60	0.67	0.75	0.82	0.90
实测升力	0.18	0.25	0.32	0.39	0.46	0.53	0.60	0.67	0.74	0.81

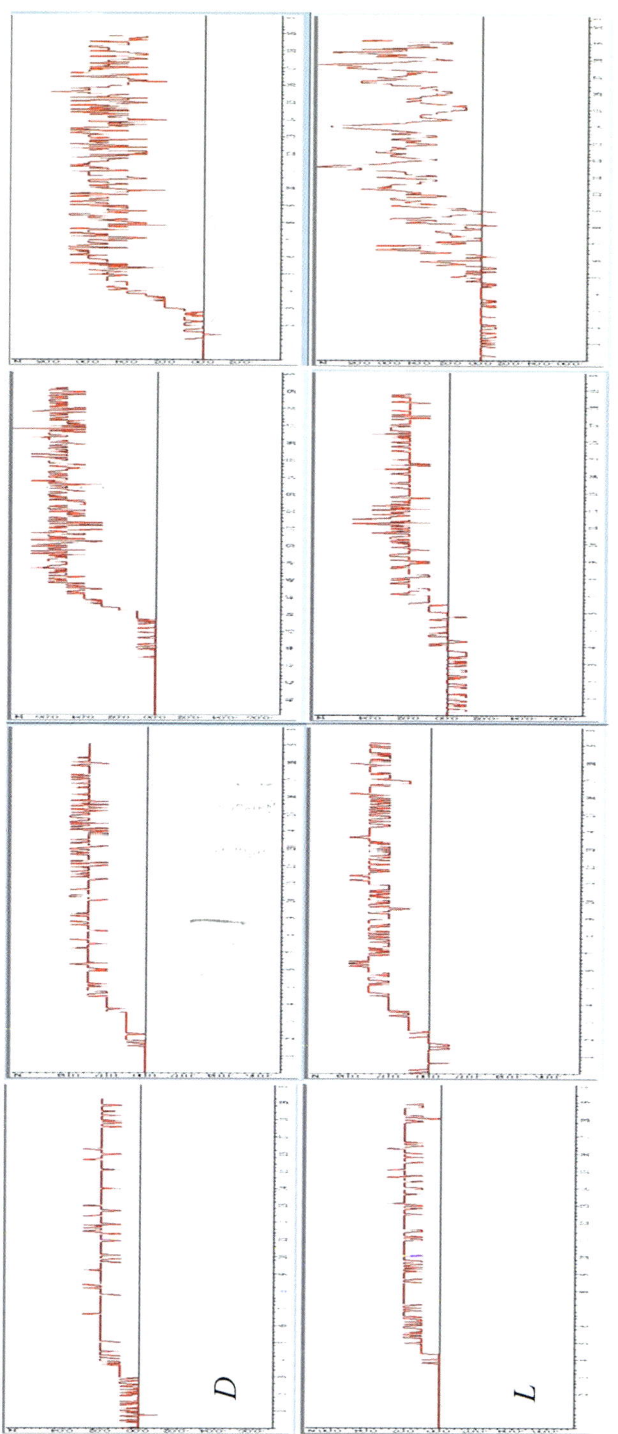

Graph of Lift and Drag (Uncertainty ±0.02N)

NOTE: *In the last case, the oscillation went up tremendously, so we had to abort further measurements.*

图4-6-6　升力测量曲线

初步结论：机翼受到的升力与风速有关，其他条件不变时，风速越大，升力越大。

为了探究机翼迎角对飞机升力的影响，我们设定风速为 2 m/s，迎角从 2～20°进行调节，通过测量得到表 4-6-2 数据。我们发现随着机翼迎角的增大，升力一开始逐渐上升，然后达到峰值后又逐渐下降（图 4-6-7），对比教科书上对机翼升力的描述：机翼升力一开始随着迎角的增大而增大，直至机翼开始发生分离，达到临界迎角，升力随着迎角的增大而减小。

表 4-6-2 升力测量数据 2

迎角(°)	2	5	10	15	20
升力 F(N)	0.08	0.12	0.24	0.25	0.18

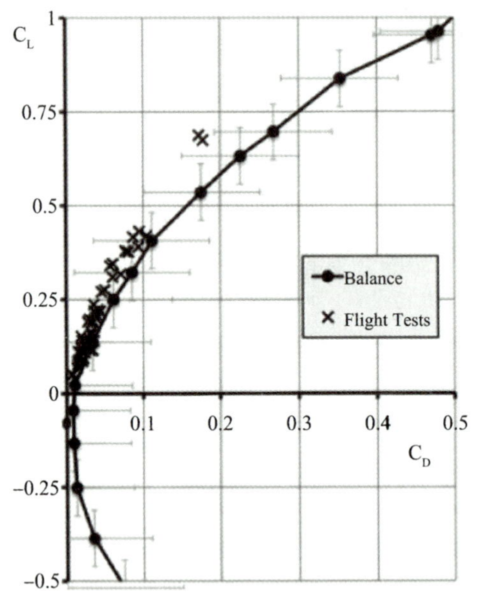

图 4-6-7 升力测量曲线

初步结论：机翼受到的升力与迎角有关，其他条件不变时，升力随迎角先增大后减小。

通过以上进行的定量实验，我们对本套系统进行了验证，该系统对于开展类似的实验研究是可靠的，在流体力学初步学习过程中起到非常大的作用。

3.小结与展望

本实验平台具有良好的流场品质以及较好的观测流场流线的效果,可直接演示和研究空气动力学许多基础实验,如流线分布、机翼升力、涡旋产生、飞行姿态、稳定性等。通过安装测力计、多条钨丝、采用高压雾化装置配合激光束等,可以迅速拓展研究内容,具有很好的延展性。

点评:该项目提出了新的小型化直流式风洞构型设计方案,降低了风洞实验段的湍流度,提高了风洞内部的流场品质,改进设计了简单持续的烟线流动装置,实现了流场的可视化。建议把实验段烟线流动显示装置由目前的1根垂直细线增加到5根(平行且等间距布置),演示效果会更好。

学生毕业去向:钱日隆,上海交大巴黎卓越工程师学院;吴凯文,多伦多大学计算机系。

(钱日隆,吴凯文,钱永昌.小型烟风洞平台设计与实验探究[J].中国科技教育,2017(10):29-31.)

专题五　课题研究类

案例一：创新运用市场机制　推动垃圾减量排放

——关于以社区为单位开展居民排污权交易的探究

厦门外国语学校　连知遇　　指导教师：钱永昌　杨淳

2017 年第 33 届福建省青少年科技创新大赛二等奖

【摘要】垃圾减排和垃圾分类一直是城市管理的重大难题，本文在借鉴国外运用行政和市场手段进行垃圾减排和垃圾分类的经验，首次提出以社区为单位开展居民排污权交易的设想，运用市场机制和“互联网＋”，通过开发社区排污权交易 APP、发放电子配额券等方式，形成激励市民主动开展垃圾排放减量的良好氛围和模式，促进垃圾分类和减排工作共同发展，并制定了试点社区开展排污权交易的具体实施步骤，为未来城市以社区为单位开展排污权交易提出了建设性意见。

【关键词】社区排污权；垃圾分类；电子配额卷；互联网＋

引　言

从去年开始，我所在的中学就开始了垃圾分类试点工作，试点取得了一定成效，但实践中感觉到同学们参与垃圾分类的主动性不足，特别是垃圾减排缺乏有效的促进机制，我当时觉得应该寻找出一条路径，调动同学们参与垃圾分类和减排工作的积极性，从“要我减排”转变为“我要减排”。因此，我产生了对居民排污权交易开展研究的想法，通过对比国内外垃圾分类和减排的有关做法，参照企业现行的排污权交易模式，希望在传统的宣传教育和行政罚款的手段之外，运用市场经济的手段和方法，探究出建立城市垃圾减排和分类的长效机制。

（一）国外运用经济手段对垃圾减排和垃圾分类的措施

在德国，不少城市采取垃圾分类收费和按量收费。当地的环境卫生公司会按照社区内每个家庭的人口和面积，来测算每个家庭的应有垃圾排放量，然后按照核定出来的排放量来配置与之相适应容量的垃圾桶，在收取垃圾费时根据垃圾桶的容量多少、清除垃圾桶的频率来计算。一般来说，德国当地居民每季度缴纳一次垃圾费用，主要通过银行转账和定期代扣等方式来支付。

德国的每个城市社区正常会配置有若干名环境警察，环境警察每天开着巡逻车在社区里来回检查。环境警察还会不定期抽查一些居民区的垃圾分类落实执行情况，重点检查所有垃圾是否按要求分类正确。环境警察如在垃圾投放现场直接发现违章行为，按规定可直接开具罚单；特别是针对违反规定偷偷倒出的垃圾，警察会通过相应技术手段查出偷倒者。关键的问题是，德国偷倒垃圾与个人信用挂钩，如果某个市民经常偷倒垃圾并被有关部门查实，将会加重该市民的垃圾清运费用，个人信用污点将可能影响该市民贷款等诸多事项。

英国从立法上高度重视垃圾分类处理，对于违反该法律的人，会采用警察等公权力来保障顺利实施，这点上与德国类似，都是通过政府公权力保障排污管理和垃圾分类。

在日本，不少城市采用统一专用垃圾袋模式，例如有的城市对可燃垃圾采用指定记名垃圾袋收费方式，每户家庭每年允许以低价位购买 110 个指定垃圾袋，每个大袋为 20 日元，小袋为 17 日元。另外，当购买数量超过 110 个时，每个垃圾袋的价格为 150 日元。而另外一些城市采用的方式是指定垃圾袋加贴垃圾票的方式，每个垃圾袋和垃圾票均为 60 日元。

在韩国，市民垃圾处理采用计量制收费方式，并要求居民使用专门指定的垃圾袋，此类垃圾袋在各超市有售。韩国的生活垃圾处理产生的费用由当地市政府承担60%，市民承担40%，市民以在超市购买指定垃圾袋的方式承担费用。未使用政府指定的垃圾袋，按规定将被罚款50～100韩元。特别需要指出的是，韩国在社区容易乱扔生活垃圾的地方还安装了专门的摄像头，对市民举报人给予一定的举报奖励金。在首尔，自从实施生活垃圾处理收费制度以来，该市的生活垃圾排放量大幅度减少，开始实行生活垃圾处理收费后的2001年与实行生活垃圾处理收费前的1994年相比，生活垃圾日排放量由15397吨降到了11968吨，下降了22.2%。

（二）以社区为单位开展排污权交易的可行性

居民排污权交易是指对每户居民设定每年排污额度，如果居民家庭的排污量低于排污额度，可以将节省的指标卖给其他家庭；如果居民家庭地排污量高于排污额度，则必须通过购买排污指标来履约。

为了更好地做好小区排污权交易调研，本人采访了小区的物业工作人员及业主，听取他们对小区排污权交易的看法。76%的受访者支持排污权交易，15%表示需要进一步了解，9%表示担心增加成本。

在排污权交易的初期，一些居民不理解也是正常现象，就像目前我们在收取水费过程中收取了污水处理费，在最初实行时，也有些市民表示不理解，但随着宣传解释工作不断深入，市民也逐渐接受了。

也许有观点认为，采取阶梯电价的方式操作更简单，过程也不复杂。排污权交易的核心点在激励与约束并存，居民可以通过排污权交易实现创收，鼓励市民最大限度减少排污量，通过市场的手段而不是行政的方式，有利于形成排污权减排的良性闭环。

在居民排污权交易大面积开展之前，建议以某个小区开展排污权交易试点，试点以小区为单位，经业委会同意后自愿参与，为全面开展居民排污权交易积累经验。试点小区的选择建议是新建的智能小区，居民整体素质高、环保意识强，有助于排污权交易试点工作的顺利开展。试点小区可运用物质和精神双重手段，在小区内部设立减排名次板，不定期开展宣讲活动，促进排污权交易试点工作顺利开展。

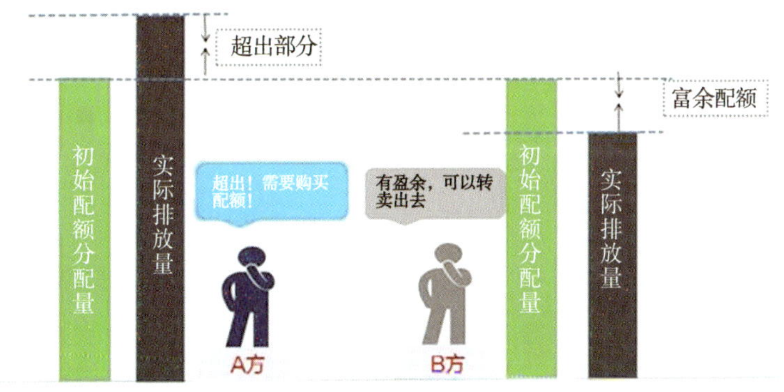

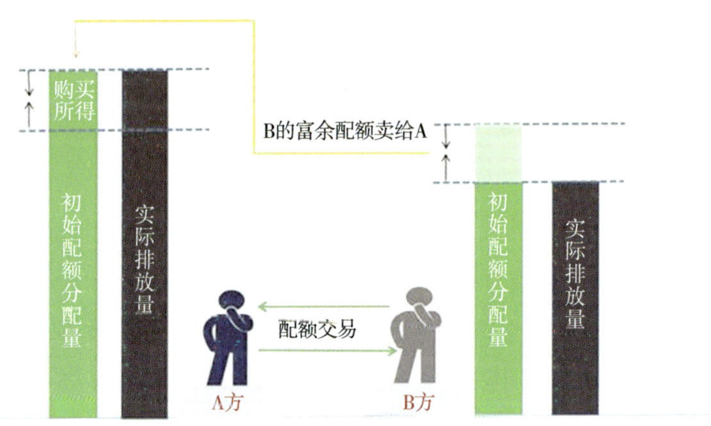

由于居民排污权交易的实施是一个完整的体系，居民所排放的垃圾被标识，对于不按规定进行垃圾分类的居民就可以采取处罚措施，严格的处罚措施执行一段时间之后，居民垃圾分类行为也将自然成为生活习惯。2017 年 9 月 10 日，《厦门经济特区生活垃圾分类管理办法》正式施行，对于拒不履行分类义务的个人，最高可处 1000 元罚款。

1991 年 1 月，联合国经济组织与发展自治理事会发布了《关于在环境政策中使用经济手段的建议》，文中建议各成员国更加广泛、更加坚定地采用经济手段，来作为其他政策手段的替代或补充。这份建议中提出了四类经济手段供成员国参考使用：一是通过收费和收税；二是采用可交易的许可证；三是通过押金制度；四是运用财政补贴。从联合国的这份建议可以看出，排污权交易制度是一个国家或地区可以采取的、用于环境保护的市场经济措施。

为了更好地了解排污权交易工作者对开展居民排污权交易的看法，本人当面采访了厦门市碳和排污权交易中心业务主管，他指出："从企业排污权交易未来发展到居民排污权交易扩大了排污权交易的覆盖面，有利于从体制机制上激励居民自觉参与垃圾分类和减排。"

为了进一步论证以社区为单位开展排污权交易的可行性，本人发电子邮件征求了长期从事环境工作的教授级高级工程师，他指出："长期以来，我国排污权交易参与主体以企业为主，从企业主体转化成社区居民为主体，是一次有益的创新尝试，有利于运用经济手段从体制机制上促进垃圾减排和垃圾分类工作。"

同时，本人还通过邮件征求了长期从事交易软件开发和设计工作的厦门市股权托管交易中心有限公司信息主管，他认为："开发排污权交易的 APP 软件在技术上完全可行，市民只要动动手指，就可以完成居民排污权交易，简单易操作，使用非常便捷。"

通过上述理论和实践专家的征求意见，我们主要得出以下几方面结论：

1.居民排污权交易是可行且易于实施的

开展居民排污权交易试点是一项有益的探索和尝试，成本不高，操作简便，这项创新将进一步提升市民的环保意识和培养环保习惯。在我国，企业排污权交易体系运行了多年，总体情况良好。居民排污权交易只要设置好运行系统，许多操作都是程序性的，"科技＋制度"的运行模式将逐渐培养居民排污权交易行为成为良好的生活习惯。

2.居民排污权交易有利于促进垃圾分类与减排工作有机结合

排污权交易系统的运用，可以通过"互联网＋"电子技术手段，在同一套交易数据系统内，实现垃圾分类和减排的大数据管理，刷卡倒垃圾可以自动识别和检验居民是否按法规进行垃圾分类，同时每类垃圾的排放系数不同，未来居民排污权交易的核定额度将逐渐发展为细化垃圾分类排放指标的总额度。分类促进垃圾可回收最终要实现的是垃圾减排，合理和高效利用资源，促进社会可持续发展。所以，居民排污权交易、垃圾分类及减排是一个完整的、相辅相成的系统工程。

3.居民排污权交易有助于通过经济杠杆激发居民进行垃圾分类和减排的

主动性和自觉性

行政性罚款是可以起到震慑作用，但如果加入经济杠杆，让更多的规范进行垃圾分类和减排的市民获得激励机制，全面增强市民开展该项工作的自觉性和主动性，垃圾分类和减排工作必将推行得更加顺利、更赋实效。

（三）以社区为单位开展居民排污权交易的实施步骤

1.业委会制定并通过本小区排污权交易方案

业委会是小区自治的权力机构，开展排污权交易试点应先将试点方案报经业委会研究通过，由业主委员会授权物业公司负责具体执行。为了提高小区参与排污权交易试点的积极性，建议所在区政府在初期给予适当的财政补贴，主要用于购买分类的智能垃圾桶、排污权交易系统及APP的开发、物业公司人员培训和补贴等方面，例如以厦门岛内较大的小区建发中央天成为例，共有932户人家，该试点小区估算政府前期补贴金额为12万左右。到全市全面铺开、立法强制执行的时候，就不再需要该项补贴，政府主要作用在于政策规则制定和监督执行，让市场手段充分发挥自身的作用。

2.科学设立小区内每户家庭年度排污权核定量

设计小区内家庭年度排污权指标，要在委托专业第三方机构进行盘查的基础，计算出合理的排放额度。如果指标发放太多，每家每户额度都过于充足，就没有排污权交易的空间；如果指标发放太少，就加重了小区居民的负担。因此，科学确定每家每户的排污权核定量显得尤为重要。在确定过程中，以每户建筑面积作为计算依据，是目前较为可行的途径。

3.开发排污权APP，并发放小区排污权电子配额券

由小区业委会委托开发排污权使用及交易APP，由于是小范围简单运用软件，费用不会太高，试点小区还可争取获得区政府财政补贴相应经费。通过注册账号，每个家庭可获得排污权初始分配电子配额券。

4.启用智能垃圾桶

居民丢垃圾必须向物业公司购买专用垃圾袋，贴上本户家庭的排污权配额单二维码，小区垃圾筒采取智能开盖模式，在每个垃圾桶设置门禁卡感应区，居民需凭门禁卡方可打开垃圾桶盖，智能垃圾桶能够自动计算投入垃圾的重量，并留存相应数据，便于未来垃圾回收人员甄别和导入数据库。有了这套系统，就不用像德国设置专门的环境警察，垃圾处理公司就可将家庭是否正确执行垃圾分类情况录入系统，反馈给物业公司。

5.年度履约核查

一个年度完成后，排污权交易系统自动计算每个家庭节省或是超过排放指标，如果节省出来的排污额度，可转换成电子配额券，通过系统出售给小区内额度不够的家庭；相反，超过排放指标的家庭必须通过购买电子排污券，实现履约。未履约的家庭，按照小区排污权交易方案，根据未履约得差额的 2～3 倍金额缴纳滞纳金。由于不是全市统一立法强制，对参与试点的小区居民可探索采取试点补贴，未履约的居民的滞纳金从补贴中予以扣除的方式，有利于试点工作的顺利开展。

综上，本人认为可以重点在以下三个领域实现创新：①社区排污权交易体系的建立；②电子配额券在社区排污权交易中的应用；③社区排污权交易移动APP 的开发。通过上述创新机制，有利于优化和促进垃圾分类和减排工作。

（四）排污权交易可能遇到的困难及相应解决方案

1.部分居民可能不愿意参与排污权交易

在排污权交易试点小区，初期可以采用区财政补贴的方式，引导居民自愿参与排污权交易。未来如果整个城市施行排污权交易时，应当通过地方人大立法的方式来明确居民在排污权交易过程中的权利和义务。国外让居民购买专用垃圾袋，并在专属垃圾袋上签名，按照重量收取费用等环境措施已成功运作多年，在实践中被居民不断认可。

2.智能垃圾桶的成本问题

如果智能垃圾桶能实现大批量生产，其成本将大幅下降。随着科学技术日新月异，刷卡开盖、自动称重、智能数据等技术都已不是问题，应用的成本也不高。

3.科学确定每户排放指标问题

正如企业排污权交易一样，初期运作时，可能都会产生一些设定不合理的问题，但随着实践经验的不断积累，居民排污权交易指标将日趋科学合理。

4.社区内独居老人参与排污权交易的问题

对于特殊人群，如独居老人等，社区的物业工作人员或义务社工可上门进行辅导和协助。另外针对低保户,可将处罚转化为义工等方式。

5.不履约居民的执行问题

充分运用好市民信用体系,对于不按时履约的居民,除了罚款措施外,还纳入市民信用系统,对其贷款、就业等产生关联影响。

(五)未来居民排污权交易的展望

社区排污权交易充分运用市场手段,与单纯地分档阶梯收费相比,更有利于形成市民参与垃圾减排和分类的激励和约束机制。国内“互联网+交易”及支付的便利程度,也使得社区排污权交易具备巨大的未来发展空间。就像几年前,大多数人是无法想象手机支付在当今如此普及,社区居民排污权交易的时代离我们越来越近了。

(六)结　论

在借鉴国内已成功实施的企业排污权交易模式的基础上,运用“互联网+”,通过开发社区排污权交易APP、发放电子配额券等方式,创新开展社区排污权交易试点,是具备科学性和实用性的。由于操作简便、运行成本可控等因素,未来社区排污权交易有望在全市乃至全国社区逐步进行推广。对于试点及推广中可能遇到的实际困难和问题,相信未来都可以通过“科技+制度”的手段加以不断完善和解决。

(七)致　谢

通过参与学校垃圾分类活动,让我萌发了开展本课题研究的最初想法,这对我来说是全新的挑战。从自己选题、自己设计、自己研究、自己制作到自己撰写,对初中生的我来说,一路走过来有许多艰难和困苦,感谢指导老师的不断地精神激励和悉心指导,让我一路坚持下来,最终完成课题研究。

感谢为我提供咨询的理论方面和实践方面的各位专家、学者,为我答疑解惑,增强信心。感谢我的父母,课题开始以来,一直默默地为我做好后勤保障工作,让我能够全身心投入课题研究。最后,要特别感谢为我课题进行评审的各位专家! 这次比赛,无论结果如何,对我来说都是青少年人生阶段的重要体验和经历,是各位评委和比赛组织者的辛勤付出让我拥有初中阶段最重要的、最难忘的美好回忆。

参考文献

[1] 王世猛,冯海波,李志勇,等.排污权交易指标关联要素探讨[J].中国环境管理,2012(6):15-18.

[2] 苏丹,王燕,李志勇,等.中国排污权交易实践存在的问题及其解决路径[J].中国环境管理,2013(4):1-11.

[3] 张世梅.排污权交易制度在我国实施之困境[J].法制与社会 2013(14):32-33.

[4] 吴悦颖,张炳,王金南.进一步完善排污权有偿使用和交易制度[N].中国环境报,2014-09-05(2).

点评:关注身边热点难点问题,善于借鉴发达国家治理经验,迁移应用企业排污权交易模式,提出借助互联网平台开发基于社区排污交易的APP,在调查研究的基础上,提出通过政府引导,居民参与,社区管理方式推进垃圾分类和减排工作共同发展的解决方案。有较强的实践价值和一定创新性。建议在方案可行性、相关方权责界定方面考虑得更具体些,使操作性更强。

学生毕业去向:连知遇,现就读于厦门外国语学校高中部。

案例二：关于姆潘巴效应的多路实时检测新方法研究*

厦门外国语学校　吕昆吾　　指导教师：钱永昌　杨淳

2016年第32届福建省青少年科技创新大赛一等奖

【摘要】本研究针对目前姆潘巴效应实验上存在的不足，创新改进实验装置，采用低温试验箱，箱中气流稳定循环，温度均匀。低温箱有专用接口连接多路温度测试仪器，实现实时在线测试，避免人工干预产生误差。设计一系列不同温度的自来水及盐水分组对比实验，多点采样，更全面系统地比较研究。并且首次开展姆潘巴效应的逆过程研究，即结冰后的升温过程研究，为姆潘巴效应研究提供更详实可靠的实验数据。研究发现姆潘巴效应的出现本质上是液体热交换能力的差异导致的。不同温度自来水由于热交换能力差异较大，出现姆潘巴效应的时间与温度点也不一致。更高水温的自来水降温速度更快，结冰超过水温低的水要花更多时间（更慢出现姆潘巴效应），但是相应地可以达到更低温度。不同温度的盐水降温速度差别不大，姆潘巴效应并不显著。同一烧杯的不同位置也会出姆潘巴效应。烧杯内部的热对流在降温初期起主要作用，但是在4℃时水密度反转，对姆潘巴效应的产生起着至关重要的作用。而盐水由于内外降温速度差别不大，同一烧杯内的盐水难以出现姆潘巴效应。姆潘巴效应的逆过程与姆潘巴效应相互映衬，结冰时温度最低的，但却最先融化，升温最快。实验证实，姆潘巴效应是个普遍现象，只要条件合适，在不同液体中都可出现。

【关键词】姆潘巴效应；多路实时检测；温度

（一）问题的提出和意义

夏天来杯冰镇饮料是十分惬意的事，我在家自己用冰箱制冰，制冰时经常

* 发表于《物理教学》，2020，42(11)：69-72＋48.

犯难,用冷水制冰还是热水制冰更快、更省电?冷水和热水谁先结冰?凭直觉都会认为温度低的水冷却得快。直到有一次读到姆潘巴(Mpemba)效应的故事才颠覆了我的直觉。其实更早之前,亚里士多德、培根和笛卡尔已发现热水的结冰速度有时候反而会超过冷水,这种违反直觉的怪异现象不仅让大多数人倍感惊讶,同时也一直困扰着几代科学家们。直至 1969 年,一名叫姆潘巴的中学生再次发现并提出此现象后才被引入现代科学。

1963 年,坦桑尼亚马干巴中学三年级学生姆潘巴经常与同学们一起做冰淇淋吃。在制作过程中,他们总是先把生牛奶煮沸、加入糖,等冷却后倒入冰格中,再放进冰箱冷冻。有一天,当姆潘巴做冰淇淋时,冰箱冷冻室内放冰格的空位已经所剩无几。为了抢占剩下的冰箱空位,姆潘巴只得急急忙忙把牛奶煮沸、放入糖,等不及冷却,就把滚烫的牛奶倒入冰格后直接送入冰箱。一个半小时后,姆潘巴发现了一个让他十分困惑的现象:他放入的热牛奶已经结成冰,而其他同学放的冷牛奶还是很稠的液体。照理说,水温越低,结冰的速度越快,而牛奶中含有大量的水,应该是冷牛奶比热牛奶结冰速度快才对,但事实怎么会颠倒过来了?姆潘巴把这个疑惑从初中带到了高中。他先后请教了几个物理老师,都没有得到答案。一位老师感觉他提出的问题怪异得近乎荒唐,就用嘲讽的口吻说:你说的这些就叫做姆潘巴现象吧!但执着的姆潘巴并没有认为自己的问题很荒唐,他抓住达累斯萨拉姆大学物理系系主任奥斯波恩(Denis G. Osborne)博士到他们学校访问的机会,又提出了自己的疑问。这位博士并没有对他的问题嗤之以鼻。回到实验室后,博士按照姆潘巴的陈述做了冷热牛奶实验和冷热水物理实验,结果都观察到了姆潘巴所描述的颠覆常识的怪现象。于是,奥斯波恩博士邀请姆潘巴和他一起对这个现象进行了深入研究。1969 年,姆潘巴和奥斯伯恩博士共同撰写了关于此现象的一篇论文,因此该现象便以姆潘巴的名字命名,也称"姆潘巴效应"(Mpemba Effect),描述了在同等体积和同等冷却环境下,温度略高的液体比温度略低的液体(非纯水)先结冰的现象。

"姆潘巴效应"真的能颠覆我们以往关于水结冰的常识吗?四十多年来,许多论文与实验试图证实这个现象背后的科学原理,但由于缺乏科学实验数据以及定量分析,至今没有定论。

目前国内对姆潘巴效应研究采用手段基本上比较简单粗糙，贺小光等人用冰柜和温度计实验，仅能测量烧杯中水的平均温度，而且测量时间间隔长，丢失了很多细节，频繁开关冰柜造成环境变化，影响结果可靠性。王禹欣等人则是用数码相机监测冰箱中水的结冰情况，仅仅通过观察水表面的结冰现象来阐述对姆潘巴效应的认知，这是十分不严谨的。黄曾新等人改进了实验方法，采用速冻冰箱和多点自动温度记录仪研究姆潘巴的问题，多点自动记录仪测量容器中从边缘到中心各处温度变化情况，但由于冰箱中温差大，温度不均匀。测试仪器与冰箱不易结合，会造成冰箱密闭性差。而且，他们将不同物质分别置于冰箱中实验，实验环境不一致，实验结果波动较大。另一方面，加热结冰后的液体，升温情况有什么不同，这是目前普遍被忽视的部分，我们暂且把它称为姆潘巴效应的逆过程，这个过程对深入理解姆潘巴效应也许有所帮助。液体的冷却速度与温度有什么样的关系？目前的实验由于手段落后，实验单一，缺乏详细可靠实验数据支持，结论难让人信服。

本研究针对目前实验上存在的不足，改进实验装置，采用低温试验箱，低温箱内风扇保持箱中气流稳定循环，温度均匀。低温箱有专用接口连接测试仪器，不会改变实验环境，实现实时在线测试，不用人工干预。通过新的实验设计，对不同温度的自来水及盐水进行分组，放入低温箱中进行冷却比较实验，多路温度探头连续记录不同烧杯、不同位置水温的变化，对同一液体多个不同位置取样，不仅可研究总体降温情况，更可体现不同位置的特殊情况。而且结合姆潘巴效应的逆过程，系统地研究姆潘巴效应及其内在原理，进而应用到生活中，即怎样在生活中科学地应用水冷却的原理，以达到节约能源的目的。

(二)实验设计与内容

本研究设计两类实验，分别测量不同温度下的自来水与盐水在低温环境下的冷却速度的对比，实验装置如图 5-2-1，低温箱为 DEJG-120 高低温交变试验箱(可低温至 －40℃)，20 路 PT100 温度探头通过低温箱侧面接口与 Keysight 34970 多通道温度记录仪相连，每个烧杯接 5 路温度探头，如图 5-2-2 所示，靠近液面上表面 2 个探头标为 S1、S2，中间位置探头标为 C，靠近烧杯底部 2 个探头标为 B1、B2。不同烧杯按自来水的初始温度标为 W20(表示初始温度为 20℃的自来水)，或按盐水初始温度标为 SW20(表示初始温度为 20℃

的盐水)，其余温度按相同方法标示。

(a) DEJG-120高低温交变试验箱

(b) Keysight 34970多通道温度记录仪

图 5-2-1 实验装置

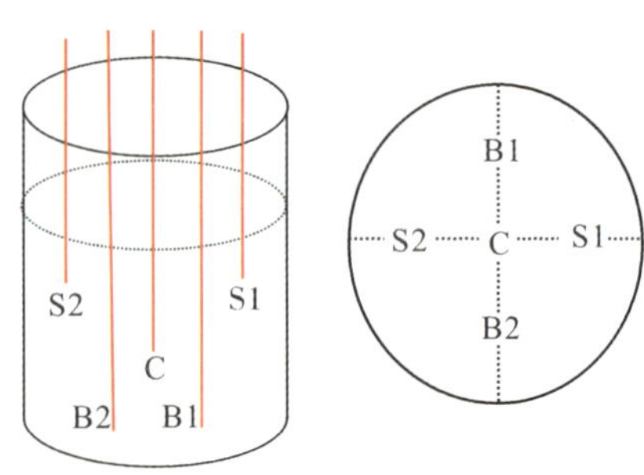

图 5-2-2 温度探头及位置分布

自来水实验：低温箱温度设为－30℃，在 4 个烧杯内分别加入 500 ml 的自来水，其初始温度分布从 18℃到 82℃。用 Keysight 多通道温度记录仪连续记录 20 路温度数据，记录时间间隔为 4s。等水完全结冰后，低温箱温度重新设为 50℃，记录 20 路温升数据，待水完全融化后才停止记录。水温度间隔分布超过 4 组时，按同样实验条件，分组重复实验。

盐水实验：在 4 个烧杯中分别加入 500 ml 浓度 4.1%盐水，其初始温度分别为 30℃、35℃、44℃、55℃。其余条件与自来水实验相同。

（三）实验结果与分析

按实验数据分类绘图分析，首先要判断结冰时间点，对自来水，0℃处于冰水混合物状态，刚开始结冰。对于盐水，冰点更低。从图 5-2-3 所示的降温曲线可以看出，结冰时温度处于相对稳定状态，所以在降温曲线上以降温后温度相对稳定时刻为真正结冰时刻判据。

1.不同初始温度液体同一位置比较

(1)自来水

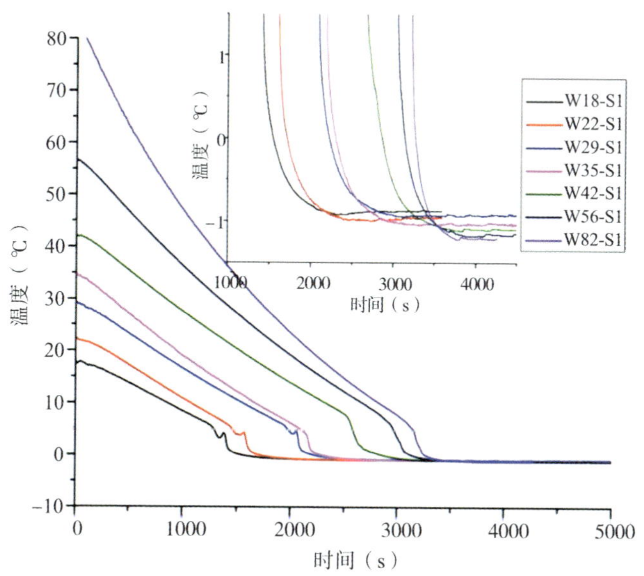

图 5-2-3　不同初始温度 S1 位置自来水冷却速度

从图 5-2-3 可以看出，烧杯表面初始温度高的自来水降温速度比初始温度低的水快。在水降温至 4℃左右时，水的密度发生变化，变成"热缩冷胀"，热水下沉，冷水上升，温度发生快速下降，这种现象在其他位置也都观察到。从图 5-2-3 上看，初始温度低的水更快到达 0℃，但随着温度进一步降低，高温水结冰速度逐渐超过低温水，比如 W22 在 2193 秒超过 W18 结冰速度(−0.89℃)，W82 在 3594 秒超过其他并达到最低温。总体而言，更高水温的水结冰超过水温低的水时要花更多时间，但是相应地可以达到更低温度。

烧杯中部水的降温规律(图 5-2-4)与表面一致，所不同的是，由于中部热交换能力相对表面要慢，所以结冰速度相应地慢些。W22 在 2845 秒时温度才低于 W18(－0.75℃)，而 W82 直到 4200 秒后还未到达最低温。另一方面，由于热交换能力变弱，中部的水可以在更高温时产生姆潘巴效应(－0.75℃相对于表面的－0.89℃)。

对烧杯底部的水，结果如图 5-2-5 所示，姆潘巴效应甚至在 0℃以上已经出现，如在 4.1℃时(1067 秒)，W22 已经比 W18 温度更低了。但此后有相当长一段时间的反复，直到 2944 秒后才完全低于 W18 并趋于稳定。但有几个温度点在经过更长一段温度稳定后又有一个快速降温过程，显示在此阶段仍有剧烈的热交换过程。

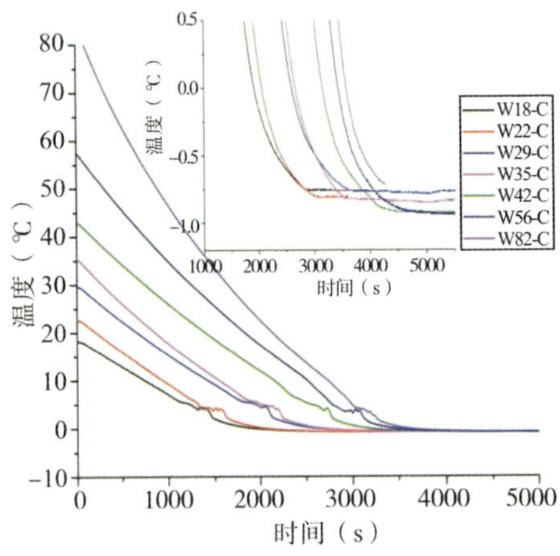

图 5-2-4　不同初始温度 C 位置自来水冷却速度

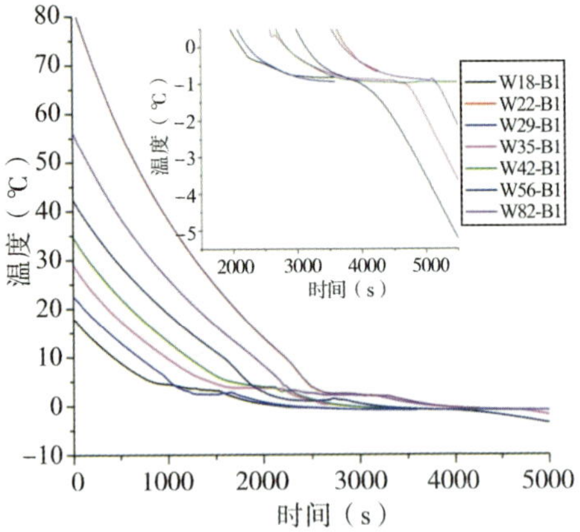

图 5-2-5　不同初始温度 B1 位置自来水冷却速度

(2)盐水

盐水冰点比自来水低得多，浓度越高，冰点越低。从图 5-2-6 可见，4.1%盐水在约－4℃才结冰，不同温度的盐水降温速度差别不大，这使得盐水的姆潘巴效应并不显著。图 5-2-6 中，SW35 在约 3500 秒时在－4℃开始低于 SW30，SW55 在约 4000 秒时在－4.1℃低于 SW44。此后，各点温度仍在降低，但直到－18℃时，SW44 或

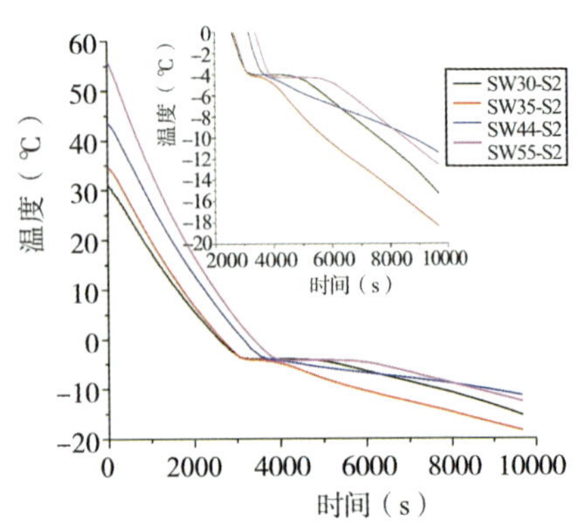

图 5-2-6　不同初始温度 S2 位置 4%盐水冷却速度

SW55 也未低于 SW35。这说明对于降温速度差别不大的盐水，只有温差不太大的盐水才会出现姆潘巴效应。

对于烧杯中部的盐水(图 5-2-7)，与烧杯中部自来水的降温规律一致。相对于表面降温，SW35 比 SW30 结冰晚些(2775 秒)，结冰温度相应高一些(−2.4℃)。SW55 同样比 SW44 结冰晚(4056 秒)，结冰温度高一些(−3.8℃)。同样地，温差过大的盐水难以出现姆潘巴效应。

底部位置规律基本一致(图 5-2-8)，但在−7℃时有一些奇怪的波动，可能是低温下盐晶粒沉在底部或者盐水密度发生反转引起环境的变化，使得烧杯底部温度变化复杂化。

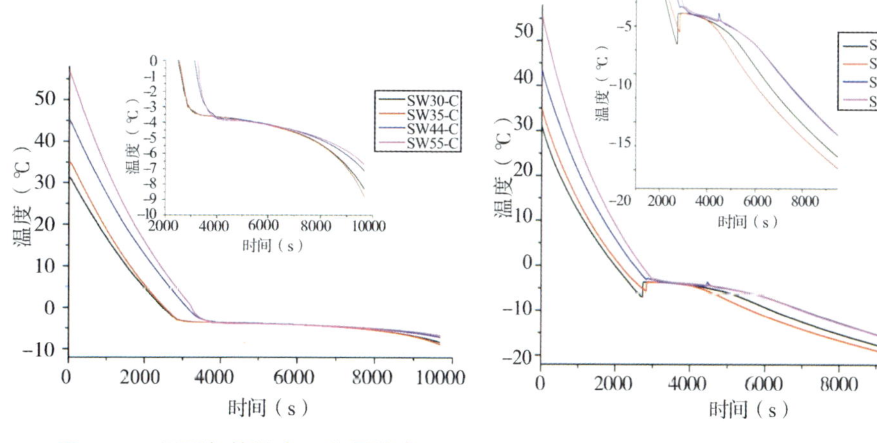

图 5-2-7 不同初始温度 C 位置盐水冷却速度

图 5-2-8 不同初始温度 B2 位置盐水冷却速度

2.同一烧杯不同位置比较

图 5-2-9 显示了同一烧杯自来水不同位置降温速度区别，奇怪的是，看似热交换速率更快的表面降温速度反而不如底部。这表明烧杯内部的热对流对降温的影响超过了外界热交换的影响。直到 4℃时水密度反转，表面降温一举超过底部，因为此时热水下沉，而冷水上升，使得表面更快地降温。

对同一烧杯的盐水(图 5-2-10)，由于外界热交换对不同位置温度影响不大(底部与表面降温速度差别不大)，主要还是内部热对流的影响，底部降温快于表面，尽管在−7℃左右底部温度可能由于密度变化有一些反常升高，但最终表面降温仍未快过底部，姆潘巴效应在同一烧杯的盐水中并未出现。

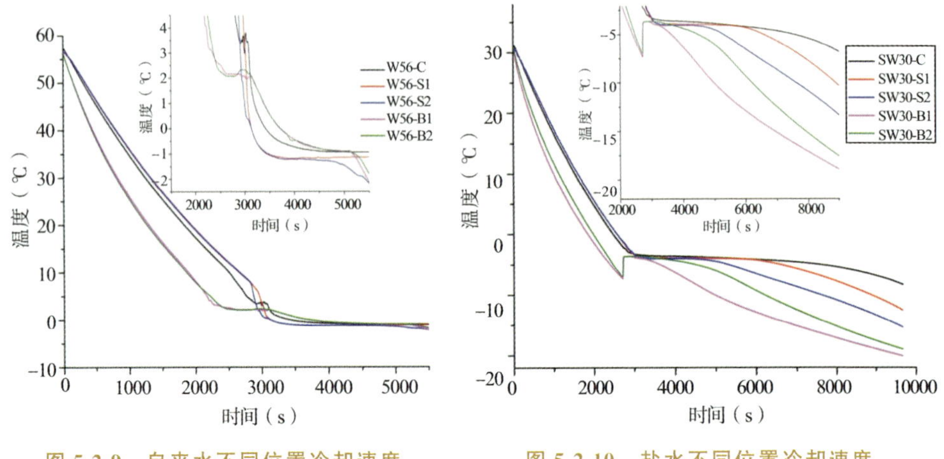

图 5-2-9　自来水不同位置冷却速度　　图 5-2-10　盐水不同位置冷却速度

3.姆潘巴效应逆过程

结冰后的液体再次加热，这个过程我们把它称为姆潘巴效应的逆过程。按理本应该温度高的冰先融化，图 5-2-11 中结冰自来水的融化过程却又相反。结冰时温度最低的表面反而先融化，而温度最高的底部最后才融化。表面与外界热交换最活跃，最先融化倒也是正常的。但对不同烧杯的同一位置，如图 5-2-11(b)，W56 本是结冰时温度最低的，但却最先融化，升温最快；而结冰时

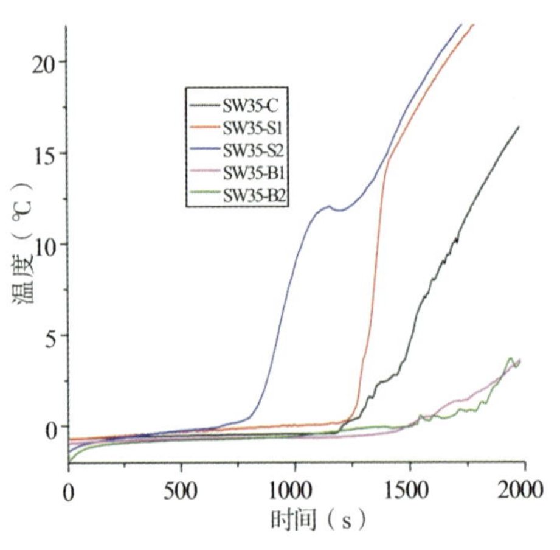

图 5-2-11(a)　结冰后自来水加热过程同一烧杯不同位置温升

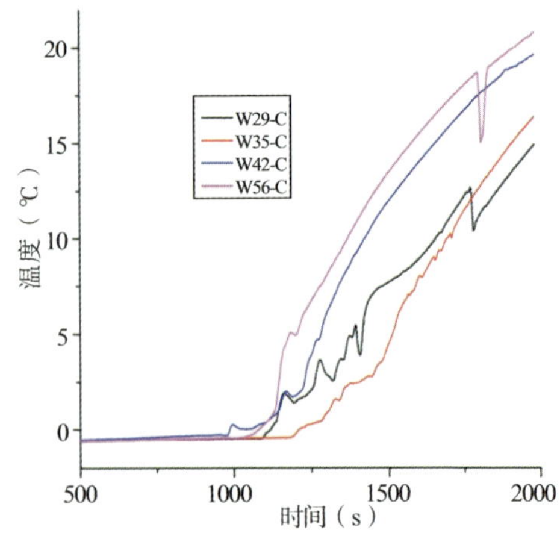

图 5-2-11(b)　结冰后自来水加热过程不同烧杯 C 位置温升

温度最高的 W29 升温最慢。这有可能是 W56 本是初始温度最高的，虽然它结冰时达到几个温度的最低点，内部仍留有大量更高内能的分子，在加热时这些高内能分子率先被释放出来，引起温度的上升。

对结冰盐水，情况又有所不同，先结冰的底部加热时先融化，最后结冰的中部最后才融化，如图 12(a)、(b)。不同烧杯的同一位置情况也类似，先结冰的 SW30 先融化。虽然 SW30 初始温度不高，但由于它先结冰，析出的盐晶粒更多，引起冰的盐度较低(浓度低的盐水沸点低)，受热时升温较快。

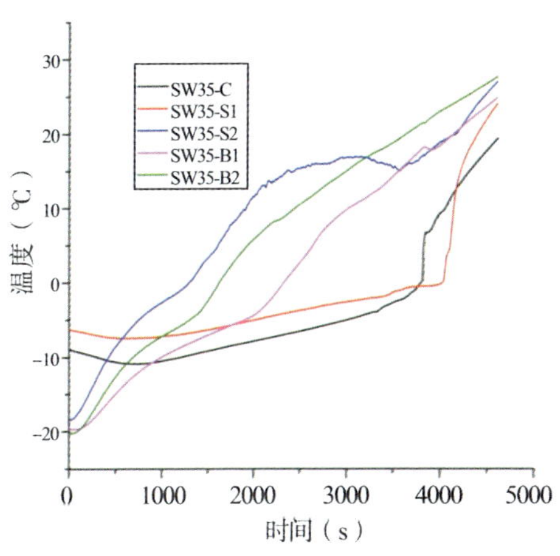

图 5-2-12(a)　结冰后盐水加热过程同一烧杯不同位置温升

图 5-2-12(b)　结冰后盐水加热过程不同烧杯 B1 位置温升

(四)总　结

本研究针对目前姆潘巴效应实验上存在的不足，创新改进实验装置，采用低温试验箱，箱中气流稳定循环，温度均匀。低温箱有专用接口连接多路温度测试仪器，实现实时在线测试，避免人工干预产生误差，系统性地研究了自来水及盐水的姆潘巴效应。对同一液体多个不同位置取样，不仅可研究总体降温情况，更可体现不同位置的特殊情况。并且首次开展姆潘巴效应的逆过程研究，为姆潘巴效应研究提供更详实可靠的实验数据。

目前解释姆潘巴效应的机制有温差、对流、蒸发、杂质、可溶性气体等。从本研究对不同液体的实验中均出现姆潘巴效应的现象看，杂质和可溶性气体并不影响姆潘巴效应的产生。液体散热方式一般分为对流、传导、辐射，低温箱烧杯中的液体主要依靠液体内部的热对流和液体表面与低温气流热交换这两种方式。姆潘巴效应的出现本质上应该是液体热交换能力的差异导致的。更高水温的自来水降温速度更快，结冰超过水温低的水要花更多时间（更慢出现姆潘巴效应），但是相应地可以达到更低温度。不同位置的水由于热交换能力不一致，出现姆潘巴效应的时间也不一致。热交换能力弱的水可以在更高温时产生姆潘巴效应。盐水冰点比自来水低得多，不同温度的盐水降温速度差别不大，这使得盐水的姆潘巴效应并不显著，只有温差不太大的盐水才会出现姆潘巴效应。笔者后期补充了纯水实验同样也出现姆潘巴效应，只是需要更长时间。这说明姆潘巴效应是个普遍现象，只要条件合适，在不同液体中都可出现。

即使是同一烧杯中的水，由于各处热交换能力的差异，同一烧杯的不同位置也会出姆潘巴效应。烧杯内部的热对流对降温初期起主要作用，使得底部降温速度更快，但是在4℃时水密度反转，对姆潘巴效应的产生起着至关重要的作用。这与王禹欣等人认为的对流不利于姆潘巴效应的产生则相反。而盐水由于内外降温速度差别不大，主要还是受内部的热对流影响，同一烧杯内的盐水难以出现姆潘巴效应。

姆潘巴效应的逆过程同样看似有违常理，结冰时温度最低的，但却最先融化，升温最快。这有可能是与液体内能或盐水浓度差异有关，结冰时温度最低的液体，内部仍留有大量更高内能的分子，在加热时这些高内能分子率先被释放出来，引起温度的上升。姆潘巴效应的逆过程与姆潘巴效应相互映衬，提供了更多有益的信息。

（五）展　望

冷热水结冰速度是个看似司空见惯但却内容丰富的课题。我们改进的实验装置不仅适用于普通液体，也可以拓展到其他物质的温度研究实验中。对实验现象的解释，尤其是姆潘巴效应的逆过程现象的猜想，我们需要学习更多知识，开展更多的验证实验，进一步丰富姆潘巴效应的研究内容。

参考文献

[1] 贺小光，蓝沨，罗涛.关于 Mpemba Effect 的实验研究[J].长春师范学院学报(自然科学版)，2010，29(3)：48.

[2] 王禹欣，候吉旋.水的姆潘巴效应[J].物理与工程，2015，25(5)：79.

[3] 黄曾新，叶莎莎，庚顺禧，俞程.研究姆潘巴问题的实验装置及方法[P].发明专利，公开号 CN 1828693A，公开日 2006-09-06.

[4] 李洪民.再探"穆宾巴效应"[J].发明与创新(学生版)，2008(6)：30.

点评：该项目采用高低温试验箱和多路温度记录仪，实现实时在线测试，避免人工干预产生误差。系统性地、较科学地研究了自来水及盐水的姆潘巴效应及逆过程。建议在展示现场提高项目的可视化程度，如增加视频和必要的探测过程的模型演示等。

学生毕业去向：吕昆吾，美国卡尔顿学院（Carleton College，USA）。

案例三：快艇营运对九龙江口红树林滩涂侵蚀的影响研究

厦门外国语学校　施宇　　指导教师：叶本刚　隋冰清　周亮

2010年第26届福建省青少年科技创新大赛二等奖

【摘要】本文运用遥感、地理信息系统、全球定位导航系统(3S)技术对福建九龙江口红树林自然保护区的滩涂侵蚀分布进行调查、制图；运用GPS技术对营运快艇的行驶航线进行跟踪调查，结合滩涂侵蚀现状，分析快艇营运对滩涂侵蚀的影响。

结论说明：红树林的倒伏、滩涂的侵蚀与快艇营运有一定的相关性；快艇在途径红树林保护区时经常超过政府限速；从管理上，可通过快艇减速慢行和调整线路班次，保护红树林资源。

【关键词】红树林；侵蚀；快艇

(一)项目背景与意义

红树林是热带、亚热带海岸潮间带特有的胎生木本植物群落，在抵御海潮、风浪等自然灾害，维护和改善海湾、河口地区生态环境上具有不可替代的作用。龙海九龙江口的红树林主要分布在龙海市的浮宫、东园、海澄、紫泥、角美五个乡镇，1988年2月，省政府批准成立省级自然保护区。这些红树林沿着海堤或海岛周围，形成一条美丽的“绿带”，保护着龙海人民的人身财产安全。

然而，现今的九龙江口红树林自然保护区中的红树林大片倒伏、死亡，不少原来10多米宽的红树林带变成断层光滩，红树林生存状况令人担忧。到底是什么造成红树林的倒伏呢？有专家说，在九龙江口水域往来的快艇带来的巨浪冲走了红树林扎根的土壤，滩涂剥蚀威胁到了整个生态系统的安全。

浮宫林业工作站薛志勇高工2005年发表了一篇关于快艇事件调查的文

章，文中指出，龙海九龙江口的南溪干流上，白水航运公司于1999年下半年购置5艘快运客艇，每艘快艇260匹马力，每小时航速45公里，营运在龙海市白水镇至厦门市之间，每天有18班，往返36趟，经过九龙江红树林保护区的航道长6公里。在九龙江口的西溪干流上，还有石码航运公司的两家营运单位，他们营运的时间更早，快艇班次更多，行驶在龙海市石码镇至厦门市之间，每天合计46班，往返92趟，通过保护区的航道有7.5公里。两条航线交汇于海澄镇大涂洲南面，双方共同经过保护区的航道有5公里多。由于快艇马力大，速度快，航次频繁，其冲浪造成的破坏力极大，甚至把几百年才淤积成的滩涂冲刷掉了，失去土壤的红树林根部遭受侵蚀伤害，不少红树林因此倒伏、死亡。红树林的滩涂在不停地退缩，红树林的生态环境遭受严重肢解破坏，红树林的保护和发展受到了威胁。由于保护堤岸的红树林带受到破坏，海堤安全也因此受到影响，直接威胁沿海居民的生命和财产的安全。

2005年，CMPP（中国红树林保护项目）联合当地媒体开展“让快艇减速”活动；同年5月30日，《海峡导报》上面刊登的题名为《漳州红树林遇快艇“冲击”之痛》的报导引起了相关部门的重视；6月1日，《海峡导报》刊登了题为《漳州海事部门将出台强硬措施》的报道。报道中指出，龙海市交通局水路运输管理站强制要求经营这两条航路的白水航运公司、飞翼航运公司、大洋快艇公司用电话和口头通知，要求他们所属的快艇时速不能超过17～19海里（约为31～35公里），快艇航行时尽量远离堤岸行驶。此外，他们还对所属的白水航运公司专门开会通知，要求贯彻实行限速规定。漳州海事局通航管理科的陈介国介绍，在开始运营厦门往返龙海白水的快艇时，就有浮宫镇群众反映靠江边的房子在下沉，海事部门专门进行电话、口头通知，要求快艇要限速到每小时30公里。

5年过去了，伴随着海西开发的步伐，龙海经济飞速发展，快艇又开快了起来，红树林的生存环境继续处于严重威胁中。“海西开发，生态先行”，快艇营运对九龙江口红树林滩涂侵蚀的影响研究势在必行！

（二）项目研究内容与研究方法

（1）运用ArcGIS和Google Earth等地理信息系统工具，对九龙江口红树林分布区域进行初步识别、制图。

(2)通过实地考察(拍摄照片)、目视判读、专家评价等方法,对红树林分布区滩涂剥蚀状况进行分级,筛选出红树林滩涂侵蚀较严重的区域。

(3)运用GPS对营运快艇的行驶航线进行跟踪调查。通过航线路径、不同航段的速度、不同航段与红树林边缘的距离,结合滩涂侵蚀现状,分析快艇营运对滩涂侵蚀的影响。

(4)结合研究成果,通过媒体投稿和向相关部门建言的方式,继续呼吁快艇减速慢行和调整线路班次,保护红树林资源。

(三)项目过程及研究成果

1.九龙江口红树林分布区域调查及滩涂侵蚀较严重区域的筛选

在2009年暑假至2010年寒假进行,调查内容包括红树林资源数量、分布、生长和环境状况。具体内容包括:地理位置、林种、群落类型、树高、受破坏原因、互花米草分布等级、滩涂侵蚀等级等。

本次调查采用2009年最新遥感图像、GPS(卫星地位系统)与龙海市的行政区划图相结合的调查方法,调查过程中,先利用遥感图大致勾勒出小班的形状,再打印出来,通过实地流水线拍摄与GPS定位测量,修改和完善之前的小班形状,求算其面积,故本次调查精度较高,可较准确地反映现状。红树林分布及滩涂侵蚀初步判读结果出来后,邀请红树林保护区和厦大的专家对结果进行评价修正(德尔菲法),从而对红树林分布区滩涂剥蚀状况进行分级,筛选出红树林滩涂侵蚀较严重的区域。

本阶段的创新点在于:

(1)首次应用高清晰度遥感图对九龙江口各红树林分布区植被资源进行详细调查,调查精度高;

(2)对新生沙洲进行命名、调查,弥补之前调查的不足;

(3)首次对九龙江口红树林分布区域的滩涂侵蚀分布进行调查、制图。

成果图件如图5-3-1和图5-3-2所示。

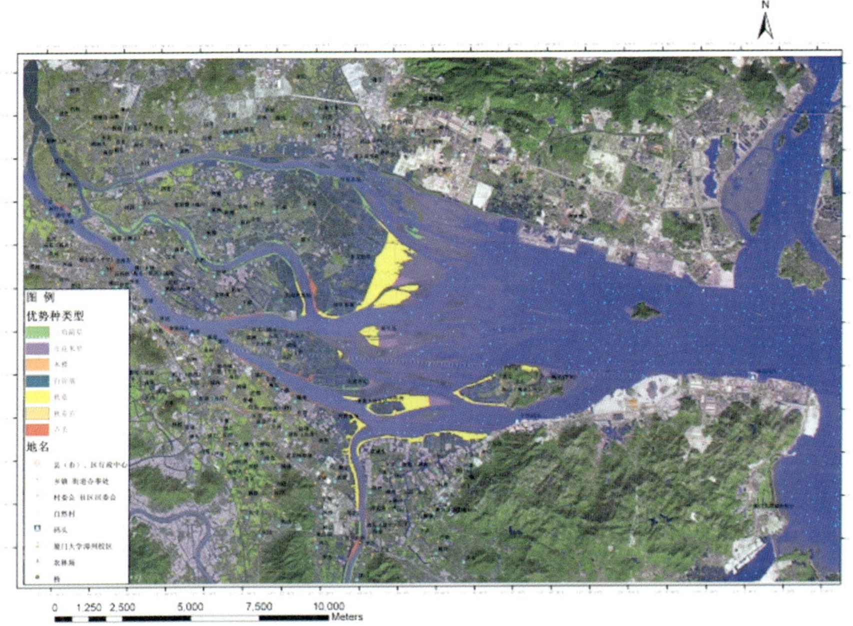

图 5-3-1 九龙江口植被分布类型图

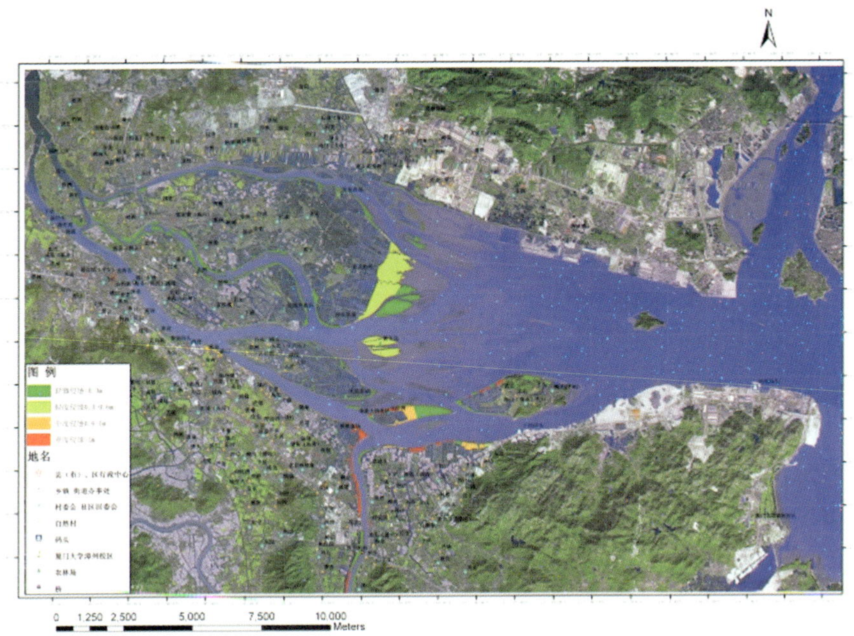

图 5-3-2 九龙口滩涂侵蚀程度图

2.分析快艇营运对九龙江口红树林分布区滩涂侵蚀的影响

(1)快艇营运状况综述

途经九龙江口红树林分布区的快艇航线有两条,一条是厦门往返石码,一条是厦门往返白水,基本是每天往返 20 趟,从早上的 6:30 到下午的 17:00,冬季最后 2 班停航,正常每半小时各自码头开船,午休时间(11:00—13:00)是 1 个小时一班。在高峰期,两条航线的平均速度均超过 33km/h,平均速度超过规定航速。本项目于 5 月底跟踪了厦门往返石码、厦门往返白水航线工作日和休息日各一天,积累了共 4 个全天的数据。下文以厦门往返石码航线为例说明步骤。

(2)厦门到石码航线在 Google Earth 中的展现(图 5-3-3)

图 5-3-3 厦门到石码航线在 Google Earth 中的展现

(3)厦门到石码船速分析图(图 5-3-4)

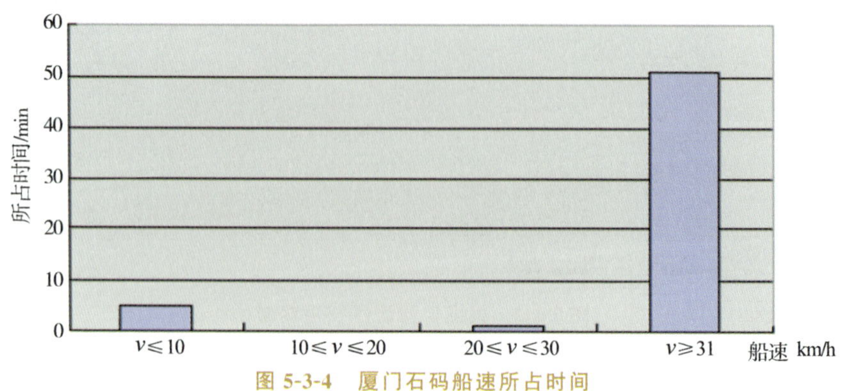

图 5-3-4 厦门石码船速所占时间

根据上面三幅图可以清晰地看出，快艇在 89%的时间内都超过了规定航速(30 km/h)，由图五知，快艇除了在最后的 6～7 分钟减速靠岸时没超速外，其余时间都超过了规定航速，严重影响了红树林的生长。起航时的数据在图中没有从 0 开始，原因是本次航班提速极快，在极短的时间内就达到了 30km/h 以上的航速。这次的数据是以一分钟为最小单位，所以将同一分钟内的速度取其平均值来代表此一分钟的速度，得出图 5-3-5。

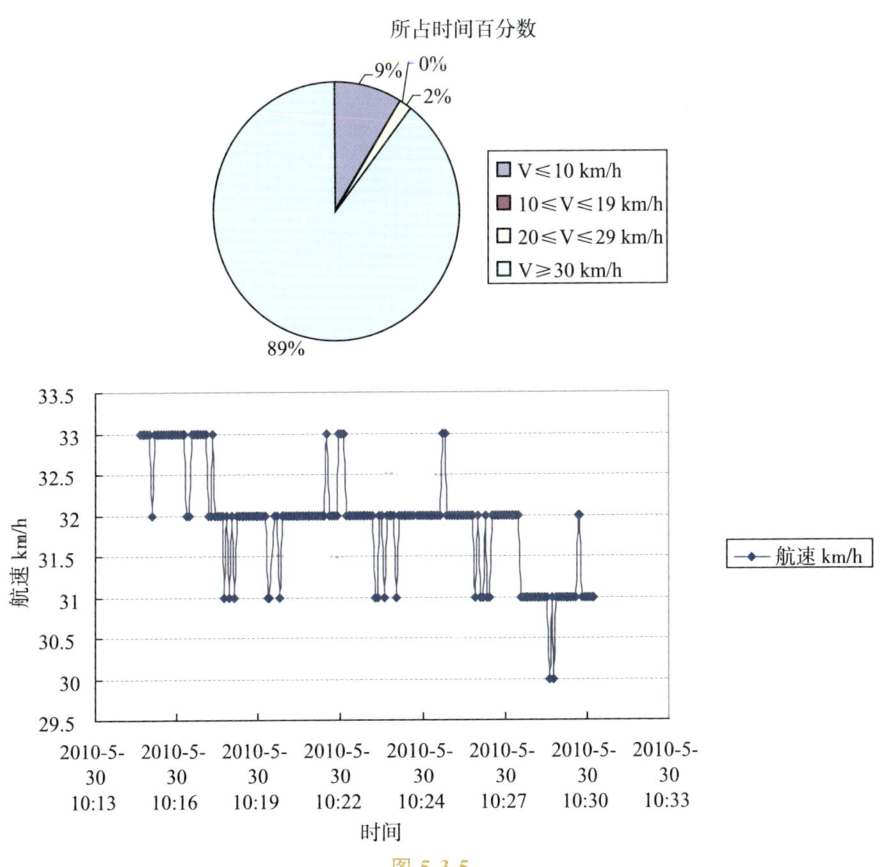

图 5-3-5

(4)厦门到石码经过红树林区(图 5-3-6)

图 5-3-6 粉红色填充处为快艇经过红树林区域(包括保护区核心区和非核心区)

返程红树林段航速(图 5-3-7)

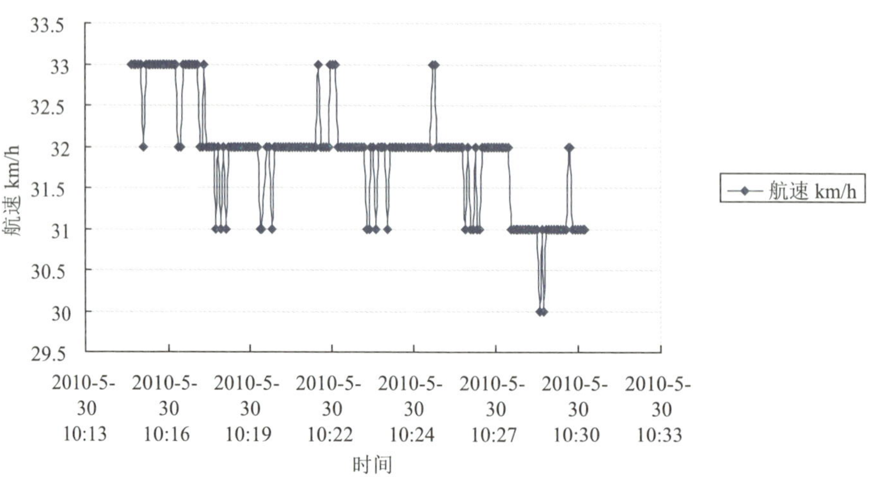

图 5-3-7 返程红树林段航速

去程红树林段航速(图 5-3-8)

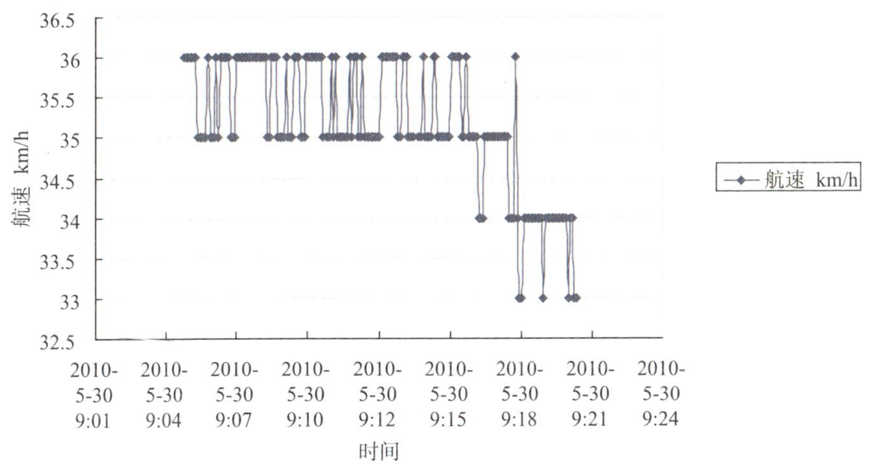

图 5-3-8　去程红树林段航速

结合福建漳州九龙江口红树林分布图，受快艇营运影响的红树林区域为：

图 5-3-9　受快艇营运影响的红树林区域

图 5-3-10　受快艇营运影响的红树林区域

根据龙海九龙江口红树林分布图来确定核心区及非核心区域，航线影响总长为 6.31 公里。

这里以返程作为重点分析，原因是其船速较去程要慢，这可以作为对红树林的最小影响分析，说服性更高。

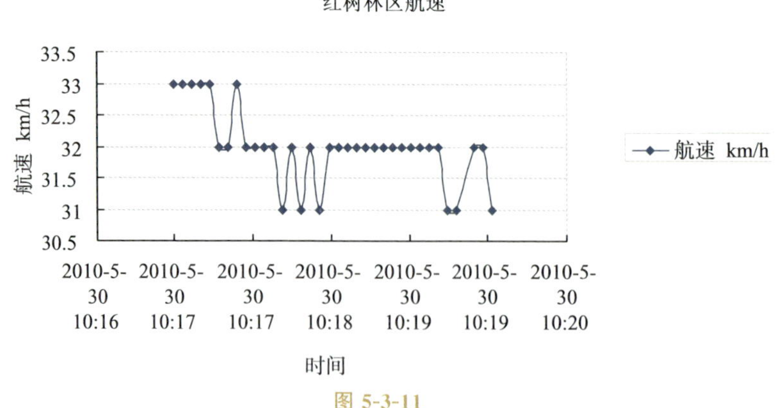

图 5-3-11

图 5-3-11 显示了快艇在红树林区航行速度，可知在 31 km/h 到 33 km/h 之间，也都超过了规定的 30 km/h 的航速，对红树林会产生严重影响。

去程经过红树林的航速表：

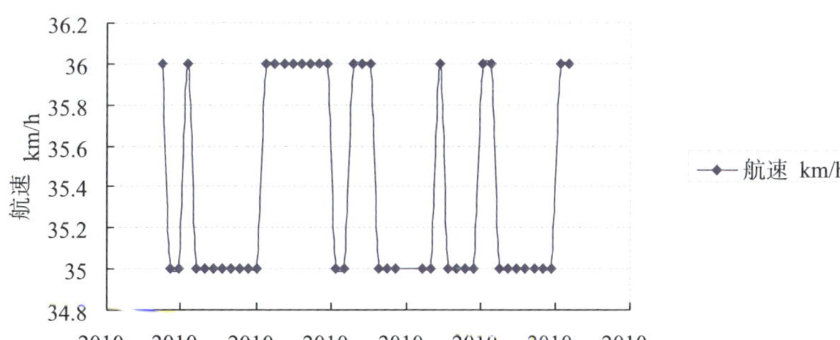

图 5-3-12　红树林区航速

图 5-3-12 中同样显示了快艇在红树林区航行速度，可知在 35 km/h 到 36 km/h 之间，都大大超过了规定的 30 km/h 的航速，对红树林会产生极其严重的影响。

红树林相关的标志点：

图 5-3-13　红树林相关的标志点

图 5-3-13 根据龙海九龙江口红树林分布图来确定核心区及非核心区的起点。

图 5-3-14

图 5-3-14 根据龙海九龙江口红树林分布图来确定核心区及非核心区的终点。

快艇距离红树林区的距离统计：

图 5-3-15　图中显示快艇离海门岛最近处为 0.13 公里。

图 5-3-16　显示快艇离大涂洲最近处为 0.13 公里

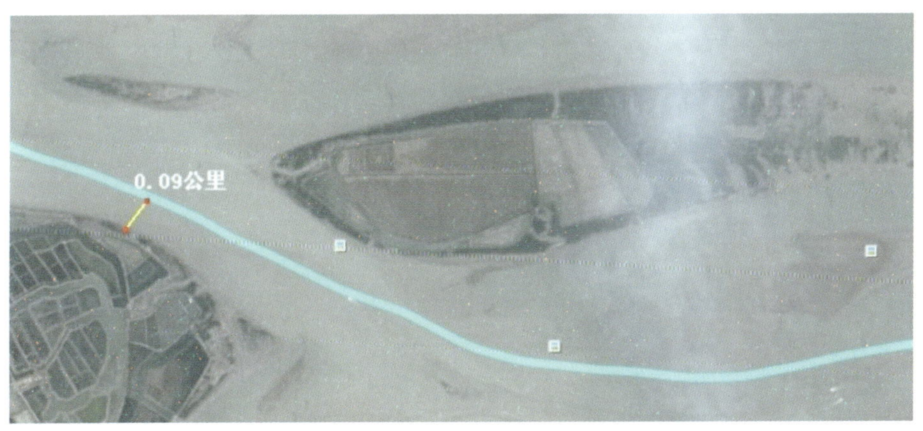

图 5-3-17　显示快艇离秋租农场最近处为 0.09 公里

由这些距离来看，快艇航线离红树林分布区都很近，超速的快艇对红树林会产生很大的影响。

详细红树林分布图(核心区)：

图 5-3-18　红树林核心区之浮宫段，在 GE 上测量长度为 3.07 公里(千米)

图 5-3-19　红树林核心区之大涂洲段，在 GE 上测量长度为 2.54 公里(千米)

3.石码到厦门数据分析

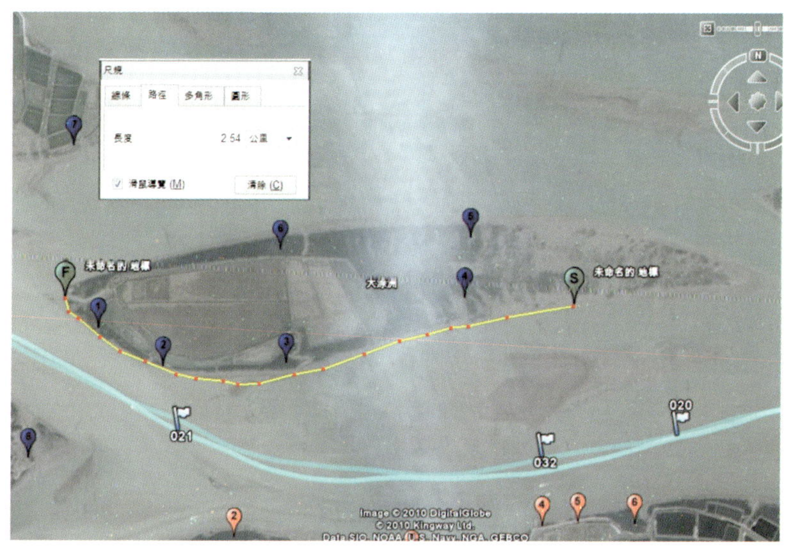

图 5-3-20

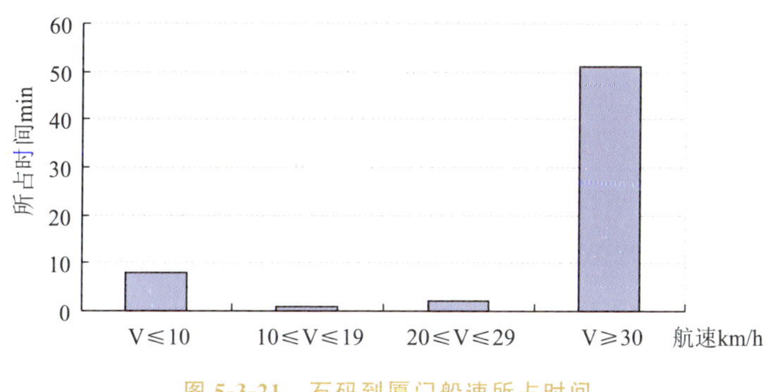

图 5-3-21　石码到厦门船速所占时间

在红树林区航速大于 30 km/h，会对红树林产生严重影响。从不同的航段来看，厦门到上坞这段途中，为九龙江与厦门港的交汇处，两边的河岸较宽，长度约为 8.4157 km，快艇航线速度平均为 34.025 km/h。而从上坞到大涂洲长度约为 12.7113 km，两边河岸的宽度较小，平均速度为 33.667 km/h。从大涂洲到石码的长度约为 1.5079 km，平均航速为 33 km/h。

以上分析说明：

(1)红树林的倒伏、滩涂的侵蚀与快艇营运有一定的相关性，在滩涂侵蚀比较严重的地段,途径快艇的航速往往超速较为严重,行驶航线也较为靠近岸边。

(2)快艇在途径红树林保护区时,无论往返,无论到白水还是石码,有 70%的航次超过政府 30 km/h 的限速。

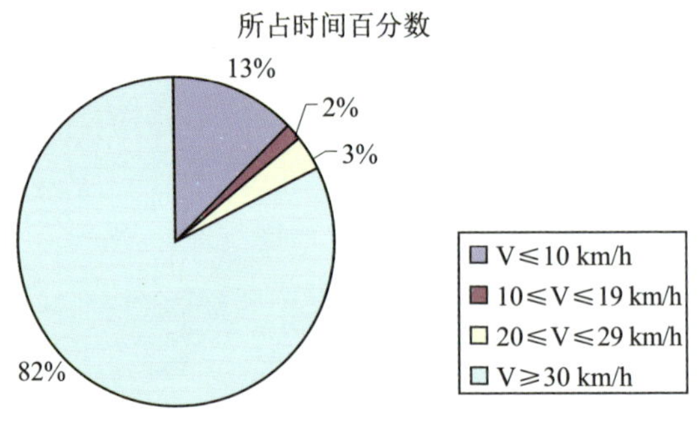

图 5-3-22

4.建言献策,继续呼吁快艇减速慢行和调整线路班次

结合研究结果,本项目提出通过呼吁快艇减速慢行和调整线路班次,减少快艇营运对红树林资源的影响。主要包括:

(1)严格执行政府规定,要求快艇减速慢行,航行速度控制在 30 km/h 以下。特别是本项目提供的红树林核心区段和脆弱段。

(2)取消厦门往返石码航班,用厦门往返石码的长途车来替代(时间、票价相同),加大长途车的营运班次。

(3)在厦漳跨海大桥建成后,开通厦门往返白水的长途车,来替代厦门往返白水的快艇。

(四)不足与改进

今后还将继续完善研究报告,通过更多渠道向相关部门建言献策,继续呼吁快艇减速慢行和调整线路班次。

今后还将开展波浪冲击力模拟试验,选择滩涂剥蚀现状相近、但与快艇航线距离不同的两个以上红树林分布点,用自己设计的方法考察快艇引起的波浪冲击力对滩涂侵蚀的影响。比如,把土放进鱼篓里并放置在滩涂上,看看几天后土会被全部掏空,诸如此类。

感谢厦门外国语学校叶本刚老师、隋冰清老师、厦门大学海洋与环境学院周亮老师的悉心指导和热情帮助!

点评:该项目面对环境问题,大胆借助现代信息手段收集数据予以论证,选题有现实意义,手段较为先进。建议多因素分析,并结合模拟试验加以论证,排除无关因素,然后找出主要原因,使结论更有说服力。

学生毕业去向:施宇,厦门大学经济学院统计学专业毕业,现就职于厦门兴业银行。

案例四：利用激光束照射镜面圆柱作圆锥曲线的研究

厦门外国语学校　陈姚佳　　指导教师：钱永昌　胡建荣　练仰贤

2013 年第 29 届全国青少年科技创新大赛一等奖
“英特尔 ISEF 大赛”三十米望远镜项目二等奖
2014 年科协主席奖
Intel 英才奖
“明天小小科学家”一等奖

【摘要】本文通过从激光笔发出的激光束照射在镜面圆柱能产生圆锥曲线的这一有趣的物理现象出发，从数学上论证解析了这一物理现象。通过数学建模研究了由激光束与镜面圆柱夹角的变化所引起圆锥曲线的变化规律，然后根据这些规律设计和制作了一款可准确调节圆锥曲线离心率的装置，并分析了如何利用该装置在黑板上产生不同的圆锥曲线以用于直观的辅助教学。

【关键词】激光束；镜面圆柱；圆锥曲线；光带；误差分析；实验装置；软件模拟

研究背景及问题的提出

激光是一种方向性好和单色性好的强光光束，在生产实践和科学研究中具有十分广泛的应用[1]。老师们上课时常使用激光笔来指示演示文稿。激光笔也是我心爱的玩具之一。有一次我玩着手中的激光笔，偶然照射到收音机的天线上，竟然在墙上反射出了一条漂亮光滑的曲线光带（图 5-4-1 和图 5-4-2）。

这引起了我极大的好奇。后来我改变激光照射的角度，出现了不同的曲线光带，因此我带着疑问请教了物理老师和数学老师，老师们说这很可能是圆锥曲线，让我利用课余时间去研究看看再下定论，为此我翻阅了一些数学资料。经过自学，我终于弄清楚了圆锥曲线的含义。两千多年前，古希腊数学家最先开始研究圆锥曲线，并获得了大量的成果。古希腊数学家阿波罗尼奥斯采用平面切割圆锥的方法来研究这几种曲线。事实上，阿波罗尼奥斯在其著作《圆锥曲线论》[2]（图 5-4-3）中使用纯几何方法已经取得了今天高中数学教材中关于圆锥曲线的全部性质和结果。我猜想：这条漂亮光滑的曲线光带应该是一条近似的圆锥曲线光带。

图 5-4-1　试验工具

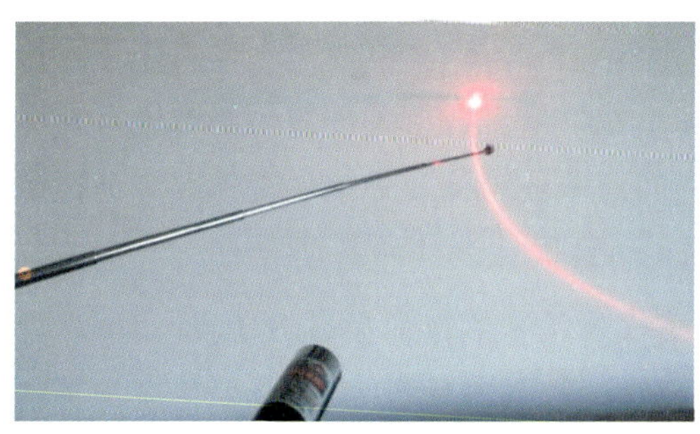

图 5-4-2　曲线光带

图 5-4-3　圆锥曲线

为了研究的方便，我做了多次实验观察反射到墙壁上的曲线，发现调整激光的入射角度，或者改变天线与墙壁所成的角度，都可以改变反射到墙壁上的曲线的形状。它具有一定的宽度，变化有规律。我决定将之进行量化研究，希望能彻底弄清它是否是圆锥曲线。于是我通过数学建模来确定反射到墙壁上的曲线的形状和宽度，并研究各个参量的变化对其形状的影响，而后探讨它的实际应用。

一、问题分析与数学建模

实验发现调整激光的入射角度，或者改变天线与墙壁所成的角度，都可以改变反射到墙壁上的曲线的形状。我将建立简单明了的数学几何模型以解决问题。

先将收音机天线一类的具有镜面侧面的圆柱体称为镜面圆柱体，它们在生活中有许多实例，如不锈钢柱子、绣花针的中段等都可以看成或近似看成镜面圆柱。在几何学中，我将之抽象为圆柱体，将墙壁抽象为一个平面。由于激光的方向性好，因此我们在此不讨论激光发生衍射的情况，将激光束中的每条光线都抽象成几何学中的射线。

如果实验中激光束反射到墙壁上所得的曲线是圆锥曲线，我就可以将之视为某圆锥面被墙壁所在平面截出的图形。而那个圆锥面就可能是以入射点为顶点（只要镜面圆柱体的直径足够小，入射点全体也许可近似视为同一个点），激光反射光线群为母线的圆锥面。

为了研究方便，结合实验观察到的现象，我先让镜面圆柱体的轴线垂直于墙壁所在的平面，再用激光束照射到其镜面侧面上，而在墙面上反射出一条具有一定宽度的光带，这条光带的精确形状恰恰是我所关心的。如果这条光带在几何上是圆环，那么我之前提出的问题就能得到较好地解决。事实是否如此，需要严密的逻辑推理和运算才能弄清楚。

下面我将通过两种不同的数学建模途径来解决我提出的疑问：一种途径是用高中数学立体几何传统法进行数学建模和问题研究，另外一种途径是利用空间坐标几何与高中数学里的微分学初步知识来进行数学建模和问题研究。

第一种途径：立体几何传统法途径

辅助命题的证明

由于圆锥所有的母线与其轴所成的夹角都相等，所以我首先研究所有反射后的激光线跟镜面圆柱的轴所成的角度是否都相等。结论是它们都相等，归结为以下命题：

命题 1：若圆柱的外侧面为镜面，一光线在其外侧面上进行反射，则反射光线与圆柱的轴所成的夹角等于入射光线与该圆柱的轴所成的夹角。

证明：

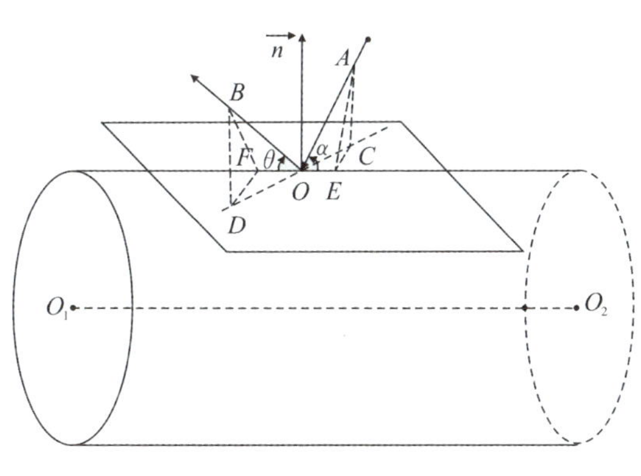

图 5-4-4

如图 5-4-4 所示，设圆柱 O_1O_2 的外侧面 Σ 为镜面，点 O 为外侧面上任意一点，一光线 AO 在其上进行反射，点 O 为入射点，反射光线为射线 OB，平面 δ 为外侧面 Σ 在点 δ 处的切平面，外侧面 Σ 与平面 δ 的公共部分为直线 l，于是 $l \parallel O_1O_2$，OH 为法线。过点 A 作 $AC \perp$ 平面 δ 于点 C，过点 C 作 $CE \perp l$ 于点 D，过点 B 作 $BD \perp$ 平面 δ 于点 D，过点 D 作 $DF \perp l$ 于点 F，设 $\angle AOE = \alpha$，$\angle BOF = \theta$（$0° < \alpha, \theta < 90°$），只要证明 $\theta = \alpha$，便可证明该命题。

由光学的反射定律推知：$\angle AOC = \angle BOD$，于是有：

$$\cos\theta = \cos\angle \mathrm{BOF} = \frac{\mathrm{OF}}{\mathrm{OB}} = \frac{\mathrm{OF}}{\mathrm{OD}} \cdot \frac{\mathrm{OD}}{\mathrm{OB}}$$

$$= \cos\angle \mathrm{DOF} \cdot \cos\angle \mathrm{BOD}$$

$$\cos\alpha = \cos\angle \mathrm{AOE} = \frac{\mathrm{OE}}{\mathrm{OA}} = \frac{\mathrm{OF}}{\mathrm{OC}} \cdot \frac{\mathrm{OC}}{\mathrm{OA}}$$

$$= \cos\angle \mathrm{COE} \cdot \cos\angle \mathrm{AOC}$$

因为 $\angle COE=\angle DOF$，$\angle AOC=\angle BOD$

所以 $\cos\theta=\cos\alpha$，$(0^\circ<\alpha,\theta<90^\circ)$

所以 $\theta=\alpha$

光带形状及其宽度的估计

由于是用一条激光束照射镜面圆柱，入射点不止一个，所形成的全体反射光线并不能看成是精确地由同一个点发散出来的，可见这些反射光线组成的空间图形不能说是一个精确的圆锥面，那么反射到墙壁上的曲线就不是精确的圆锥曲线了。但幸运的是，经过我的研究，我发现投射到墙壁上的曲线虽然不是精确的圆锥曲线，但理论上可以通过控制相应的参数来让它无限接近于精确的圆锥曲线，如图 5-4-5 所示。

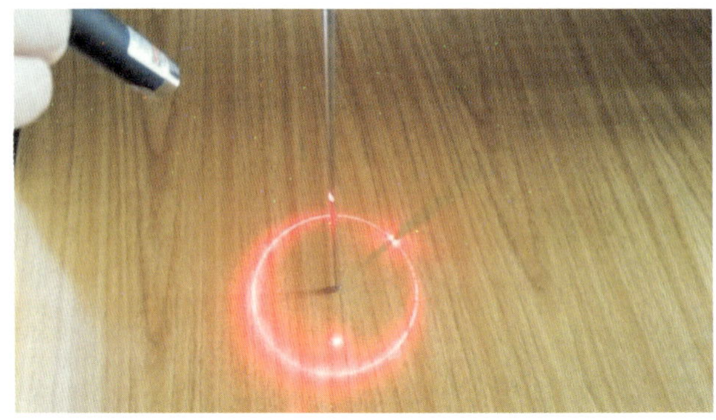

图 5-4-5　光线在镜面圆柱面的反射示意图

为了研究的方便，我假设激光光源形状为正方形激光发射器 $EFGH$，正方形光源 $EFGH$ 的边长等于镜面圆柱体的直径 $2r$，且恰好将激光全部射在镜面圆柱体的侧面上，激光发射方向与直线 O_1O_2 所成角大小为 α。光源中心点 O 射出的光线与镜面圆柱轴的交点与圆柱底面的距离记为 h，圆柱 O_1O_2 底面圆所在平面记为平面 π，于是 $EF\parallel$ 平面 π，我们将研究反射到投影面后所形成的光带的宽度范围，如图 5-4-6 所示。

显然，由命题 1 可知：所有反射光线与轴 O_1O_2 所成的夹角都等于 α。另外，线段 HG 光源发出的激光带与镜面圆柱的最高交点距离镜面圆柱底面高度乘以 α 的正切所得数值必须大于 r，这样才能保证满足“激光全部射在镜面

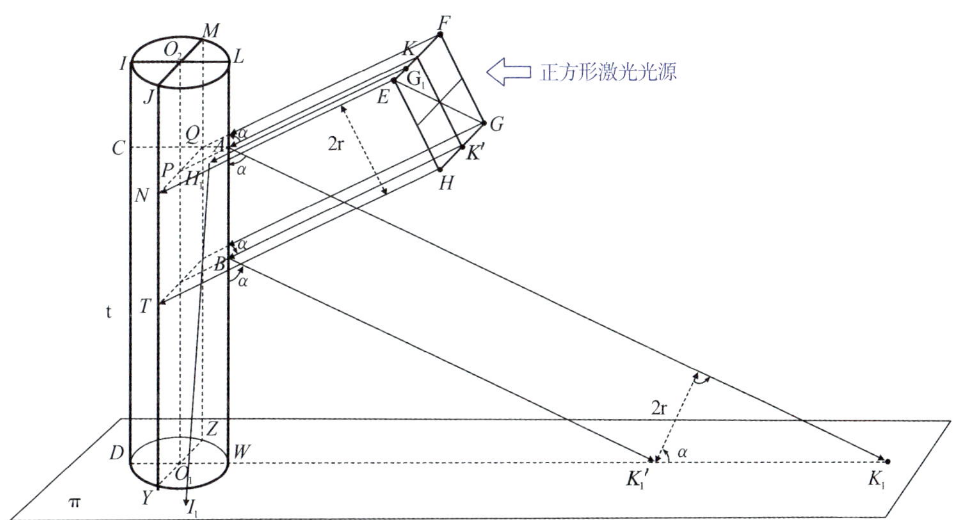

图 5-4-6 光线在镜面圆柱面的反射示意图

圆柱体的侧面上”的条件，即必须有：$(h+r\cot\alpha-r\csc\alpha)\tan\alpha \geqslant r$，化简之，可以得到：

$$\frac{h}{r} \geqslant \csc\alpha \tag{5-4-1}$$

光源线段 EF 的中点 K 发出的激光线经过镜面圆柱侧面反射后将射到反射平面 π 上的点 K_1，显然点 K_1 离点 O_1 最远，且其距离大小为：

$$O_1K_1=(h+r\csc\alpha+r\cot\alpha)\tan\alpha+r=h\tan\alpha+2r+r\sec\alpha \tag{5-4-2}$$

镜面圆柱上所有激光入射点中最到平面 π 的距离记为 d，则必有：

$$d \geqslant h-r\csc\alpha \tag{5-4-3}$$

而反射到平面 π 上的投影点中，离点 O_1 最近的点不容易直接找到，因此我采用了估算的方法。假设以点 T 为顶点，以 TY 为高，其底面圆 Y 的半径记为 r_1，令 $r_1=(h-r\csc\alpha)\tan\alpha$，即 $r_1=h\tan\alpha-r\sec\alpha$。讨论如下：

(1)当 $0 \leqslant r_1 < 2r$ 时，可得：$h\tan\alpha-r\sec\alpha<2r$，整理可得到：

$$\frac{1}{\sin\alpha} \leqslant \frac{h}{r} < \frac{2\cos\alpha+1}{\sin\alpha} \tag{5-4-4}$$

此时平面 π 上光带中的点到点 O_1 距离大于或者等于 r；

(2)当 $r_1 \geqslant 2r$ 时，可得：$h\tan\alpha-r\sec\alpha \geqslant 2r$，整理可得到：

$$\frac{h}{r} \geqslant \frac{2\cos\alpha + 1}{\sin\alpha} \tag{5-4-5}$$

此时平面 π 上光带中的点到点 O_1 距离大于或者等于 $r_1 - r$，即 $h\tan\alpha - r\sec\alpha - r$。

于是只要满足 $\frac{h}{r} \geqslant \frac{1}{\sin\alpha}$，就有：与点 O_1 最近的反射投影点到点 O_1 的距离大于或者等于 $h\tan\alpha - r\sec\alpha - r$，于是我们可以推知反射光带被两个同心圆完全包围住了，这两个圆都以点 O_1 为圆心，半径分别是 $h\tan\alpha - r\sec\alpha - r$ 和 $h\tan\alpha + 2r + r\sec\alpha$。若记光带的宽度为 k，则 $k \leqslant h\tan\alpha + 2r + r\sec\alpha - (h\tan\alpha - r\sec\alpha - r)$，即：

$$k \leqslant 3r + 2r\sec\alpha \tag{5-4-6}$$

因此，在给定 α 的值后，只要 $h/r \geqslant \csc\alpha$，且 r 足够小，就可以使得光带的宽度小于我们指定的正数值。那么，平面 π 上光带就近似于以点 O_1 为圆心，以 $h\tan\alpha$ 为半径的圆。因为一般激光光源是圆形的，因此我将前面讨论的光源形状改为其内切圆 O（图 5-4-7），那么，依然成立。

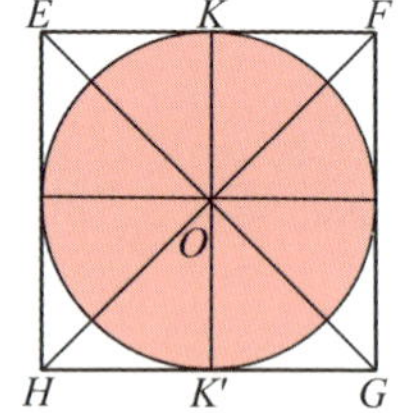

图 5-4-7　内切圆 O

我们可以将此结论归结为下列命题：

命题 2：半径为 r 的镜面圆柱垂直于投影平面，其轴线与投影平面的交点记为点 O_1，若一直径大小等于 $2r$ 的激光束完全照射到该镜面圆柱的侧面上，激光束方向与该镜面圆柱的轴线所成角的大小为 α（$0° < \alpha < 90°$），并且光源点中心射出的激光线与镜面圆柱的交点到镜面圆柱底面的距离大小为 h（$h \geqslant r\csc\alpha$），则反射到投影面的光带落在该平面上以点 O_1 为圆心的圆环内，且圆环的宽度小于或者等于 $3r + 2r \cdot \sec\alpha$。当 r 充分小时，圆环的形状趋近于以点 O_1 为圆心，以 $h\tan\alpha$ 为半径的圆。

第二种途径:空间坐标几何途径

以上第一种途径的讨论虽然可以大致确定光带形状并粗略估计其宽度,但是对于所得到的光带精确形状却没有进行讨论,因此接下来我换用更高级的数学工具来分析。

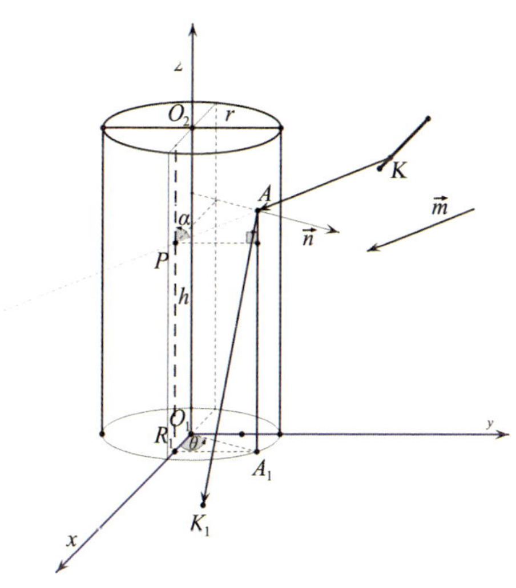

图 5-4-8　光源点与反射投影点的精确关系

如图 5-4-8 所示,圆柱底面圆 O_1 的半径为 r,以圆柱底面圆的圆心 O_1 为原点,以底面为平面 xO_1y,以轴 O_1O_2 所在直线为其竖轴 z 轴,建立空间直角坐标系,设光线 KA 沿着方向向量 $\vec{m}=(0,-\sin\alpha,-\cos\alpha)$ $(0^\circ\leqslant\alpha\leqslant 90^\circ)$ 照射到此镜面圆柱上的点 A 处,反射到平面 xO_1y 上的点 K_1 处,延长 KA 至交平面 xO_1z 于点 P,设点 A 在平面 xO_1y 上的垂直射影点为点 A_1,设 $\angle A_1O_1x=\theta$,则 $0^\circ\leqslant\theta\leqslant 180^\circ$,设过点 P 作线段 PR 垂直于 x 轴,垂足为 R,设点 P 的坐标为 $(0,0,h)$,则 A 的坐标为 $(r\cos\theta,r\sin\theta,h+r\sin\theta\cot\alpha)$,下面仅讨论 $h\geqslant 0$ 的情形。当 $\theta-90^\circ$ 时,点 A 处的单位法向量为 $\vec{n}=(\cos\theta,\sin\theta,0)$,镜面圆柱表面点 A 处的切平面记为平面 ε(如图 5-4-9)。

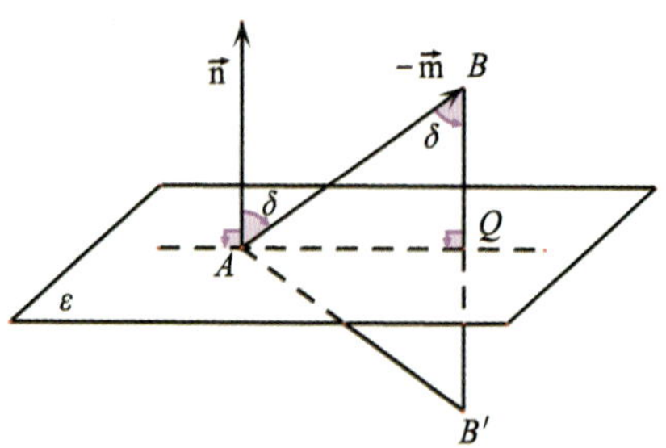

图 5-4-9　光源点与反射投影点的关系图

下面来求入射光线 KA 和反射光线 AK_1 的解析式，最终以求得点 K_1 的坐标。

如图 5-4-9 所示，取点 $B(r\cos\theta, r\sin\theta+\sin\alpha, h+r\sin\theta\cot\alpha+\cos\alpha)$，设点 A 关于平面 ε 的对称点为点 B'，连结 BB' 交平面 ε 于点 Q，连结 AQ，设点 A 处的单位法向量 $\vec{n}$ 与 $\overrightarrow{AB}$ 的夹角大小为 δ，则必有 $0°\leqslant\delta\leqslant 90°$，于是：

$|\overrightarrow{AB}|=|-\vec{m}|=1$，$|\vec{n}|=1$，故 $\cos\delta=-\vec{m}\cdot\vec{n}$

$|\overrightarrow{BB'}|=2|\overrightarrow{BQ}|$，$|\overrightarrow{BQ}|=|\overrightarrow{AB}|\cdot\cos\delta$，可得：

$$\begin{aligned}\overrightarrow{O_1B'}&=\overrightarrow{O_1B}+\overrightarrow{BB'}\\&=\overrightarrow{O_1B}+2\overrightarrow{BQ}\\&=\overrightarrow{O_1B}+2\sin\alpha\cdot\sin\theta\cdot(-\vec{n})\end{aligned}$$

故反射光线 AK_1 的一个方向向量 $\overrightarrow{B'A}$ 可表示为：

$$\begin{aligned}\overrightarrow{B'A}&=\overrightarrow{O_1A}-\overrightarrow{O_1B'}\\&=\overrightarrow{O_1A}-[\overrightarrow{O_1B}+2\sin\alpha\cdot\sin\theta\cdot(-\vec{n})]\\&=\overrightarrow{BA}-2\sin\alpha\cdot\sin\theta\cdot(-\vec{n})\\&=\vec{m}+2\sin\alpha\cdot\sin\theta\cdot\vec{n}\\&=(0,-\sin\alpha,-\cos\alpha)+2\sin\alpha\cdot\sin\theta\cdot(\cos\theta,\sin\theta,0)\\&=(0+2\sin\alpha\cdot\sin\theta\cdot\cos\theta,-\sin\alpha+2\sin\alpha\cdot\sin^2\theta,-\cos\alpha+0)\\&=(\sin\alpha\cdot\sin2\theta,-\sin\alpha\cos2\theta,-\cos\alpha)\end{aligned}$$

由空间直线 $B'A$，即反射光线 AK_1 的点向式方程为：

$$\frac{x-r\cos\theta}{\sin\alpha\cdot\sin2\theta}=\frac{y-r\sin\theta}{-\sin\alpha\cdot\cos2\theta}=\frac{z-(h+r\sin\theta\cot\alpha)}{-\cos\alpha} \tag{5-4-7}$$

为得到点 K_1 坐标，令 $z=0$，得：

$$\begin{cases}x=r\cos\theta+\sin2\theta\cdot(r\sin\theta+h\tan\alpha)\\ y=r\sin\theta-\cos2\theta\cdot(r\sin\theta+h\tan\alpha)\end{cases}, \tag{5-4-8}$$

$$(0^\circ\leqslant\theta\leqslant180^\circ, 0^\circ\leqslant\alpha\leqslant90^\circ,\ h>0,\ r>0)$$

当 α，h，r（$0^\circ<\alpha<90^\circ$，$h>0$，$r>0$）取为固定值时，θ 从 0° 开始逐渐增加到 180° 的变化过程中，点 A 的位置随着 θ 的变动而变动，点 K_1 的位置也随着 θ 的变动而变动。此时参数方程(2-1)表示的是一条光滑的曲线 l。

曲线 l 的软件模拟

那么曲线 l 是否为某圆(或者圆弧)呢？我尝试消去参数方程(2-1)中的 θ 却没有成功，因此我转而求助一款优秀的计算机软件——几何画板[3]。我将入射光线 KA 和反射光线 AK_1 在平面 xO_1y 的垂直射影分别用，线段 $K'A_1$ 和线段 A_1K_1 来表示，我们可以用软件来观察点 K_1 随 θ 的变动而得到的曲线 l 的图像。

从图 5-4-10 看，曲线 l 不太像是某圆(弧)，在数学中，“眼见不一定为实”，需要进行理论上的证明。

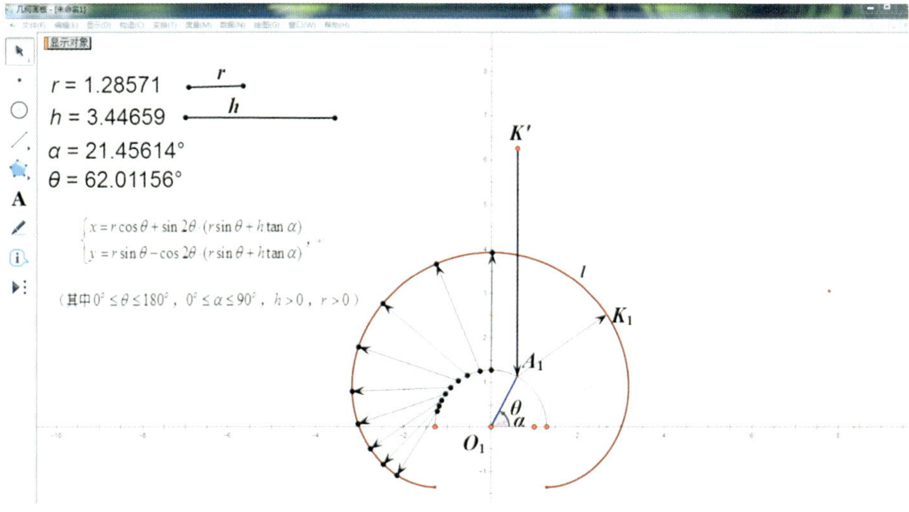

图 5-4-10　随 θ 的变动得到的曲线 l

辅助命题的证明

所得的曲线 l 的图像似乎不是一个圆的某一部分，现在用举例子的办法来说明该轨迹不是一个圆弧。

当 $\theta=0^\circ$，$\theta=45^\circ$，$\theta=90^\circ$，$\theta=180^\circ$ 时对应的点 K_1 坐标，分别记之为 M，N，S，J，它们的坐标分别为：$M(r,-h\tan\alpha)$，$N(\sqrt{2}r+h\tan\alpha,\frac{\sqrt{2}}{2}r)$，$S(0,2r+h\tan\alpha)$，$J(-r,-h\tan\alpha)$。

下面说明点 M，N，G，S 不可能在同一圆上。

为了论述方便，我们先证明以下命题：

命题 3：在直角坐标系 xOy 中，点 $A(x_1,y_1)$ 和 $B(x_2,y_2)$ 满足条件 $y_1\neq y_2$，则线段 AB 的垂直平分线与 y 轴的交点坐标为 $(0,\frac{x_1^2-x_2^2+y_1^2-y_2^2}{2(y_1-y_2)})$。

证明：设线段 AB 垂直平分线上任一点 E 的坐标为 (x,y)，于是由线段垂直平分线性质可以得到：$EA=EB$，由两点间距离公式带入之有：

$$\sqrt{(x-x_1)^2+(y-y_1)^2}=\sqrt{(x-x_2)^2+(y-y_2)^2}$$

即：$(2x-x_1-x_2)(x_2-x_1)=(2y-y_1-y_2)(y_1-y_2)$

令 $x=0$，立即可以得到：$y=\frac{x_1^2-x_2^2+y_1^2-y_2^2}{2(y_1-y_2)}$

故线段 AB 的垂直平分线与 y 轴的交点坐标为 $(0,\frac{x_1^2-x_2^2+y_1^2-y_2^2}{2(y_1-y_2)})$。

利用上述命题，我们可以计算出线段 MS，线段 MN 的垂直平分线与 y 轴的交点坐标分别为 $(0,\frac{3r^2+4rh\tan\alpha}{4r+4h\tan\alpha})$，$(0,\frac{3r^2+4\sqrt{2}rh\tan\alpha}{2\sqrt{2}r+4h\tan\alpha})$。

假如曲线 l 的图像是一段圆弧，则由点 M 和点 J 的坐标可得，其圆心必定在 y 轴上，而且必须满足 $\frac{3r^2+4rh\tan\alpha}{4r+4h\tan\alpha}=\frac{3r^2+4\sqrt{2}rh\tan\alpha}{2\sqrt{2}r+4h\tan\alpha}$，化简后可得到：

$$4\sqrt{2}h\tan\alpha=(3\sqrt{2}-6)r^2$$

因为 $h>0$，$r>0$，所以 $4\sqrt{2}h\tan\alpha>0$，$(3\sqrt{2}-6)r^2<0$，矛盾。可见曲线 l 的图像肯定不是一段圆弧。那就意味着由直线 AK_1 随着 θ 变动在空间中扫

出的曲面不是完全精确的圆锥面。

关于曲线的形状的精确讨论以及软件模拟

实际上，我们发现，镜面圆柱的实物体与墙面的距离远远大于此镜面圆柱实物体的半径，曲线 l 的图像虽然不是一条精确的圆弧，但是可以近似认为它是一条误差可以控制的圆弧。证明如下：

设点 K_1 到原点 O_1 的距离函数为 $d(\theta,\alpha,h,r)$，于是由两点间距离公式得：

$$d(\theta,\alpha,h,r)$$

$$=\sqrt{[r\cos\theta+\sin2\theta(r\sin\theta+h\tan\alpha)]^2+[r\sin\theta-\cos2\theta(r\sin\theta+h\tan\alpha)]^2}$$

$$=\sqrt{\left[\cos\theta+\sin2\theta\left(\sin\theta+\frac{h}{r}\cdot\tan\alpha\right)\right]^2+\left[\sin\theta-\cos2\theta\left(\sin\theta+\frac{h}{r}\cdot\tan\alpha\right)\right]^2}\cdot r$$

$$=\sqrt{1+\left(\sin\theta+\frac{h}{r}\cdot\tan\alpha\right)^2+2\sin\theta\left(\sin\theta+\frac{h}{r}\cdot\tan\alpha\right)}\cdot r$$

$$=\sqrt{\cos^2\theta+\sin^2\theta+\left(\sin\theta+\frac{h}{r}\cdot\tan\alpha\right)^2+2\sin\theta\left(\sin\theta+\frac{h}{r}\cdot\tan\alpha\right)}\cdot r$$

$$=\sqrt{\cos^2\theta+\left(2\sin\theta+\frac{h}{r}\cdot\tan\alpha\right)^2}\cdot r$$

$$=\sqrt{\frac{h^2}{r^2}\cdot\tan^2\alpha+\frac{4}{r}\cdot h\tan\alpha\sin\theta+3\sin^2\theta+1}\cdot r$$

$$=\sqrt{3\left(\sin\theta+\frac{2h}{3r}\cdot\tan\alpha\right)^2+\left(1-\frac{h^2}{3r^2}\cdot\tan^2\alpha\right)}\cdot r$$

$$=\sqrt{\frac{\left(3\sin\theta+\frac{2h}{r}\cdot\tan\alpha\right)^2+\left(3-\frac{h^2}{r^2}\cdot\tan^2\alpha\right)}{3}}\cdot r \quad (5\text{-}4\text{-}9)$$

由于 $0^\circ\leqslant\theta\leqslant180^\circ$，所以：

$$\sqrt{r^2+h^2\tan^2\alpha}\leqslant d(\theta,\alpha,h,r)\leqslant h\tan\alpha+2r \quad (5\text{-}4\text{-}10)$$

当且仅当 $\theta=0^\circ$ 和 $\theta=180^\circ$ 时左边取到等号，当且仅当 $\theta=90^\circ$ 时右边取到等号。

在 α 确定的情况下，有：

$$
\begin{aligned}
& (h\tan\alpha + 2r) - \sqrt{r^2 + h^2\tan^2\alpha} \\
= & \frac{(h\tan\alpha + 2r)^2 - (r^2 + h^2\tan^2\alpha)}{(h\tan\alpha + 2r) + \sqrt{r^2 + h^2\tan^2\alpha}} \\
= & \frac{\frac{4h}{r}\cdot\tan\alpha + 3}{\frac{h}{r}\cdot\tan\alpha + 2 + \sqrt{1 + \frac{h^2}{r^2}\cdot\tan^2\alpha}}\cdot r \\
= & \frac{4 + \cfrac{3}{\frac{h}{r}\cdot\tan\alpha}}{1 + \cfrac{2}{\frac{h}{r}\cdot\tan\alpha} + \sqrt{1 + \cfrac{1}{\frac{h^2}{r^2}\cdot\tan^2\alpha}}}\cdot r
\end{aligned}
$$

在之前设定的前提下展开讨论：

(1)当 h ，α 为常数时，令 $r\to 0$，则 $(h\tan\alpha + 2r) - \sqrt{r^2 + h^2\tan^2\alpha}\to 0$；

(2)当 r，α 为常数时，令 $h\to +\infty$，则 $(h\tan\alpha + 2r) - \sqrt{r^2 + h^2\tan^2\alpha}\to 2r$；

(3)当 α，h，r($0°<\alpha<90°$，$h>0$，$r>0$)取为固定值时，θ 从 0°开始逐渐增加到 180°的变化过程中，点 A 的位置随着 θ 的变动而变动，点 K_1 的位置也随着 θ 的变动而变动。此时参数方程(5-4-1)表示的是一条光滑的曲线 l 。反射在投影平面的光线被两个同心圆完全包围住了(图 5-4-11)，这两个圆都以点 O_1 为圆心，半径分别是 $\sqrt{r^2 + h^2\tan^2\alpha}$ 和 $h\tan\alpha + 2r$ ，这两个同心圆形成一个宽度为 $(h\tan\alpha + 2r) - \sqrt{r^2 + h^2\tan^2\alpha}$ 的圆环，当 h 趋近于 $+\infty$时，其值趋近于 $2r$ 。

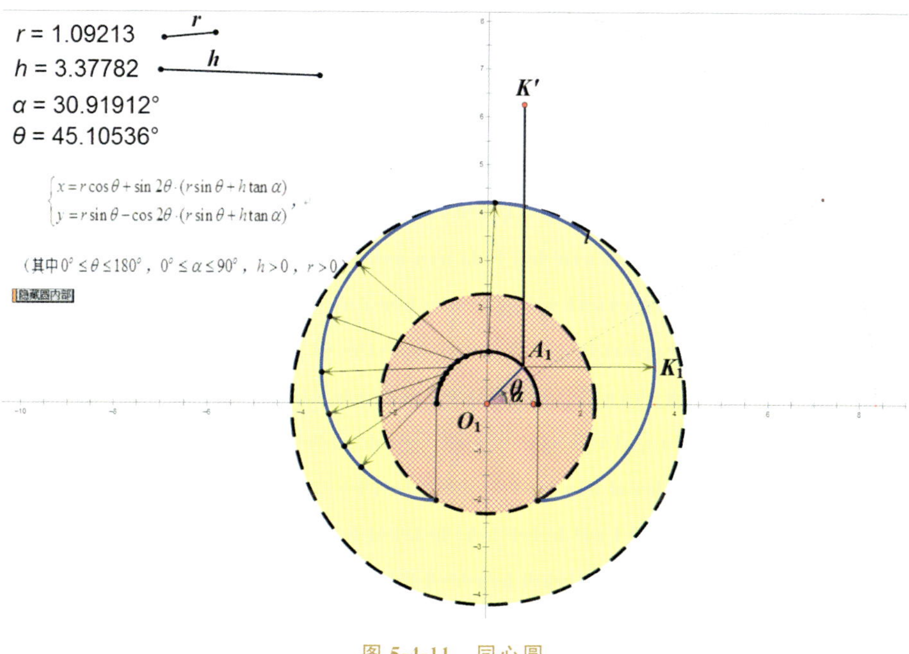

图 5-4-11　同心圆

由此可见，只要镜面圆柱实物体的半径 r 足够小，h 足够大时，这条曲线 l 的图像将在误差较小的情况下近似于一条圆弧，改圆弧以原点为圆心，以 $h\tan\alpha$ 为半径。此时，便可以将由线段 AK_1 随着 θ 变动在空间中扫出的曲面近似地看成以点 $(0,0,h)$ 为顶点，以 h 为高，以 $h\tan\alpha$ 为底面圆之半径的圆锥面(图 5-4-12)。

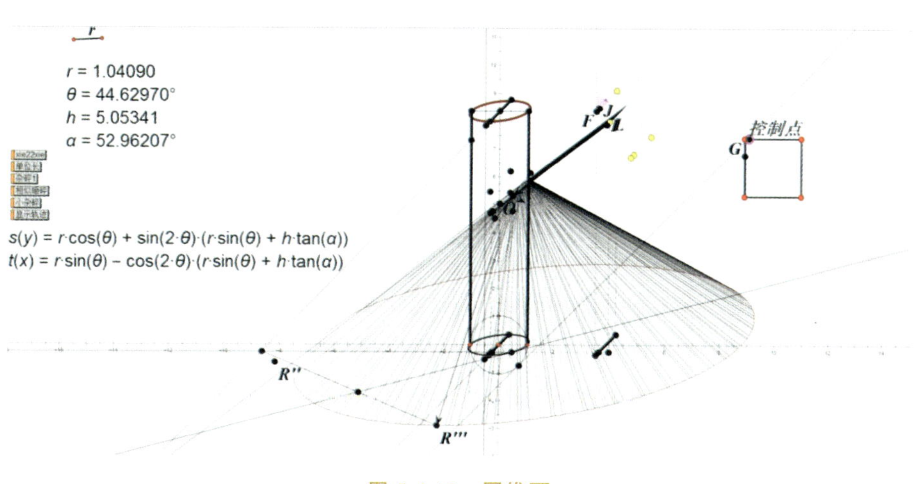

图 5-4-12　圆锥面

光带形状及其宽度的估计

上面讨论的是光源形状为线段时反射投影图形曲线的情形。但激光束的横截面面积大小大于 0，为了研究方便，我借鉴了第一种方法，取正方形光源 $EFGH$ 的边长等于镜面圆柱体的直径 $2r$，且恰好激光全部投射在镜面圆柱体的侧面上，光源中心点 O 射出的光线与镜面圆柱轴的交点与圆柱底面的距离记为 h，于是由 2.1.2 中关于(1)式的论证知：h 应满足(实际上其光带图像如图 5-4-13、图 5-4-14 所示)。

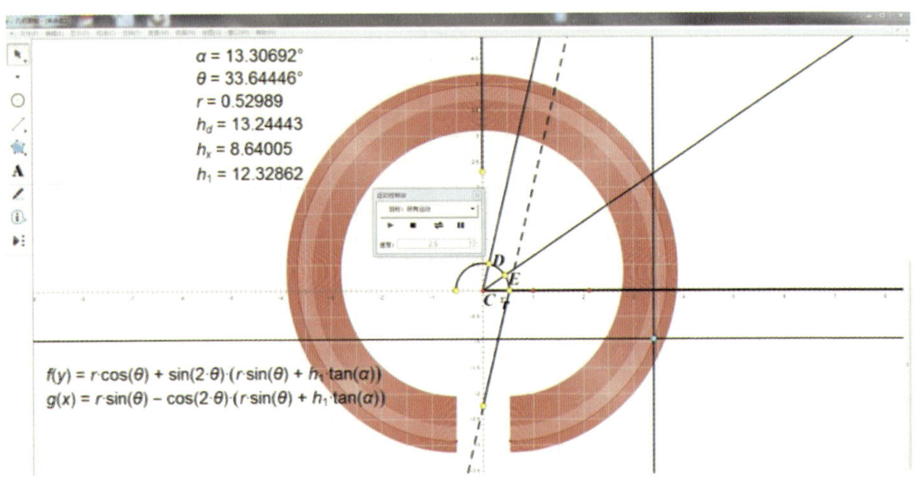

图 5-13　光带图像

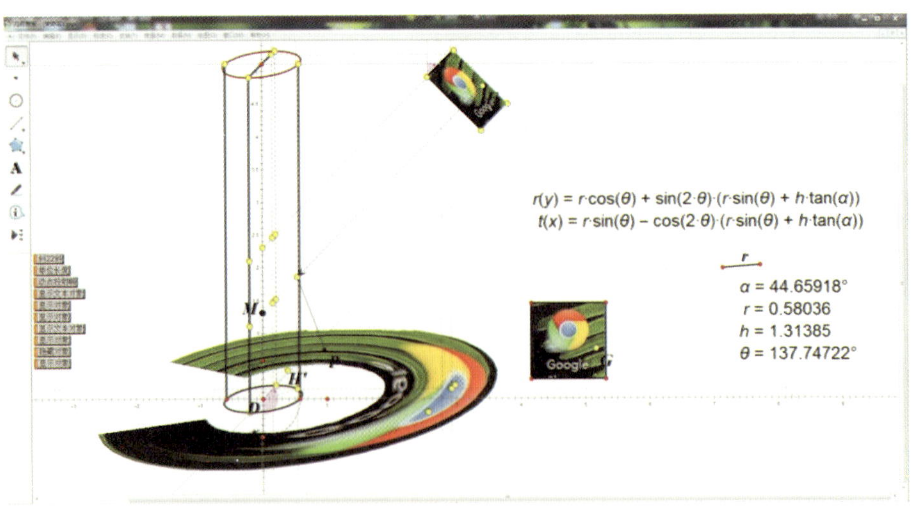

图 5-4-14　光带投射图

由此进行计算，可以得到：

$$d(\theta,\alpha,h_1,r)=$$

$$\sqrt{[r\cos\theta+\sin 2\theta(r\sin\theta+h_1\tan\alpha)]^2+[r\sin\theta-\cos 2\theta(r\sin\theta+h_1\tan\alpha)]^2}$$

$$(0^\circ\leqslant\theta\leqslant 180^\circ,0^\circ<\alpha<90^\circ,r>0,h\geqslant r\csc\alpha,h-r\csc\alpha\leqslant h_1\leqslant h+r\csc\alpha) \tag{5-4-11}$$

通过进行与前面类似的讨论可以得到：

$$\sqrt{r^2+(h-r\csc\alpha)^2\cdot\tan^2\alpha}\leqslant d(\theta,\alpha,h_1,r)\leqslant(h+r\csc\alpha)\cdot\tan\alpha+2r \tag{5-4-12}$$

当且仅当“$\theta=0^\circ$和$\theta=180^\circ$”且$h_1=h-r\csc\alpha$时左边可到等号，当且仅当$\theta=90^\circ$且$h_1=h+r\csc\alpha$时右边取到等号。

于是在α确定的情况下，有：

$$[(h+r\csc\alpha)\tan\alpha+2r]-\sqrt{r^2+(h-r\csc\alpha)^2\tan^2\alpha}$$

$$=\frac{(h\tan\alpha+r\sec\alpha+2r)^2-[r^2+(h\tan\alpha-r\sec\alpha)^2]}{(h\tan\alpha+r\sec\alpha+2r)+\sqrt{r^2+(h\tan\alpha-r\sec\alpha)^2}}$$

$$=\frac{4hr\tan\alpha\cdot\sec\alpha+4hr\tan\alpha+4r^2\sec\alpha+3r^2}{(h\tan\alpha+r\sec\alpha+2r)+\sqrt{r^2+(h\tan\alpha-r\sec\alpha)^2}}$$

$$=\frac{4h\tan\alpha\cdot\sec\alpha+4h\tan\alpha+4r\sec\alpha+3r}{(h\tan\alpha+r\sec\alpha+2r)+\sqrt{r^2+(h\tan\alpha-r\sec\alpha)^2}}\cdot r$$

$$=\frac{\frac{4h}{r}\cdot\tan\alpha\cdot\sec\alpha+\frac{4h}{r}\tan\alpha+4\sec\alpha+3}{(\frac{h}{r}\cdot\tan\alpha+\sec\alpha+2)+\sqrt{1+(\frac{h}{r}\cdot\tan\alpha-\sec\alpha)^2}}\cdot r$$

$$=\frac{4\sec\alpha+4+\frac{4\sec\alpha}{\frac{h}{r}\cdot\tan\alpha}+\frac{3}{\frac{h}{r}\cdot\tan\alpha}}{(1+\frac{\sec\alpha}{\frac{h}{r}\cdot\tan\alpha}+\frac{2}{\frac{h}{r}\cdot\tan\alpha})+\sqrt{\frac{1}{(\frac{h}{r}\cdot\tan\alpha)^2}+(1-\frac{\sec\alpha}{\frac{h}{r}\cdot\tan\alpha})^2}}\cdot r$$

在之前设定的前提下展开讨论：

(1)当h，α为常数时，令$r\to 0$，则：

$$[(h+r\csc\alpha)\tan\alpha+2r]-\sqrt{r^2+(h-r\csc\alpha)^2\tan^2\alpha}\to 0;$$

(2)当 r ，α 为常数时，令 $h \to +\infty$，则：

$$[(h+r\csc\alpha)\tan\alpha+2r]-\sqrt{r^2+(h-r\csc\alpha)^2\tan^2\alpha} \to 2r+2r\sec\alpha$$

令 $f(h)=[(h+r\csc\alpha)\tan\alpha+2r]-\sqrt{r^2+(h-r\csc\alpha)^2\tan^2\alpha}$ $(h,\ r>0,\ 0^\circ<\alpha<90^\circ)$

利用高中数学知识或者使用数学软件计算，可得其一阶导数为：

$$f'(h)=\tan\alpha-\frac{\left(h-\frac{r}{\sin\alpha}\right)\cdot\tan^2\alpha}{\sqrt{r^2+\left(h-\frac{r}{\sin\alpha}\right)^2\tan^2\alpha}}$$

$$=\frac{\tan\alpha\cdot\left[\sqrt{r^2+\left(h-\frac{r}{\sin\alpha}\right)^2\tan^2\alpha}-\left(h-\frac{r}{\sin\alpha}\right)\cdot\tan\alpha\right]}{\sqrt{r^2+\left(h-\frac{r}{\sin\alpha}\right)^2\tan^2\alpha}}$$

$$=\frac{\tan\alpha\cdot\left[\sqrt{r^2+\left(h-\frac{r}{\sin\alpha}\right)^2\tan^2\alpha}-\sqrt{\left(h-\frac{r}{\sin\alpha}\right)^2\cdot\tan^2\alpha}\right]}{\sqrt{r^2+\left(h-\frac{r}{\sin\alpha}\right)^2\tan^2\alpha}}>0$$

可见函数 $f(h)$ 的数值随着 h 的增大而增大。也就是说，只要满足 $\frac{h}{r}\geqslant\frac{1}{\sin\alpha}$，反射在投影平面的光带被两个同心圆完全包围住了，这两个圆都以点 O_1 为圆心，半径分别是 $\sqrt{r^2+(h-r\csc\alpha)^2\tan^2\alpha}$ 和 $h\tan\alpha+r\sec\alpha+2r$，这两个同心圆形成一个宽度为 $[(h+r\csc\alpha)\tan\alpha+2r]-\sqrt{r^2+(h-r\csc\alpha)^2\tan^2\alpha}$ 的圆环，而且该圆环宽度随着 h 的增加而增加，当 h 趋近于 $+\infty$时，其值趋近于 $2r+2r\sec\alpha$ 。

因此，在给定 α 值后，只要 $\frac{h}{r}\geqslant\csc\alpha$，且 r 足够小，就可以使得光带的宽度小于我们指定的正数值。那么，平面 π 上光带就近似于以点 O_1 为圆心，以 $h\tan\alpha$ 为半径的圆。实际上因为一般激光光源是圆形的，因此将前面讨论的正方形光源形状改为其内切圆光源，此论断依然成立。于是有：

命题 4：半径为 r 的镜面圆柱垂直于投影平面，其轴线与投影平面的交点记为点 O_1，若一直径大小等于 $2r$ 的激光束完全照射到该镜面圆柱的侧面上，激光束方向与该镜面圆柱的轴线所成角的大小为 α（$0°<\alpha<90°$），并且光源点中心射出的激光线与镜面圆柱的交点到镜面圆柱底面的距离大小为 h （$h \geqslant r\csc\alpha$），则反射到投影面的光带落在该平面上以点 O_1 为圆心的圆环内，且圆环的宽度小于或者等于 $2r + 2r \cdot \sec\alpha$ 。当 r 充分小时，圆环的形状趋近于以点 O_1 为圆心，以 $h\tan\alpha$ 为半径的圆（图 5-4-13）。

第二种途径证明了命题 4 的正确性，且得到了比命题 2 更为准确的结果。相比之下，命题 2 的结果更为“粗糙”。

二、实际应用方案与误差分析

利用激光笔与细不锈钢针在黑板上投射符合合理误差范围的圆形。

我们可以将前面的研究成果用于课堂上，比如老师上课时画圆形图很辛苦，需要用圆规，而圆规教具的误差不小，而使用激光和垂直于黑板面的细不锈钢针来投射圆形，一般会将激光射向细不锈钢针轴的中点处，设针长为 c ，设细不锈钢针的直径是 $2r$ ，不妨认为 $h \geqslant \frac{c}{2}$ 。又因为 $h \geqslant r\csc\alpha$ ，所以 $\alpha \geqslant arc\sin\frac{r}{h}$ ，如果 h 增大，那么 α 的取值范围下限将会更小，我们把一根粉笔较细部分的直径记为 x ，若要使用这两个工具来在黑板投射圆形，则反射投影出来的光带的宽度小于或者等于粉笔的直径。于是有：

$$\arcsin\frac{r}{h} \leqslant \alpha \leqslant \arccos\frac{2r}{x-2r} \qquad (5\text{-}4\text{-}13)$$

$$即：\arcsin\frac{r}{h} \leqslant \alpha \leqslant \arccos\frac{2r}{x-2r} \qquad (5\text{-}4\text{-}14)$$

我测量了家里缝衣针的长度大约是 46.0 毫米，其直径大约是 0.5 毫米；我又测量了我们学校的一根新粉笔较细部分的直径大约为 8.0 毫米，若只考虑将针垂直顶住黑板的情况（如果 h 增大，那么 α 的取值范围下限将会更小），用上述数据，我们可以得到：$\arcsin\frac{0.5}{46} \leqslant \alpha \leqslant \arccos\frac{0.5}{8.0-0.5}$ ，使用函数计

算器计算得：0.62279°<α<86.17745°

也就是说，理论上，只要激光与钢针的夹角 α 满足条件：0.6228°<α<86.1774°，那么所投射的圆形将满足教学的精度要求。

利用激光与细不锈钢针在黑板上投射符合合理误差范围的圆锥曲线

根据前面的论述，我们也可以使用激光和与黑板面成一定角度的细不锈钢针来投射圆锥曲线。如果仅仅是演示这些圆锥曲线，则对老师教学的帮助有限。数学老师曾向我提到过，如果能设计一种激光装置，用它来投射可以准确控制其大小和形状的圆锥曲线，那将是一件很有益的事情，这样做既可以节约老师上课的时间，又可以减少使用投影仪的灯泡和教学用电。现在国家提倡节能减排，我想设计这种装置很有帮助。为此，我学习了有关圆锥曲线的基本知识以控制圆锥曲线形状的离心率。

利用激光笔与细不锈钢针在黑板上投射近似圆锥曲线的数学模型

我先建立了如下数学几何模型（图 5-4-15）：

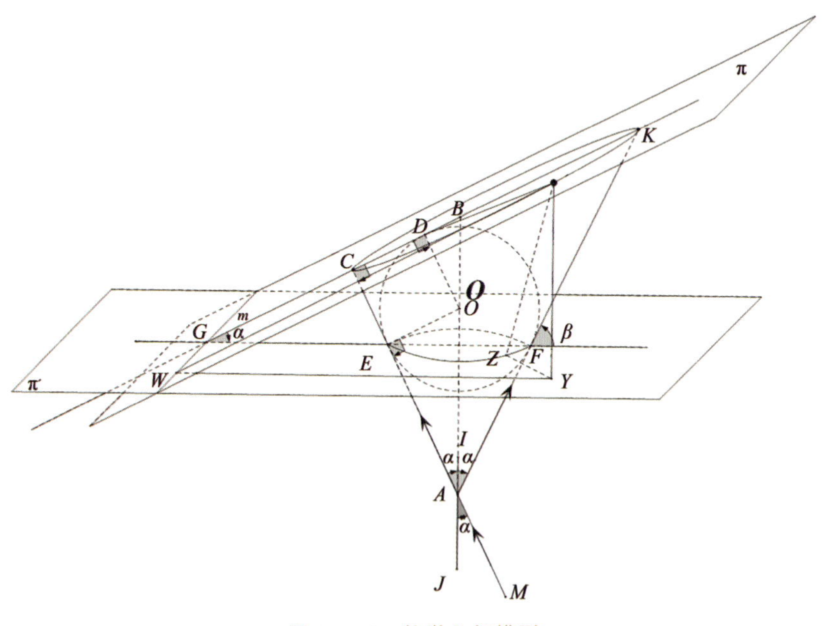

图 5-4-15 数学几何模型

如图 5-4-15，激光线束 MA 垂直于投影平面 π 于点 C，同时射到钢针 JI 的点 A 上，MA 与 JI 所成的夹角大小为 α，直线 JI 与平面 π 相交于点 B。根据前面的论述，我们认为激光束的反射光线都经过入射点 A 而形成了一个圆锥面 Ω，在平面 π 与锥面 Ω 围成的几何体内作一个球 O，使得它与圆锥面 Ω 相切于圆 R 且与平面 π 相切与点 D，记圆 R 所在平面为平面 π'，圆锥面 Ω 与平面 π 相交所得的轨迹恰好是一条圆锥曲线 Γ，平面 π 与平面 π' 交于直线 m。直线 AB 为圆锥面 Ω 的轴，直线 BD 与与平面 π' 交于点 G，平面 ABD 与圆锥面 Ω 相交于射线 AE 和射线 AF，点 E 和点 F 都在平面 π' 上，显然，直线 GE 是直线 GD 在平面 π' 内的射影并且经过了点 R。$\angle CGE$ 乃是平面 π 与平面 π' 所成的二面角之平面角。设直线 AF 与平面 π' 所成角大小为 β，显然 $0^\circ<\beta<90^\circ$，且 $\angle AFR=\angle CEG=\beta$，由物理几何光学知识可知：

$$\angle CAB=\angle MAJ=\angle BAF=\alpha$$

于是容易得到 $\alpha+\beta=90^\circ$。因此在 $Rt\Delta\ CEG$ 中，$\angle CGE=\alpha$。

通过搜索百度百科，我得知了比利时数学家 G.F.Dandelin 在 1822 年得出的冰淇淋定理[4]证明了圆锥曲线几何定义与焦点—准线定义的等价性。现在就参照其证明思路来研究圆锥面 Ω 与平面 π 相交所得的圆锥曲线 Γ 之离心率 $e=\tan\alpha$，分析如下：

设点 V 为圆锥曲线 Γ 上的任意一点，过点 V 作 $VY\perp$平面 π' 于点 Y，过点 Y 作 $YW\perp$直线 m 于点 W，连结 WV，连结 DV。由高中数学立体几何基本常识“三垂线定理”可得：$VW\perp$直线 m，于是在 $Rt\Delta\ VWY$ 中，$\angle VWY=\alpha$。

连结 AV，交圆 R 于点 Z，直线 AV 为圆锥的母线，所以 $\angle VZY=\beta$，由初中几何圆的切线长定理立即可以得到：$VZ=VD$。而后计算 $\dfrac{DV}{VW}$：

$$\frac{DV}{VW}=\frac{VZ}{VW}=\frac{\dfrac{VY}{VW}}{\dfrac{VY}{VZ}}=\frac{\sin\alpha}{\sin\beta}=\frac{\sin\alpha}{\cos\alpha}=\tan\alpha$$

这就是说，当 α 确定时，曲线 Γ 上的任意一点 V 到定点 D 的距离和它到定直线 m 的距离之比等于一个常数，根据圆锥曲线的第二定义，这个常数就是圆锥曲线 Γ 的离心率，定点 D 就是圆锥曲线 Γ 的一个焦点，直线 m 为此焦点相应的准线，于是圆锥曲线 Γ 的离心率为：

$$e = \tan\alpha \tag{5-4-15}$$

当 $\alpha < \beta$ 时，Γ 就是一条椭圆曲线（图 5-4-16）；当 $\alpha = \beta$ 时，Γ 就是一条抛物线（图 5-4-17）；当 $\alpha > \beta$ 时，Γ 就是双曲线的一支（图 5-4-18）。

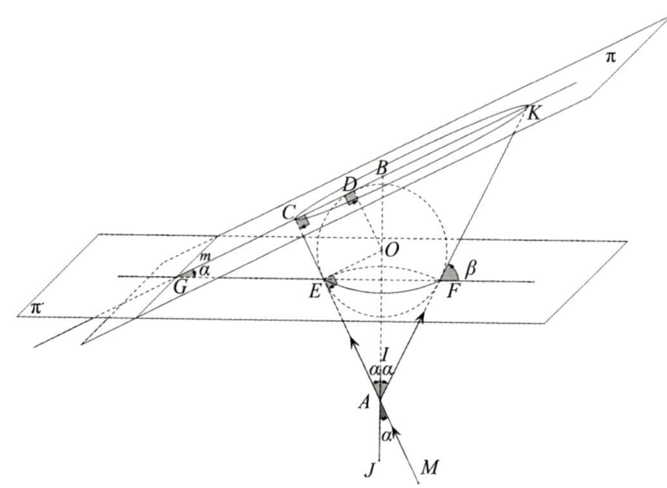

图 5-4-16　*P* 为椭圆曲线

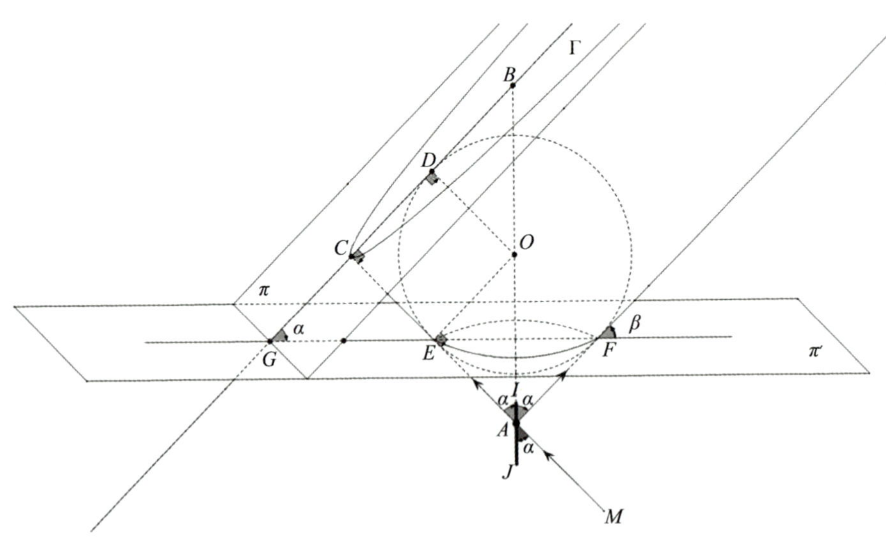

图 5-4-17　*Γ* 为抛物线

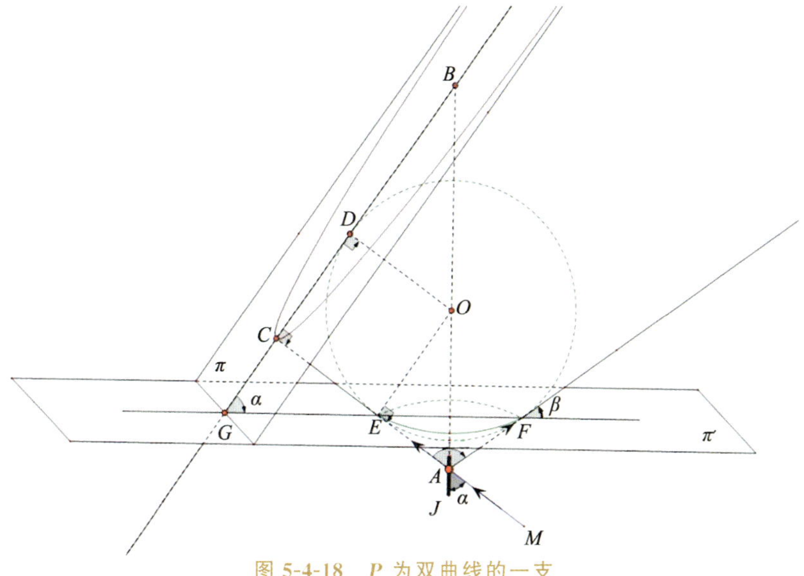

图 5-4-18 *P* 为双曲线的一支

用激光投射符合合理误差范围的圆锥曲线的实验装置的设计

上述结论为我设计控制黑板上被投射出的圆锥曲线之离心率的装置提供了理论支撑。依此设计出下面的装置(图 5-4-19)。

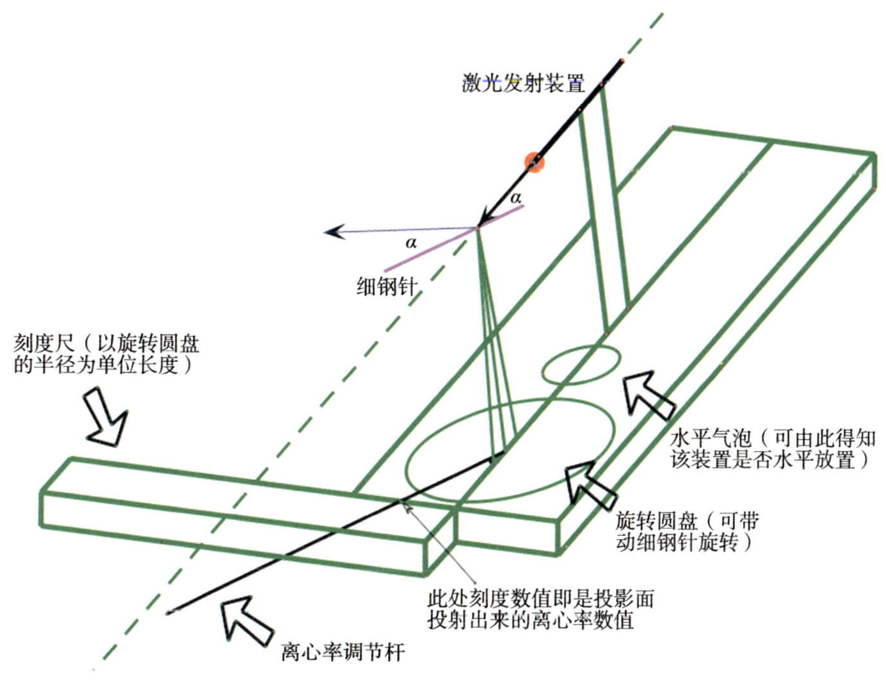

图 5-4-19 实验装置结构示意图

注意：旋转圆盘上也有指示此时 α 大小刻度的功能。

为此，我对上述装置进行了简化（无直刻度尺部分，图 5-4-20 所示）使用这个装置来画圆锥曲线时，应当让激光的方向垂直于投影面（如墙壁、白板或者黑板）。细不锈钢针的轴线应当平行于水平面，尽量使得激光发射点的圆形小孔直径等于针中段的直径。

图 5-4-20　简化实验装置

用激光投射符合合理误差范围的椭圆的实验装置之误差分析

在实验中，我调节旋转圆盘的角度以控制 α 的大小，观察实验的结果与我的理论推导与计算的结果基本上是相吻合的（如图 5-4-21）。但在实验中发现了一个问题，就是当投影为椭圆时，α 大到快接近45°时，其长轴的一端处光带的宽度明显超过了粉笔的直径（如图 5-4-22），这样便会造成较大的误差。

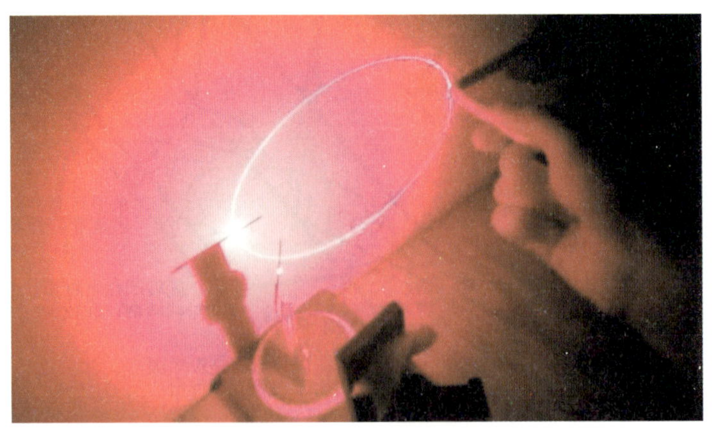

图 5-4-21　激光投影椭圆曲线

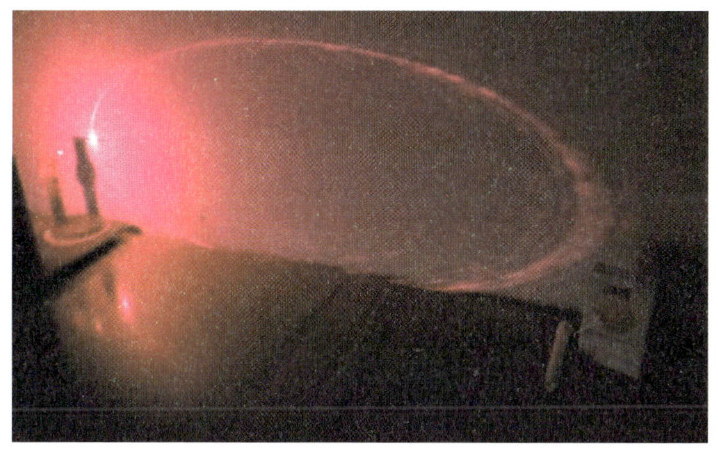

图 5-4-22 椭圆激光投影线散化

下面我们来研究：反射投影为椭圆 Γ 时，α 的范围应当取为多少，才能保证反射光带的宽度不超过粉笔的直径。为了方便，假设光源是以 $2r$ 为边长的正方形激光光源，激光带反射光线宽度则为 $2r$ 。如图 5-4-23 所示，反射光线群构成以点 A 为顶点的圆锥面，其中，母线 AC 垂直于椭圆 Γ 所在的平面（即投影面）于点 C ，点 C 为椭圆 Γ 的一个顶点，点 K 为椭圆 Γ 的另外一个顶点。直线 AB 为细钢针所在直线，点 F 为椭圆 Γ 的任意一点，设 $\angle AFC=\tau$ ，由椭圆的性质可以知道：$CK \geqslant CF$ ，得：

$$\cot(90^\circ-2\alpha)=\cot\angle \mathrm{AKC}=\frac{\mathrm{CK}}{\mathrm{AC}}\geqslant\frac{\mathrm{CF}}{\mathrm{AC}}=\cot\angle \mathrm{AFC}=\cot\tau \quad (5\text{-}4\text{-}16)$$

所以 $\tau \geqslant 90^\circ-2\alpha$ ，当且仅当点 F 与点 K 重合时取到等号。

如图 5-4-24 所示，而宽为 $2r$ 为边长的正方形激光反射光线的宽度亦为 $2r$ ，显然点 F 处光带的宽度为 $\frac{2r}{\sin\tau}$ ，它满足：$\frac{2r}{\sin\tau}\leqslant\frac{2r}{\sin(90^\circ-2\alpha)}=\frac{2r}{\cos2\alpha}$ ，当且仅当 $\tau=90^\circ-2\alpha$ 时，即在点 K 处光带的宽度最大，且为 $\frac{2r}{\cos2\alpha}$ 。

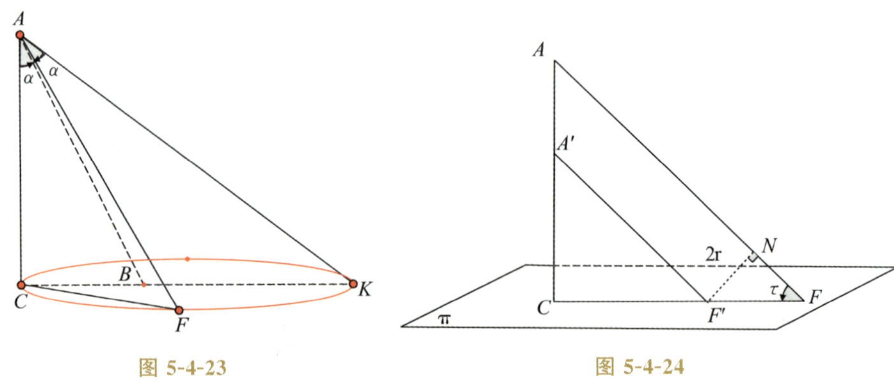

图 5-4-23　　图 5-4-24

式 5-4-13 中使用的那根直径大约是 0.5 毫米的缝衣针和那根较细部分的直径大约为 8.0 毫米的粉笔来计算，可以令：$\frac{0.5}{\cos 2\alpha} \leqslant 8$，得到 $\cos 2\alpha \geqslant \frac{1}{16}$，其中 $0° < 2\alpha < 90°$，所以结合式 3-1 的讨论得出的结论知 $0.6228° < \alpha < \frac{1}{2}\arccos\frac{1}{16}$，而用计算器计算可以得到：$\frac{1}{2}\arccos\frac{1}{16} \approx 43.20834°$，那么，只要激光与钢针的夹角 α 满足 $0.6228° < \alpha < 43.20834°$，所投射的近似椭圆光带将满足黑板作图要求。这样我们可以在黑板上作离心率 e 满足大于 0.01 且不超过 $\tan(\frac{1}{2}\arccos\frac{1}{16}) \approx 0.939$ 的椭圆，我通过实验验证了这件事情（图 5-4-17）。另一方面，当 α 较小时，激光几乎照满了整根钢针的一侧，缝衣针两端的侧面并不是精确的镜面圆柱侧面，此时与我推算的理论值有些不太符合。

（三）总结与展望

本文通过从激光笔发出的激光束照射在镜面圆柱能产生圆锥曲线的这一有趣的物理现象出发，从数学上论证解析了这一物理现象。然后，我们设计和制作了一款可准确控制激光束与镜面圆柱间离心率的装置，研究了激光束与镜面圆柱夹角的变化所引起圆锥曲线的变化规律。通过本研究，我得出如下结论：

（1）半径为 r 的镜面圆柱垂直于投影平面，其轴线与投影平面的交点记为点 O_1，若一直径大小等于 $2r$ 的激光束完全照射到该镜面圆柱的侧面上，激光束方向与该镜面圆柱的轴线所成角的大小为 $\alpha(0° < \alpha < 90°)$，并且光源点中心射出的激光线与镜面圆柱的交点到镜面圆柱底面的距离大小为 $h(h \geqslant$

$r\csc\alpha$),则反射到投影面的光带落在该平面上以点 O_1 为圆心的圆环内,且圆环的宽度小于或者等于 $2r+2r\cdot\sec\alpha$ 。当 r 充分小时,圆环的形状趋近于以点 O_1 为圆心,$h\tan\alpha$ 为半径的圆。

(2)若激光束垂直于黑板面照射与水平面平行细不锈钢针的前提下,要使得所投影出来的近似椭圆光带的宽度小于粉笔最窄端直径,则理论上必须让激光束与细不锈钢针所成夹角 α 满足:$0.6228^\circ<\alpha<43.20834^\circ$ 。只要 r 充分小,我们就可以实现用激光束照射镜面圆柱作准确的椭圆的目标。

我设计的可以准确控制离心率的激光装置还存在一些实际使用上的问题,从前面的讨论中也不难看出,激光光源面直径不宜超过细不锈钢针的直径,否则将会使得光带的宽度变得更大。为了更加实用化,需要解决以下问题:

(1)如何准确控制激光光源面大小和形状?

(2)如何调节激光强度以确保不会发生火灾?

(3)如何保证设计的装置能在黑板的任何位置进行方便的投影?

(4)如何准确保证激光束垂直于黑板面?

(5)如何改进这个装置使之可用激光反射出圆锥曲线,能准确量化控制其形状与大小,并且能显示出它们的中心、焦点、顶点和准线等?

(6)如果把镜面圆柱换成其他镜面几何体,反射出来的图像将会是怎样的?

(7)是否存在别的镜面体,也可以用来通过激光束反射出精确的圆锥曲线光带?如果有,会有几种符合要求的曲面?

目前,这个装置能做的事情是,在一定范围内投射出指定离心率的圆锥曲线,研究了激光束与镜面圆柱夹角的变化所引起圆锥曲线的变化规律,并分析了如何利用该装置在黑板上产生不同的圆锥曲线以用于直观的辅助教学。然而,这仅仅是确定了圆锥曲线的形状,其大小如何按照我们的要求来通过该装置的改进版进行精确控制还有待进一步研究,还需弄清这个装置的“画任意符合误差精度的圆锥曲线的能力极限是什么”的问题。由于我的数学知识水平主要限制在中学,因此有些问题只有等我的知识水平到了一个新的层次后才能解决。总之,这是一个有趣有意义的开始,我将不断地改进我的研究成果,使得其在保持结构简单的同时,功能越来越强大。最后,我衷心感谢指导老师耐心细致的辅导,从而支持了我的想法能顺利地逐步推进和实现。

参考文献

[1] 王月霞.科普知识百科全书:激光知识篇[M].呼和浩特:远方出版社,2006.

[2] 阿波罗尼奥斯.圆锥曲线论:卷Ⅰ—Ⅳ[M].西安:陕西科学技术出版社,2007.

[3] 陶维林.几何画板实用范例教程[M].2版.北京:清华大学出版社,2012.

[4] 冰淇淋定理.百度百科.http://baike.baidu.com/link? url=P314f39TBlDisVGojosJjnOSs1cA_8kME-VJjaa6ZyJokhDsbRxu4MmexAbi-As5ZN40uwfopAC4AL1kkWKU2K.

点评:该项目选题来源于生活现象的细致观察,融合数学、物理、工程研究来解决问题。其思路为发现问题,先探原因,再找应用,然后利用逆向思维拓展提升。值得肯定的是刨根究底与深入研究的精神。研究过程申请获批一项专利,两项实用新型专利。

学生毕业去向:陈姚佳,本科毕业于厦门大学外文学院,硕士毕业于美国约翰霍普金斯大学,现就职于厦门建发集团有限公司。

案例五：丝路高速公路调研以及微景区设计

厦门外国语学校 韩江月 指导教师：于金辉 曾宝枝

2016 年第 32 届福建省青少年科技创新大赛二等奖

【摘要】作者通过暑假长达 22 天的高速公路实地调研，涉及大广、京藏、连霍、福银等高速公路，行程 1.5 万公里。丝路高速公路附近区域地形、地貌、风光颇具特色，但是沿路建设的高压电线、树墙、隔离栏、村庄等直接遮挡景观，对视觉美景造成极大干扰。鉴于此，作者提议在西北高速公路沿线建设“微景区”，构建“丝路”观景通道。微景区即适宜于深入地、体验式的高速游，建立在高速附近的便捷的、小型的景区，具有三个特征：小面积，轻服务，大景观。作者希望将丝路高速打造成为具有示范意义的特色旅游公路，进一步激发国内外旅游业界对“丝绸之路旅游”的向往和热情，让世界更好地了解“魅力丝路”。

【关键词】丝路高速；调研；微景区；观景通道

（一）引　言

两千多年前，汉武帝派张骞出使西域，打通了贯穿亚欧的“丝绸之路”，使东西方文明交汇融合。两千多年后，习近平主席提出了“共建丝绸之路经济带”的伟大战略构想，为丝路高速公路旅游带来千载难逢的发展机遇。

2016 年 11 月 29 日，国务院办公厅发布《关于进一步扩大旅游文化体育健康养老教育培训等领域消费的意见》中第一条就是“加速升级旅游消费”。为了满足人民群众安全、便捷、便宜、深入体验的“丝路”旅行需求，本论文建议推出千里丝路公路行。西北高速公路是丝路的关枢，也是全天候的陆路交通最方便、文化酵母效应最广泛的要素。虽然铁路和航空各有其优势，但是地面节点式，能促进深入、体验式的旅游是公路优势。与高铁的走马观花，透过玻璃观景不同，高速公路游可以实地感受。行驶在高速公路上，欣赏具有不同地形地貌、充满独特魅力的丝路高速风光，景中有路、路中有景，做到“行高速公路，享高速美景”，实现“车在路上行，人在画中游”。

本人通过暑假长达 22 天的高速公路实地调研，行经福建、江西、河南、河北、山西、内蒙、宁夏、甘肃、新疆、陕西、湖北以及北京等省市，涉及大广、京藏、连霍、福银等高速公路，行程 1.5 万公里。在此基础上撰写了丝路高速公路调研报告，并提出相应建议：提议在西北高速公路沿线建设“微景区”，构建“丝路”观景通道。

（一）调研对象和调研方法

调研对象：大广、京藏、连霍、福银等高速公路。从厦门通过大广高速进京，通过京藏高速到达甘肃，再经过连霍高速抵达目的地乌鲁木齐，最后途径连霍、福银高速回到厦门（图 5-5-1）。其中，以连霍高速公路服务区和沿途地貌为主要调查对象。连霍高速公路简称连霍高速（编号 G30），是连接江苏连云港市和新疆霍尔果斯市的高速公路，全长 4395 千米，经过连云港、徐州、商丘、开封、郑州、洛阳、三门峡、西安、宝鸡、天水、兰州、乌鲁木齐、伊宁、霍尔果斯等主要城市。2014 年 12 月 31 日连霍高速全线通车，成为国家“一带一路”计划上的重要交通大动脉。

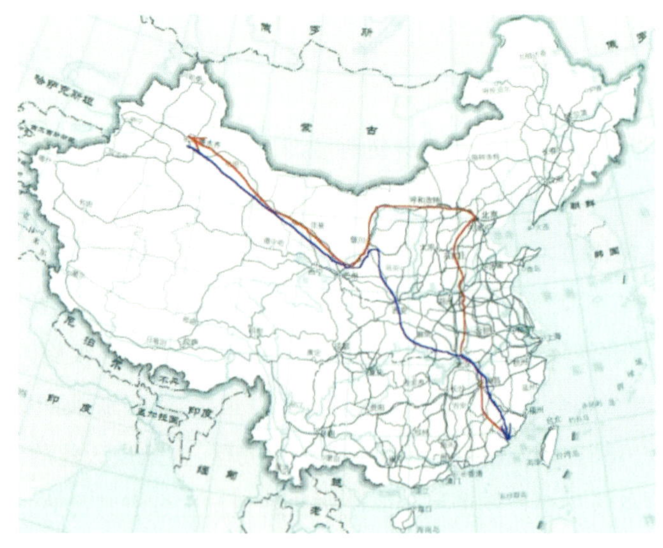

图 5-5-1　丝路高速调研路径（红线代表厦门至乌木齐路线，蓝线代表乌鲁木齐至厦门路线）

调研方法：①以高速公路服务区为调研对象，记录某一时间点该服务区大客车、小轿车、货车停靠数量；统计每一个服务区的餐饮设施数量，加油站、汽修、便利店等服务设施的完备性，是否有特产、服务区文化建设等个性文化建设，以此粗略估计该段高速公路客流量及高速使用情况，服务水平及发展潜力。同时，对服务区的空气质量（包括：$PM_{2.5}$、PM_{10}）、温度、湿度进行监测，如图 5-5-2 所示。这里补充说明的是：对于客车、小轿车、货车停靠数量，服务区的空气质量（包括：$PM_{2.5}$、PM_{10}）、温度、湿度等变量，本应连续测量。但由于我们条件有限，所以只能采取“记录某一时间点”的方式。这种方式相当于随机抽检，数据量不是特备充分，但也能说明问题。②西北高速公路沿线风光地貌考察，在高速公路行驶过程中，进行照片拍摄、个人体验。

图 5-5-2　丝路高速调研现场

调研时间：2016 年 7 月 24 日至 8 月 14 日。

调研所用仪器设备：岚宝德源多功能检测仪、佳能照相机、行车记录仪。

（三）数据分析

1.高速公路服务区现场调研数据分析

（1）温度和湿度（图 5-5-3）。在抽样调研时间段各省温度平均在 30～40 ℃之间，属于正常的夏季气温，只有在新疆哈密地区出现 40 ℃以上高温。湿度明显呈现北方低、南方高的趋势，在新疆乌鲁木齐附近因为雨天湿度偏高。

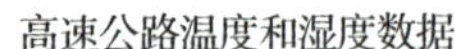

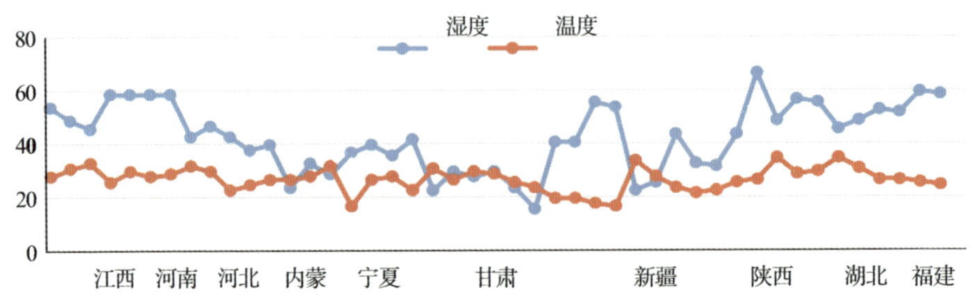

图 5-5-3　高速公路服务区温度(℃)和相对湿度(%)数据

(点代表高速公路服务区抽样时刻测量值)

(2)颗粒污染物(图 5-5-4)。在抽样调研时间段,高速服务区空气质量达优的省份为江西、河南、内蒙、福建 $PM_{2.5}<35\ \mu g/m^3$,而宁夏、甘肃、新疆以及湖北等省份空气质量较差,其中湖北出现 $PM_{2.5}>75\ \mu g/m^3$ 的轻度污染。

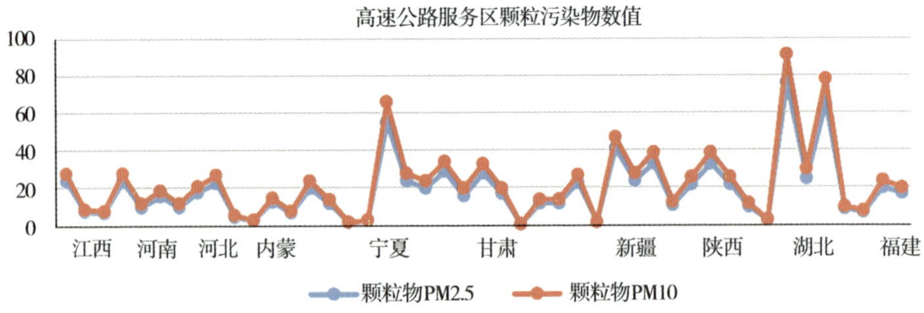

图 5-5-4　高速公路服务区颗粒污染物数据($\mu g/m^3$)

(点代表高速公路服务区抽样时刻测量值)

(3)各种车辆计量统计。在抽样调研时间段,小客车在各省服务区的流量总体有明显差异。河北、宁夏、陕西偏多,平均超过 26 辆,河南偏少,只有 10 辆;江西、陕西、甘肃货车流量明显多,平均超过 10 辆,福建最少,只有 3 辆;大巴车辆在各省服务区的流量没有明显差异,而且大客车绝对数量非常少,平均为 1～2 辆,而且绝大部分服务区没有大客车停留。

从图 5-5-5 可以明显得出:大客车的数量非常少,说明大客车已非高速主体客流。而小轿车的数量庞大,说明高速公路沿途旅游潜力巨大。但是高速路上货车数量并非少数,且在服务区停靠时间较长;而且服务区多近城镇、村庄、农田，受当地生产活动影响显著，二者都对自驾游客的观光造成干扰。

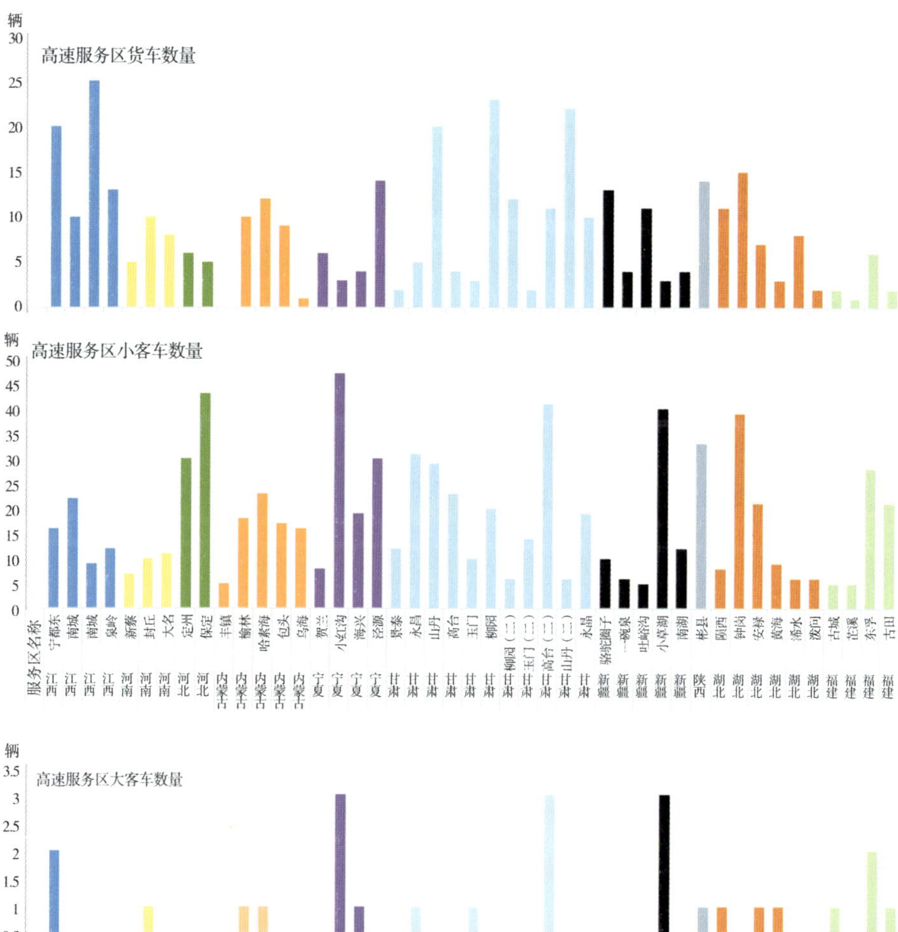

图 5-5-5　高速公路服务区各种类型车辆数量（柱体代表高速公路服务区抽样时刻计值）

2.西北高速公路沿线风光地貌分析

西北独特的地理位置、气候特征，造就众多具有视觉冲击力的景观。但是，输电线路（图 5-5-6a）、树墙（图 5-5-6b）、隔离栏（图 5-5-6c）、工矿企业（图 5-5-6d）、村庄（图 65-5-e）往往沿路建设直接遮挡景观，对视觉美景造成极大干扰。图 65-5-c 位于宁夏中卫的黄土地貌，被隔离栏遮挡；图 5-5-6d 是甘肃祁连山的皑皑积雪美景，被工矿企业房屋干扰；图 5-5-6e 展示的是新疆的戈壁滩，同样受到村庄影响。

图 5-5-6 西北高速公路沿线风光地貌及其干扰因素

3.结 论

丝路高速公路附近区域地形、地貌、风光颇具特色，有迷人的高山草原、大漠戈壁、有雄浑的黄土高原、丹霞奇观、冰川雪山，更有深厚人文历史沉淀和多姿多彩的各民族风土人情，因此是高速沿途旅游的不二选择。但是，沿路建设的高压电线、树墙、隔离栏、工矿企业、村庄等直接遮挡景观，对视觉美景造成极大干扰；并且高速公路没有与特色景观直接对应的停车区域，不便于游客下车深入体验了解。鉴于此，我们建议：可在丝路高速公路沿线具有独特自然风光或人文景观，且在自然条件许可区域，构建代表性的“高速微景区”，形成观景通道，以此打造独具魅力的丝路高速游品牌。

(四)高速微景区设计方案

微景区即适宜于深入地、体验式的高速游，建立在高速附近的便捷的、小型的景区，具有三个特征：小面积、轻服务、大景观。

1.小面积

微景区因地制宜设计、面积小、建造成本低，因此易于建立推广。

根据微景区距高速公路主路延伸距离远近，我们设计了三种类型(图 5-5-7)：一种是从服务区延伸设计的观景平台区。这样既利用了服务区已有的停

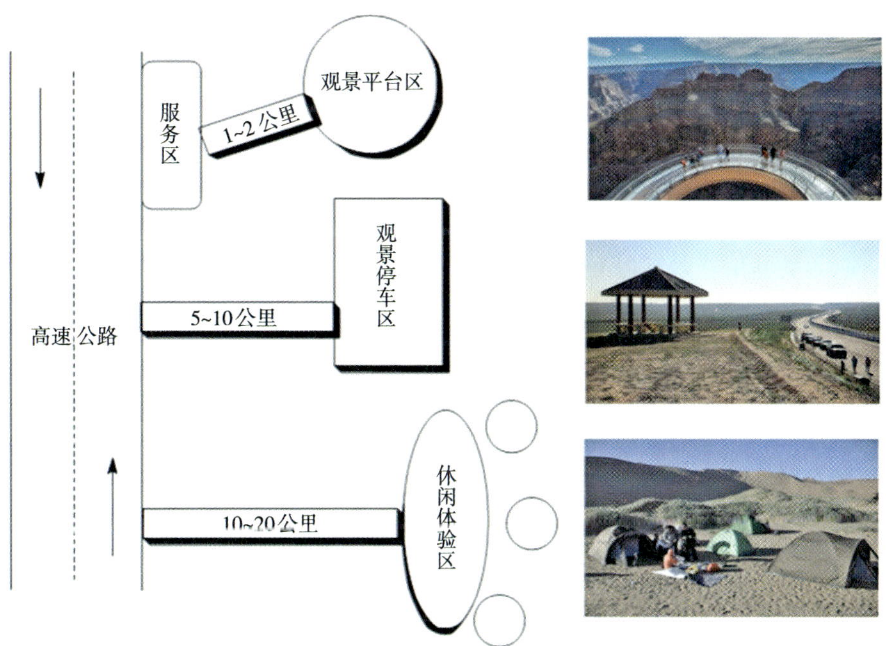

图 5-5-7　高速微景区示意图

车、休息等功能，同时又融入了旅游功能。如甘肃柳园服务区周围就是连绵不绝的锰矿山(如图 8c)。可在此服务区延伸建设观景平台，直观感受触摸乌黑的锰矿山石。这种微景区布点主要适用于有独特景观的服务区。

第二、第三种是从高速公路主路延伸一段距离，建造观景停车区(距离高速公路主路 5～10 公里)和休闲体验区(距离高速公路主路 10～20 公里)。这两种设计支持轿车离开高速主路，进入延伸辅路，在较大场地进行观景。在此

观景，可避开沿线的输电线、民居、树林等障碍物，避开沿线大车呼啸而过的轰隆声，获得更加观景视野和环境，同时更近距离地观察该地独特地形地貌以及体验独特的气候。如高速路段位于新疆火焰山山峰间的峡谷，地势较窄，可依山势建造观景停车区，供游客观赏火焰山库车地貌，图 8d；在新疆哈密地区有四十多度的高温并伴有七八级大风，游客可在休闲体验区切身实地体验热风扑面而来，同时欣赏如图 8f 风车发电区的壮观景象。

观景停车区和休闲体验区的区别在于，前者适合于需要保护的景观地貌，不能直接触摸，只能近距离观景拍照纪念（如雅丹地貌见图 8a）。而后者适用于可直接体验的区域，（如吐鲁番的葡萄晾干房，安西极旱荒漠自然保护区见图 8e、8b）。

2.轻服务

微景区与传统服务区提供的加油、餐饮、休息等依赖人力物力的功能有所不同，主要利用互联网提升旅游体验。

西北高速公路段，奇特地貌、地形、人文景观应接不暇，但对于许多旅游者来说，可能无法准确判断其地貌类型、成因以及相关历史背景。我们提议构建一个“高速游网上知识互动平台”（图 5-5-8）。在每一个观景点放置二维码标示，游客到达时，可通过扫描二维码进入相关页面。具有签到功能，还可以阅读相关知识介绍、参与知识竞答。利用互联网来提升游客的互动性与体验感，做到游有所学、游有所获。网上知识互动平台，有助于将地理意义上分隔的微景区在网络意义上形成一个有机整体，使游客系统地、全面地了解丝路的地理、人文。

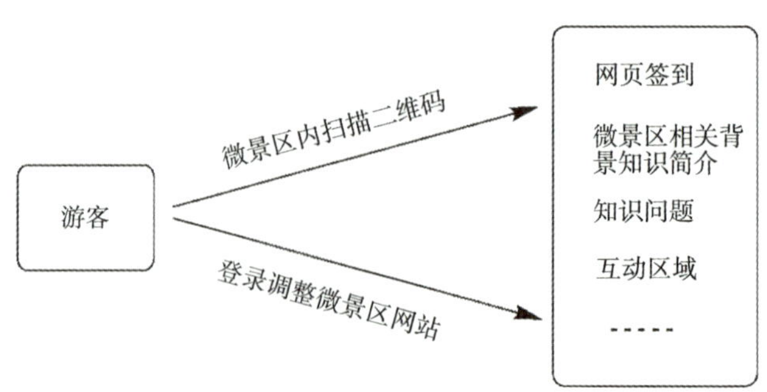

图 5-5-8　高速游网上知识互动平台示意

3.大景观

即虽然游客处在小范围的微景区内，但是可观赏的是无人为界限的以自然为主风光，如图 5-5-9 所示。

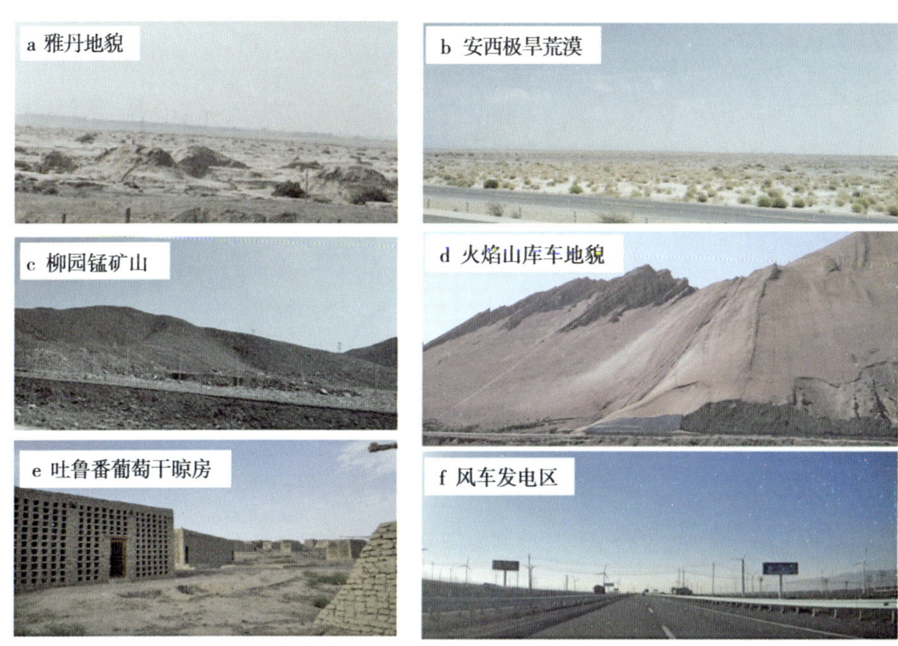

图 5-5-9　高速微景区典型景观

4.丝路高速微景区设置示例

如图 5-5-10 所示，从张掖至乌鲁木齐可设置十个微景区：甘肃祁连雪山段；河套地区古长城、柳原锰矿山；安西极旱荒漠自然保护区；新疆哈密地区七八级大风高温地区；吐鲁番坎儿井、小油井磕头机、葡萄园与荫房、火焰山；达坂城的风力发电风车区等。高速公路将这些地方如珍珠一样串联在一起，形成具有独特魅力的景观通道。景观通道可延长游客停留时间，促进旅游消费。

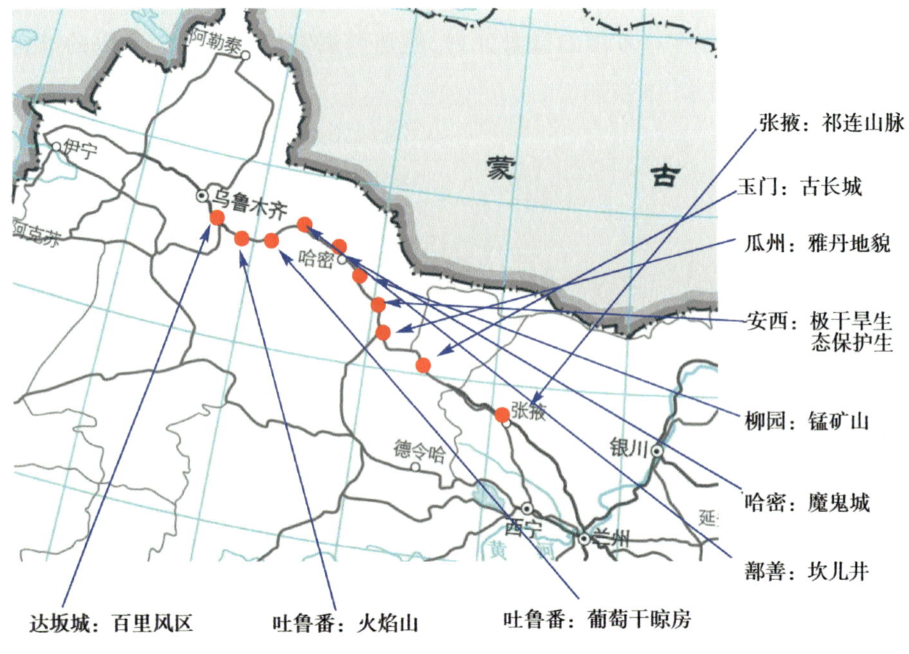

图 5-5-10 张掖至乌鲁木齐微景区设置

（五）对微景区理念的可行性分析

（1）通过前期的丝路高速公路调研，发现西北高速公路沿线大多地势开阔，道路直接铺设而成，少桥梁高架、隧道、涵洞，所以施工成本低；且高速公路沿线少有农田村镇，不存在拆迁困难，用地成本低，因此推测微景区建设费用低廉。

（2）为论证丝路微景区理念的可行性，近期对潜在客户群如学生、事业单位研究人员、公司员工、政府部门工作人员等目标人群进行调研和问卷调查，了解他们的兴趣点和需求，在此基础上对丝路微景区设计方案进行改善和优化。回收统计问卷 100 份，统计分析图 5-5-11 可知：对丝路风光带感兴趣的人群达到 90%，愿意去微景区参观、并接受支付费用的达到 80%以上，说明丝路微景区理念被绝大部分受访者所认同。同时，我们从调查问卷中可知，大部分受访者仅偶尔长途自驾出游。因此推测乘坐旅游大巴的形式前往微景区参观更为可行。

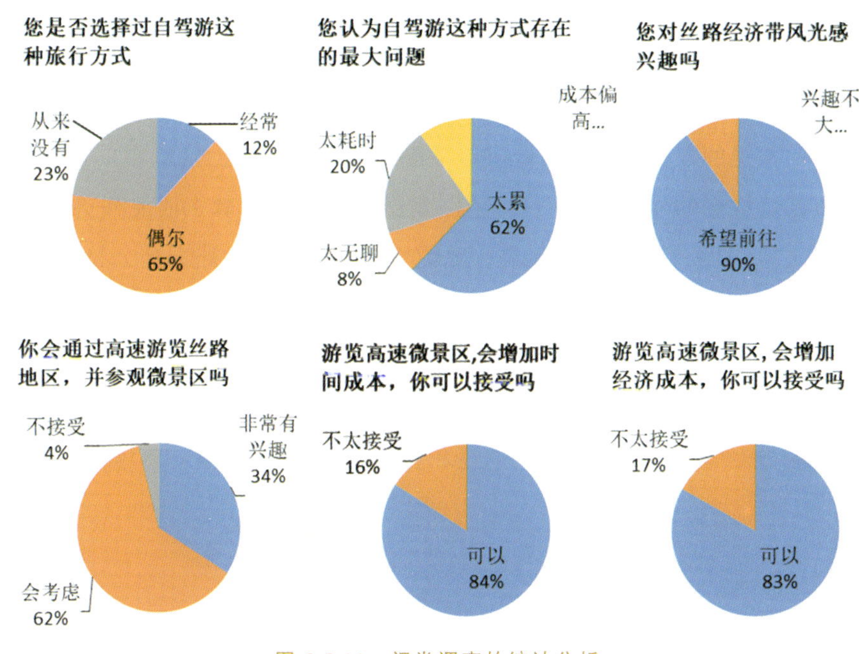

图 5-5-11　问卷调查的统计分析

(3)寒假期间,将对厦门至武夷山高速公路进行实地调研,并针对性地进行微景区虚拟设计,以此验证微景区理念的可操作性。

(4)厦门神畅国际旅行社将在客源市场,投入和盈利点等方面给予指导。

(六)微景观模型(图 5-5-12)

图 5-5-12　微景观模型

七、展　望

据报道，我国高速公路目前亏损严重，尤其在西北地区，高速公路利用率极低。已报道的数据和我们的调研结果都证实了这一点。但随着“一带一路”的伟大战略构想的逐步建立发展，丝路旅游倍受世人青睐。西北作为丝路游的必经之地，迎来了发展的新机遇。我们希望通过发展丝路高速公路游，以建设“丝路微景区”，构建“丝路”观景通道为契机，将丝路高速打造成为具有示范意义的特色旅游公路，极大提高高速公路的利用率和相关收益，带来多赢局面。在丝路高速这棵大树上结出“微景区硕果”（图 5-5-13），进一步激发国内外旅游业界对“丝绸之路旅游”的向往和热情，让世界更好地了解“魅力丝路”。

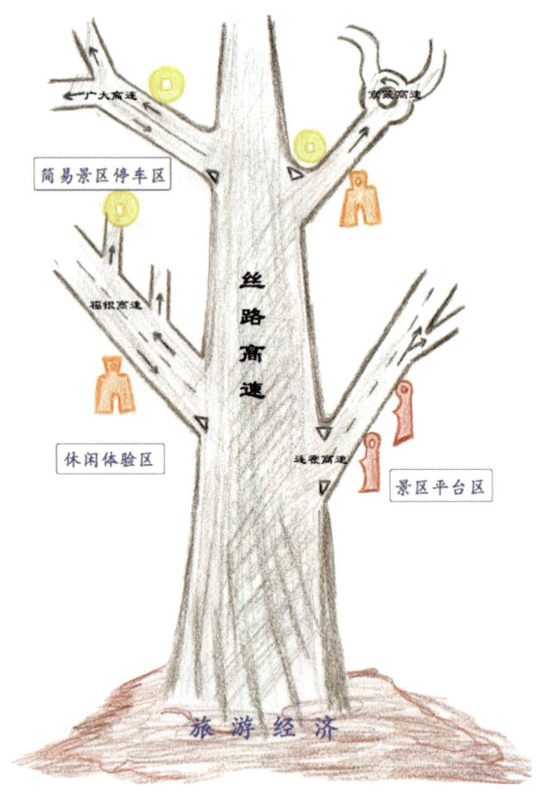

图 5-5-13　丝路高速和微景区

参考文献

[1] 张国祥.高速公路与旅游文化建设[J].交通世界,2011(10),114-115.

[2] 文旭卿,胡丽琴,张丽.庐山西海高速公路文化景观营造技术研究[J].西部交通科技,2013,23-26(9),52.

[3] 李馨雨,祁鸣鸣,张锦良,潘新琴,陈滨.在丝路旅游大数据化的背景下利用互联网提升游客体验[J].信息与电脑,2016(4),112-113.

[4] 中华人民共和国公路法,2004 版.

[5] 周畅,何畏.高速公路新型服务区规划设计探索[J].公路交通技术,2015(8),166-170.

点评：该项目选题有较好新意，研究方法对环境、车流量、沿途风景调查合理，做了大量的调查，提出比较新颖的微景观设计，并进行可行性分析。希望能对高速路进行更深入研究，将微景观与当地的旅游和经济发展紧密联系，提出具体与当地旅游相结合的微景观。

学生毕业去向：韩江月，现就读于清华大学法学院。

案例六：Paper Plane Aerodynamics

《纸飞机的空气动力学研究》

厦门外国语学校　陈锴杰、赖文昕　　指导教师：钱永昌

2013 年首届"丘成桐中学科学奖"物理金奖

Paper Plane Aerodynamics

Kaijie Chen and Wenxin Lai

Adviser: Yongchang Qian　Xiamen Foreign Language School

Abstract: "What factor influence the flying of a paper plane?" Start from this question, this paper take into account the influence of different forces to analyze the flight procedure. The discussion include the factors influencing the flight distance and those affecting the stabilization and balance. Finally, some further research topics are suggested.

Key words: Paper plane; Angle of elevation; Stabilization

Table of Contents

Nomenclature:

C_D	=	drag coefficient
C_L	=	*lift coefficient*
L/D	=	*lift over drag ratio*
L	=	*lift force*
D	=	*drag force*
G	=	*gravity*
R	=	*resultant force*
α	=	*angle of attack*
l	=	*length of the airplane*
b	=	*wing span*
S	=	*planform area*
$\rho(\rho^{\infty})$	=	*density (of air)*
$V\infty, U\infty$	=	*airspeed*
ν	=	*kinematic viscosity*
Re	=	*Reynolds number* ($Re = U\infty \cdot l/\nu$)

Introduction

While planes have become a necessary mode of transportation of everyday life, paper planes are receiving far less attention. But the seemingly simple flight of a paper plane also includes numerous unsolved problems. Besides the akin problems faced by both paper planes and real planes, the former have some typical problems, including the relationship between the angle of elevation and the flying distance, the gradual decrease of flying speed, and the influence of humidity.

The study of these questions is a low Reynolds number aerodynamics study, which has not received much attention. Yet this kind of study is important because it can shed light on the study of Micro Air Vehicles (MAV). Not only will the paper plane inspire more innovative designs, its results can also be applied in a good deal.

In the following chapters, the discussion will focus on the flight as a whole rather than discussing each moment separately. Also, the differences between a paper plane and a real plane will be emphasized in the discussion.

General Theory:

In order to simplify the research, the varying forces on the surface of the wings are synthesized into a single *resultant force* R, which can be divided into the lift force L, and the drag force D. When the plane moves in the air, it will be affected by these two forces, and a resulting *moment*. [3]

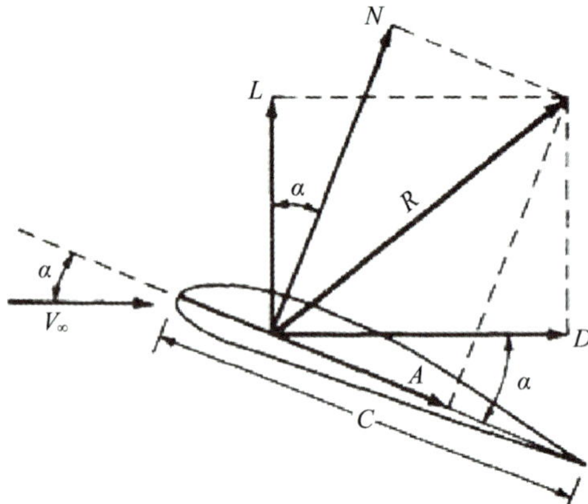

Figure 5-6-1 Force diagram

Considering the lift force, different theories can be applied, including the Kutta—rukefusiji theorem and Bernoulli's principle. Yet the underlying principle of all these theories is that the lift force is produced by the difference in velocity between the upper and lower surface of the wing. [4]

Besides the lift force, there are two different kinds of drag forces: the viscous drag and the induced drag. [1] Viscous drag is caused by the viscidity of the air, as shown in the figure underneath. The figure shows that at the surface of the wing, the velocity of air is zero, and the velocity increases when gradually with the distance to the surface. In fact, the viscosity is caused by another two different drag forces: the *viscous friction* and the *viscous pressure resistance*. On the other hand, the induced drag can be described as a "price to pay for the lift force". The induced force is caused by the vortices at the ends of the wings. [2]

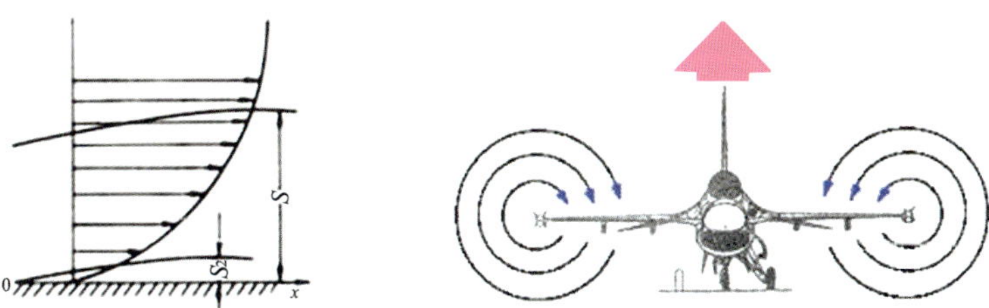

Figure 5-6-2 Airflow

Specific Theories and experiments:

The following experiments are generally divided into two parts: the first three parts are intended to discuss the pneumatics of a paper plane, while the remaining parts address the stabilization and balance.

1. The Preliminary Experiment

Purpose: to select stable and simple plane models for further experiments Procedure:

We will use a self—made launcher to dart different kinds of planes at the same angle of elevation, with the same throwing force. Then compare the velocity, travel distance and its uncertainty.

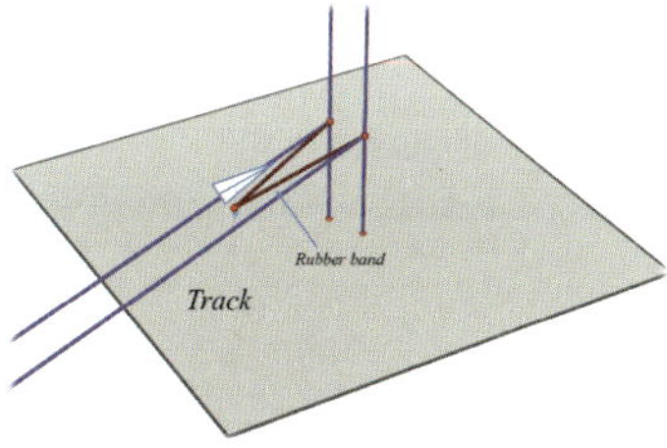

Figure 5-6-3 Launcher

Data Overview:

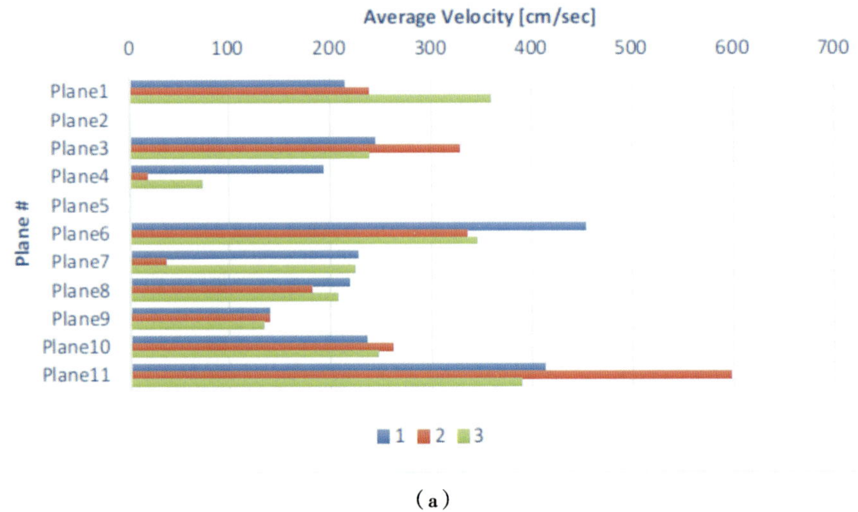

(a)

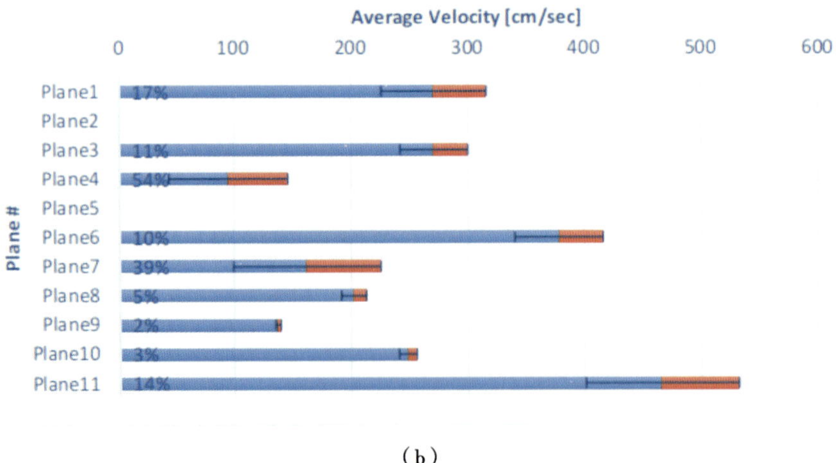

(b)

Figure 5-6-4 Performance overview

Discussion:

While using eleven different plane models to conduct the experiment, we found out that PlaneTwo and Plane Five failed to fly at all, so that they have been excluded from any further experiments.

Conclusion:

After comparing different the plane models, we have selected three of the simplest and most stable models: Plane One G(*Glider*), Plane Six R Ⅱ (*Revenger* Ⅱ)and Plane Eleven R (*Revenger*).

2.The Measurement of Pneumatic Parameters

Purpose: to measure the pneumatic parameters of Glider, Revenger and Revenger Ⅱ, including their lift coefficients and drag coefficient.

Procedure:

We use a simplified wind tunnel to measure the lift force and drag force of a certain wing at different angle of attack, then calculate the lift coefficient and the drag coefficient which are summarized in a graph.

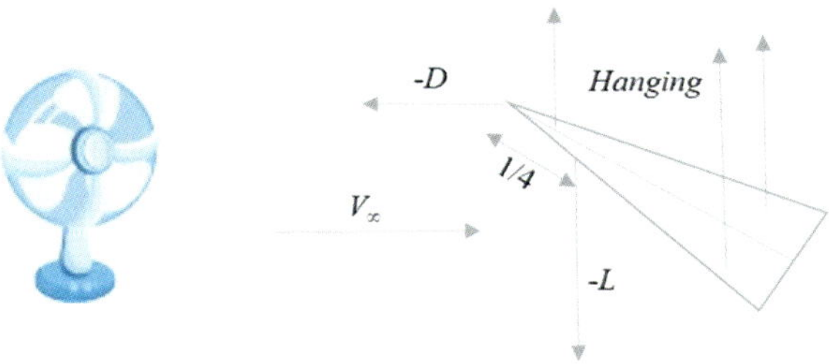

Figure 5-6-5 Wind tunnel setup

Analysis:

The lift coefficient C_L, the drag coefficient C_D and the focus of moment coefficient m_{zo} are the three fundamental parameters of a wing. Since the wing of a paper plane is always symmetrical, the latter equals to zero.

In measuring the lift force and the drag force, we used DIS (Data Input Supervisor) and a simplified wind tunnel as shown beneath. Because m_{zo} equals zero, the *focus of moment* coincides with the center of pressure.[7] These two points coincide at first quarter of the wing cord, where the moment caused by the lift force and the drag force is zero. For this reason, it is the perfect point to measure the lift force and the drag force.

After measuring the forces, the following equations allow us to derive the results.[3][6]

$$C_L = \frac{L}{q_\infty S}$$

$$C_D = \frac{D}{q_\infty S}$$

$$\text{While } q_\infty = \frac{1}{2} \rho_\infty V_\infty^2$$

Data Overview:

After the experiment, we compare our result with other existing results. The figures beneath show the relationship between α (angle of attack) and C_L, C_D[5]:

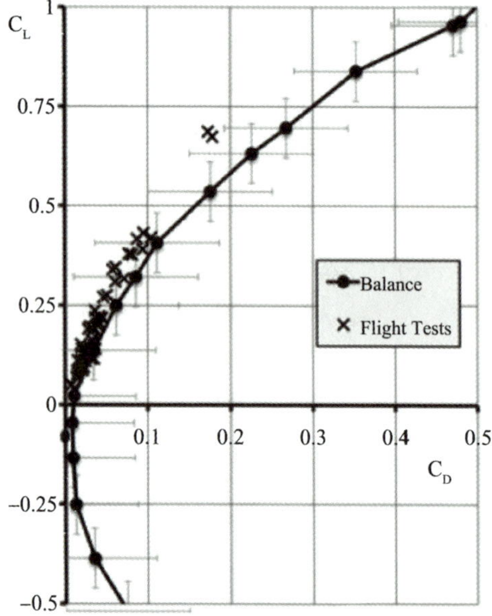

Figure 5-6-6 Lift—over—drag plot[5]

Besides, what might additionally contribute to the drag of a paper plane? We suspected that the center fold of the plane could expand during the flight, and in this way increase the total drag. To verify this, we took several shots of the flight using a high—shutter speed camera:

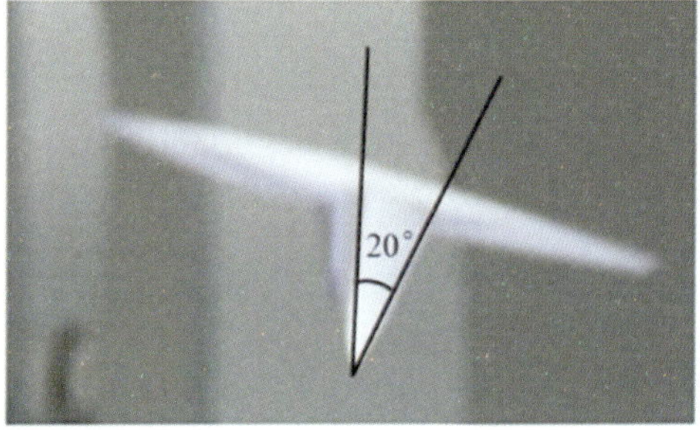

Figure 5-6-7 Analysis of the center fold angle

Because of the limitation in resolution, we cannot give a complete description of the change of center fold angle, but we can conclude that the angle reaches its maximum value during takeoff, then keeps decreasing until the plane lands:

Figure 5-6-8 Change of center fold angle during the flight

Since the center fold angle right after takeoff is almost 20°, we estimate that the maximum center fold angle during the flight is lower than 20°. The resultant force, in a way, forces the center fold gap to close up. Given the center fold angle θ, we can estimate the relative increase of cross—sectional area of the Glider by geometry:

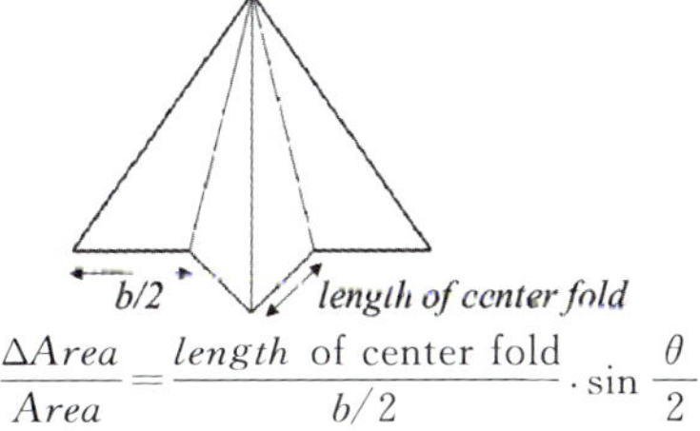

$$\frac{\Delta Area}{Area}=\frac{length\ \text{of center fold}}{b/2}\cdot\sin\frac{\theta}{2}$$

Figure 5-6-9 Increase of cross—sectional area

When $\theta=20°$, the increase amounts to around 13%; while at $\theta=10°$, the increase only amounts to roughly 6% change in cross－sectional area. As far as we work under the condition of low Reynolds number, the estimation is plausible.

Conclusion:

With the figure of lift－over－drag curve, it is now easy to find the angle of stall (approximately 37°), the maximum of lift－dray ratio K_{max} (approximately 4.9), and the optimum angle of attack α_{opt} (approximately 12°).

3. The Relationship between Angle of Elevation and Distance

Purpose: to detect the relationship between angle of elevation and distance. Procedure:

In order to find out the relationship between angle of elevation and distance, we dart planes at different angles of election and measure the traveling distances, which are summarized in a figure.

Data Overview:

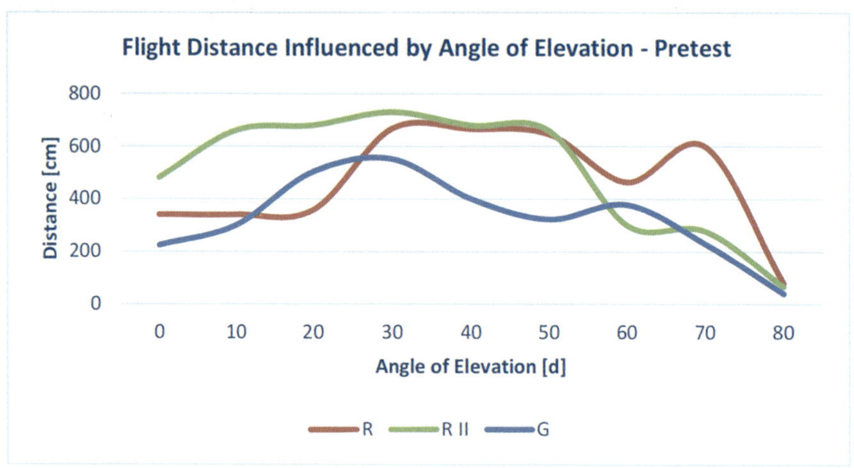

Figure 5-6-10　Effect of angle of elevation－pretest

Analysis:

In the above figure, we discovered that the fluctuations of the curves were significant. After a re－examination of the launcher, we came to the conclusion that any tiny increase of the launching force would result in a nonlinear increase in the flying distance, thus affecting our experiment. In order to verify our conjecture, we added another experiment to detect the relationship between projecting force and flying distance (shown in the figure below).

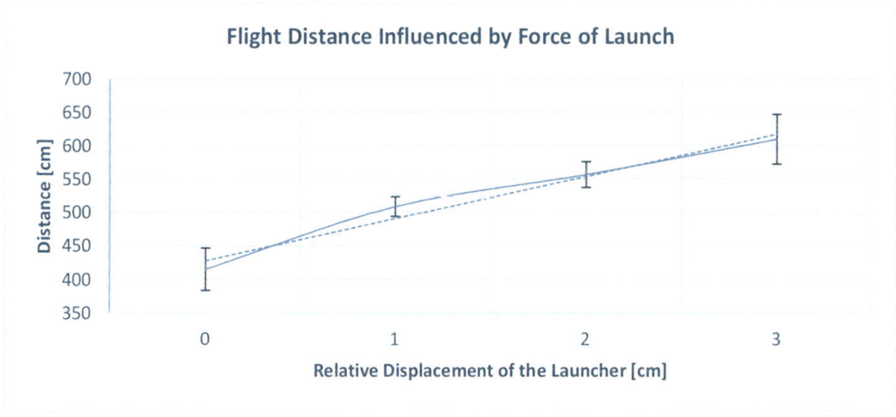

Figure 5-6-11 Effect of force of launch

Through measuring the relative displacement of the launcher and the flying distance, we observed that the flying distance was in direct proportion to the launching force, so that our first conjecture may not be tenable.

Then we tried to propose another conjecture to explain the fluctuation found in the experiments; we realized that just on the day before we conducted our experiment, it rained, and the rain had persisted for more than two days. Considering this fact, we argue that maybe the humidity of the air added another factor to the experiment, thus causing the results to fluctuate. Considering this, we conducted the experiment on another sunny day and got the following figure:

It is easy to see the difference in these two examples. The conjecture about the weather as an influential factor is therefore confirmed, and of course the factor of humidity requires further research.

Analyzing the trajectory of flight, we found two typical patterns: (1) parabola—like; and (2) smooth gliding curve. Generally the first type of flight results into a short duration in the air and a short flight distance, and

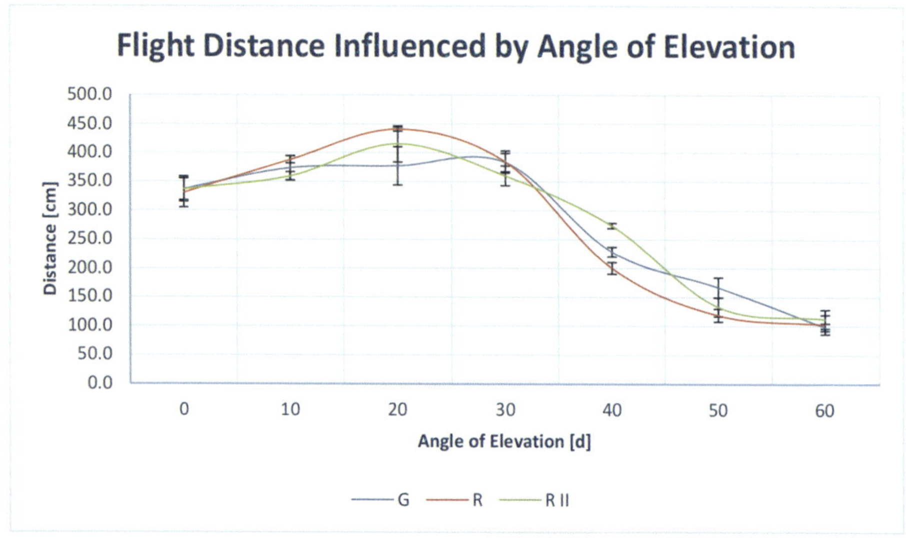

Figure 5-6-12　Effect of angle of elevation

occurs when the angle of elevation is either too large or too small. The gliding pattern appears when the angle of elevation is moderate, and leads to a high performance.

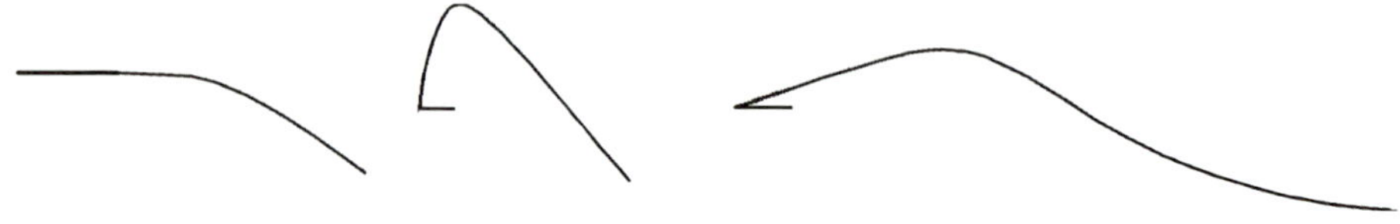

Figure 5-6-13　Flying trajectory

Conclusion:

The plane reaches the furthest distances when the angle of elevation is approximately 20°. Additionally, humidity is a factor to be considered when analyzing the flying patterns of paper planes.

4. The Influence of the Centre of Mass

Purpose: to find out the relationship between the center of mass and flying distance, and then draw figures for different flying conditions when the center of mass is different.

Procedure:

We use clips to adjust the location of the center of mass, and measure the dependance of the flight distance on the location of the center of mass, in comparison with the geometrical center.

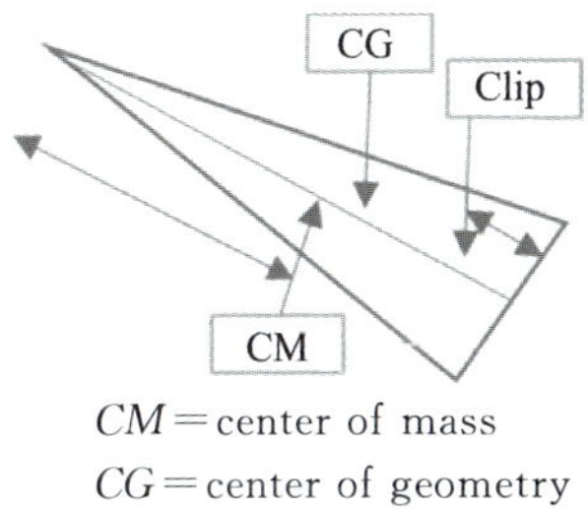

CM=center of mass

CG=center of geometry

Figure 5-6-14 Center of mass and center of geometry

NOTE: *this triangle is only part of the wing*

DataOverview:

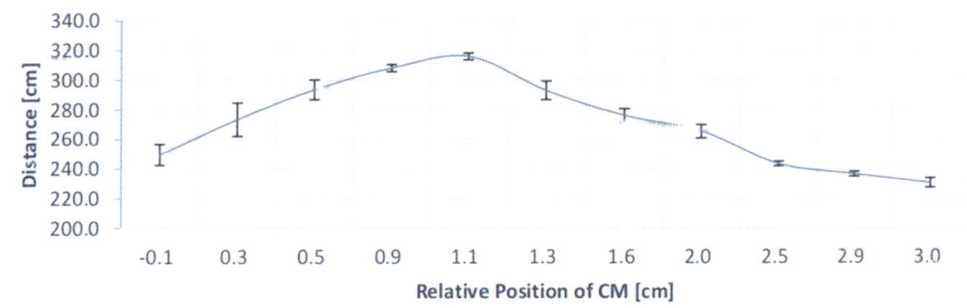

Figure 5-6-15 Effect of different center of mass

Flying Trajectory:

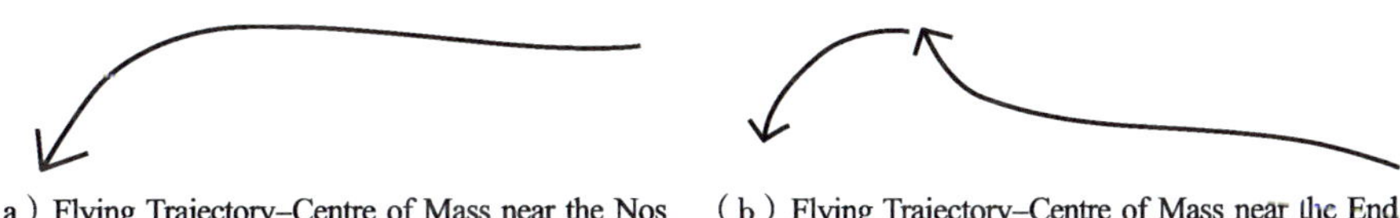

(a) Flying Trajectory–Centre of Mass near the Nos (b) Flying Trajectory–Centre of Mass near the End

Figure 35-6-16 Effect of center of mass on flying trajectory

Discussion:

While conducting the experiment, we found that a modification of the center of mass results in an instability of flying, so that we reduced our previously applied projecting force.

Conclusion:

When the center of mass is located near the midpoint of the wing cord, the plane reaches the furthest distances. This means that most paper planes have their centers of mass located at the optimum location. Besides, when the center of mass is near the nose of the plane, it drops down easily; when the center of mass is near the end of the plane, it rises up and then stalls, sometimes resulting in an undulating flight.

Analysis:

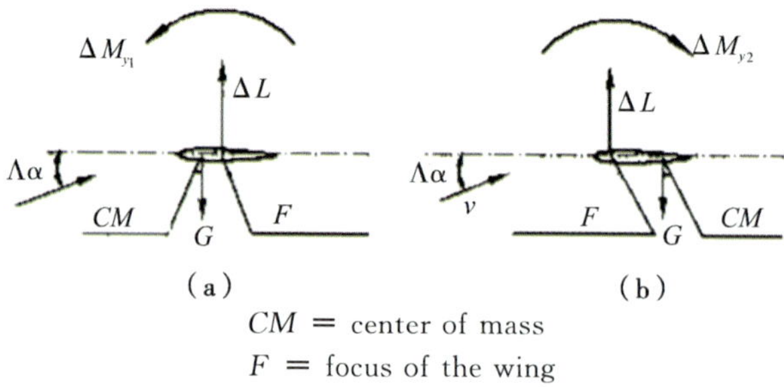

Figure 5-6-17 Force diagram of wings

In the conclusion above, the center of mass is behind the focus of the wing, and the plane is in a state of pitching balance. Yet according to the existing theory of UAV (unmanned aerial vehicle), this kind of state is not stable. [7] It is said that when the angle of attack increases, the lift force increases, and the moment on the focus remains constant, so that the resulting moment on the plane increases, finally causing the stall. However, this situation cannot be applied directly to paper planes. On one hand, since paper planes do not have power supplies, the decrease of their speed will result in the decrease of the total moment, thereby stabilizing the balance. If, however, one throws a paper plane too fast, the situation discussed in the aforementioned theory can arise. Therefore, if one wants to throw a paper plane fast, one has to move the center of mass forward.

5. The Influence of the Aileron

Purpose: to find out the relationship between the angle of ailerons and the flying distance, including the deflection distance.

Procedure:

Wedefine the angle of elevation to be positive when the aileron is lifted up, negative when it is down. In the first experiment, the angles of the ailerons on both wings are adjusted to the same degrees, while on the second experiment, they are adjusted to opposite degrees.

Data Overview:

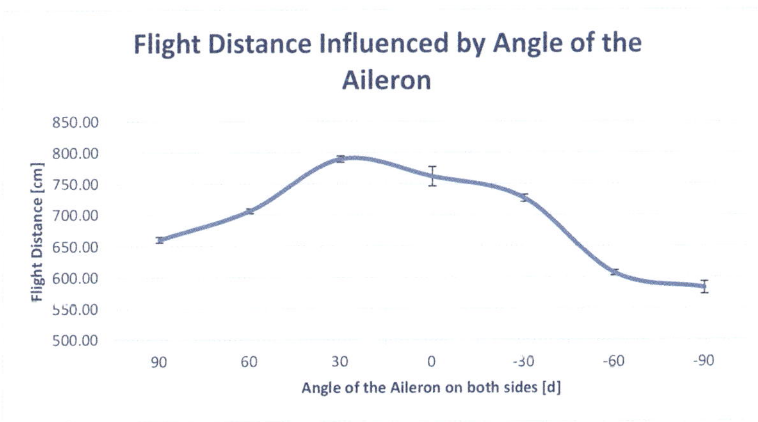

(a) Effect of the same angle of Aileron on both sides

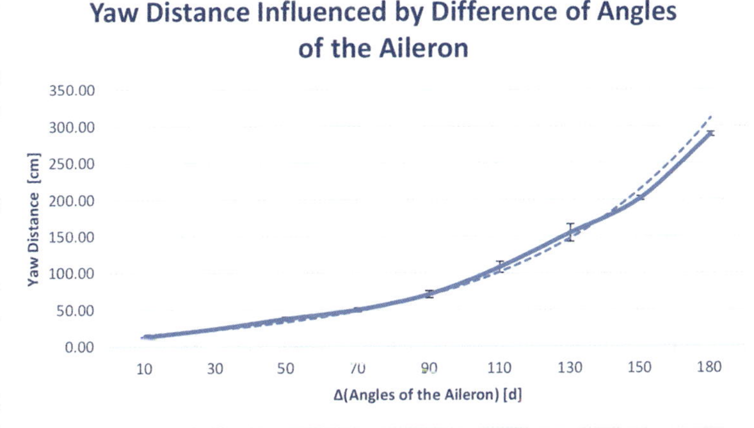

(b) Effect of the difference of angles of Aileron on each side

Figure 5-6-18 Effect of Aileron

Conclusion:

In real-life situations, the ailerons on both wings seldom go up or down at the same time as in our first experiment. If they do, then raising the aileron to the same degrees seems to have the same effect as a relocation of the center of mass. This phenomenon will be discussed in the next experiment.

Regarding the second experiment, the influence of the ailerons is similar to that observed in the case of real planes: while the difference in the angles becomes larger, the plane's lateral displacement increases.

6. The Influence of the Empennage

Purpose: to compare the flying distance with and without the empennage.

Data Overview:

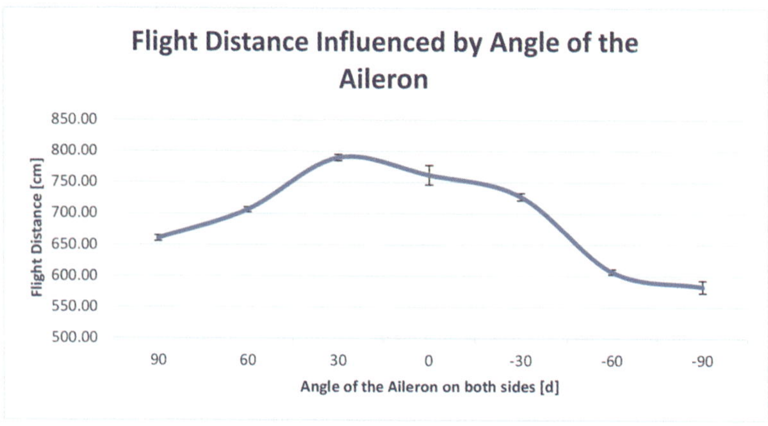

Figure 5-6-19 Effect of Stabilizing Plane

Analysis:

The flight distance seems not affected by the addition of a stabilizing plane; this is consistent within our conjecture, because we have discussed that it is relatively easy for a paper plane to reach a state of balance, and the decrease of the lift force allows it to preserve the state of stabilization. The situation is different, however, when adding the factor of wind. The wind power is akin to an engine's power, only in a rather inconstant way. This additional power is causing the plane to lose the state of balance, and in this situation the function of the empennage is required.

When the angle of attack increases, it is easy to see that the pitch down moment increases as well, and the plane is able to reverse into the previous state. Also the moment of the wing's lift force and that of the empennage's force cancel each other, so that the plane achieves a balance even in windy conditions.

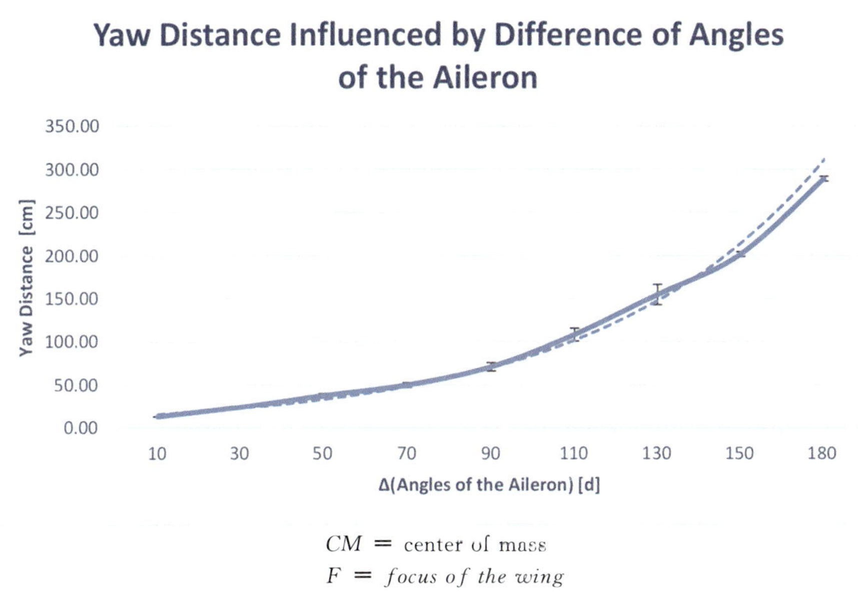

CM = center of mass
F = *focus of the wing*

Figure 5-6-20　Force diagram of wings (with the effect of empennage)

A Plane of Mine

After conducting the experiment above, we designed our own paper plane. It has a center of mass near the nose, a relatively small aspect ratio, and can travel about thirty meters when there is no wind.

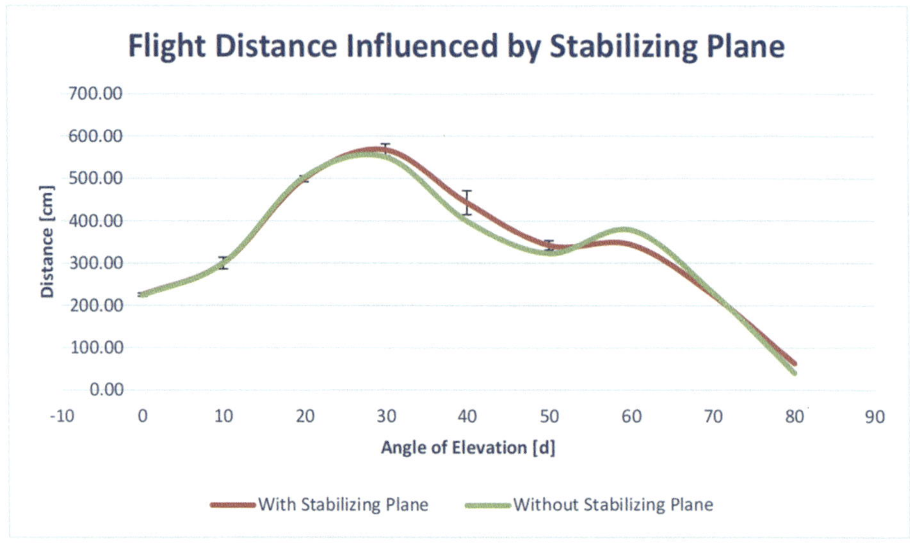

Figure 5-6-21 A Plane of mine

Suggestion for Further Research

The humidity of the air should be regarded an important factor to be taken into account when discussing the parameters of a paper plane.

The performance of a certain wing shape will increase as a function of the Reynolds number, and when the Reynolds number reaches a certain point, the performance of the wing increases even exponentially.[4] This sudden increase should be studied in detail to determine which wing shape is theoretically the best, and how it influences the choice of the optimum initial speed.

Acknowledgements:

We thank the support of Xiamen Foreign Language School and Xiamen University.

References:

[1] Chen L. Study on Reducing the Multiple Control Surface Optimization of Elastic Wing Induced Drag. Engineering Mechanics 2009(Chinese); 10.

[2] Martin Simons. Model Aircraft Aerodynamics 2007.

[3] Lu ZL. Aerodynamics 2009(Chinese); 11.

[4] Zhu BL. UAV Aerodynamics 2006(Chinese); 14; 77.

[5] Ng BF, Kng QM, Pey YY. On the Aerodynamics of Paper Airplanes 2009; 1; 10.

[6] Robort W Fox. Introduction to Fluid Mechanics, p.406.

[7] Serway R A, Jewett, Jr J W. Physics for Scientists and Engineers 6th Ed.

点评:该项目研究思路清晰,方法科学,善于应用现有手段和技术创造性开展前沿研究。建议对于研究中所涉及的公式和算法,要真正理解,并能阐明所用到公式中每个物理量的意义。

学生毕业去向:陈锴杰,美国杜克大学人机交互与机械工程专业;赖文昕,本科为北京大学物理系,现攻读清华大学物理学博士。

专题六　实践活动类

案例一：规范先行，共享便民

——厦门市共享单车现状分析及解决方案

厦门外国语学校　陈邦媛　刘欣羽　李欣欣　戴楚凡　林雯嫣

指导教师：曾宝枝　林贵福

2017 年第 33 届青少年科技创新大赛全国二等奖

课题目的

(1)通过对本市共享单车现状的调查研究，了解厦门市共享单车目前所存在的具体问题，提出具体的解决方案。

(2)将本小组的解决方案整理，建议到相关部门及企业，让厦门市共享单车运营得更加合适。

(3)通过此次活动，增强组员的社会责任感，提高公民意识和爱国爱乡意识。

(4)经过本次社会实践活动，提高组员间的默契和团结感。

课题时间

2017 年 5 月 30 日至 2017 年 9 月 28 日

活动记录

日期	活动内容
5.30	组建研究性学习小组
6.3	问卷调查内容的讨论、制作与发放
6.11	南山路和康乐路交汇点实地考察
6.15	查找网站,寻找相关信息
6.17	海沧区海富路路段街头采访
6.20	海沧区海沧湾公园实地考察
7.8	双十枋湖路段实地考察
7.13	仙洞路南山路和康乐路交汇点回访
7.15	厦门市湖里区南山路街头采访
7.20	思明南路到成功大道路段实地考察
7.26	观音山商业街实地考察
7.28	湖里区康乐路附近翔鹭小区门口街头采访
7.30	海沧区政府附近实地考察
8.2	电话采访摩拜单车前维修人员蓝先生
8.4	思明南路到成功大道路段回访
8.10	截止问卷收集,整理文字、图片等资料
8.18	电话采访厦门市城管局共享单车办公室
8.30	电话采访厦门市市政园林局共享单车管理方廖女士
9.15	完善并修改论文,整理原始材料

课题研究过程

第一阶段:组建小组,确定课题

由我们班五位同学组成的共享单车小组,研究课题为"厦门共享单车现状及解决方案"。

第二阶段:发放问卷,查找相关资料

制定问卷内容,网络发布问卷,查找有关共享单车的包括国内国外的资料。

第三阶段:实地考察+相关人员采访

每个小组成员分工,两三人一小组并采访。

第四阶段:整理分析调查资料

收集问卷数据,分析问卷结果,整理采访相关资料。

第五阶段:解决方案

对于调查过程中发现的问题进行思考,提出本小组的解决方案。

第六阶段:撰写活动报告,准备参赛资料

撰写实践活动报告,准备参赛的相关材料。

一、课题背景

2017 年寒假,我们小组的成员相约在岛内游玩。对刚刚兴起的共享单车略有耳闻的我们,决定骑车出行。让我们意想不到的是,我们原以为有很多单车的商业中心旁,却难以找到可供骑行的单车。每当有骑行者停放好车,就有一群等待在旁的路人上前“抢车”;好不容易在路旁找到单车,也多已被损坏,无法使用。这引起了我们对如今发展得如日中天的共享单车项目的注意和疑惑。

自 2016 年 12 月开始,共享单车争先恐后地布局进入厦门;同年 12 月 20 日,继 ofo 共享单车入驻厦门之后,摩拜、哈罗也进入厦门市场,为市民出行提供了更多的选择。很多市民都感觉,一夜之间,单车就被悄然投放到了厦门的大街小巷。共享单车入驻厦门,无停车桩、价格亲民等特点为它赢得用户一群,其“最后一公里”的理念也引发了大家骑单车的热情。身边的很多小伙伴在共享单车出现在厦门时就迫不及待地尝尝鲜,没骑过共享单车的小伙伴也跃跃欲试,大多数人都认为共享单车前景不错。事实真的如此吗?

随着时间的推移,各种问题相继伴随出现。截至目前,厦门有五家共享单车品牌,总投放量突破 300000 辆,厦门岛内市政道路上目前共划定了约 4000 个单车停车位,但一夜之间突然出现的大量共享单车使有些地方的停车位供不应求,而有些地方则鲜有车辆停放。截至 2017 年 3 月 15 日,由于严重影响市容市貌,城管部门共查扣了 697 部共享单车,并进行登记保存,耗时耗力。共享单车的数量和种类越来越多,主要集中在岛内,摩拜单车 60000 辆,ofo 单车 180000 辆，哈罗 60000 辆，小白单车 5000 辆，优拜 2000 辆，尽管方便市民挑选和出行，但另一方面却占用了过多的公共资源，加剧了管理难度。在当前共享单车这一新兴产品所伴随出现的问题亟待解决的情况下，我们小组决定以“厦门共享单车的现状”为课题进行研究性学习，对单车现状进行系统分析，寻找阻碍共享产业进一步发展的问题障碍，借鉴国内外优秀经验，综合实际，研究出有效易行的解决方案。

二、现状调查

(一)问卷调查

本次调查我们小组采用的是网络问卷结合纸质问卷的形式(图 6-1-1)，最终截止日期时收到的有效问卷共 445 份。其中回答人数最多的群体为 35 岁以上的上班族，共 206 人，其他群体分别为 18 岁以下青少年 75 人，18～35 岁上班族 96 人，18～60 岁非上班族 74 人，非上班族 60 岁以上 4 人。

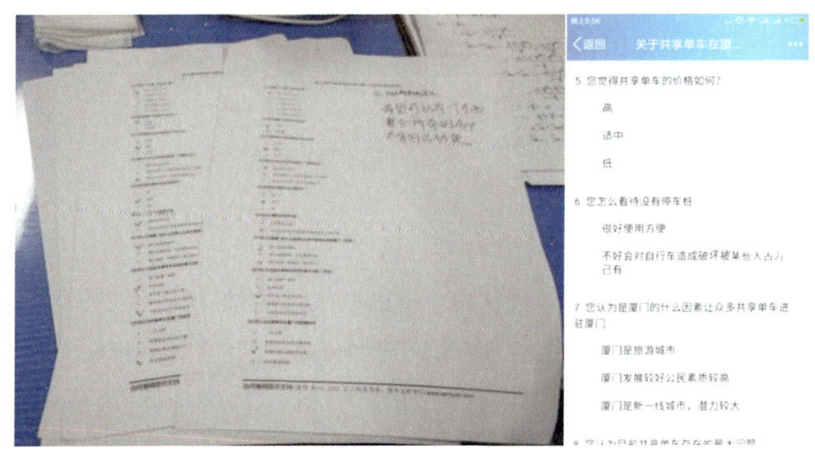

图 6-1-1　调查问卷

以下是问卷中的几个较为重要的问题：

1.您知道厦门共享单车项目吗?

在 455 名受访者中，93.85%表示知道，还有 6.15%的人表示不知道。这说明共享单车项目在厦门有了较高的知名度和关注度。

2.平常短途出行您会骑自行车出行吗？骑自行车出行的话会选择一下哪种方式？

在受访者中，经常选择骑车短途出行出行的有 21.10%；偶尔骑车出行的受访者占大多数，有 56.48%；从不骑车出行的受访者有 22.42%人。会使用自行车出行的受访者占大多数。

在受访者中，表示会使用共享单车（无停车桩登陆 App 扫码）的居多，占 45.71%，接近半数；但选择骑自家的自行车和骑公共自行车（有停车桩需办卡）的受访者也分别有 30.77%和 23.52%（图 6-1-2）。

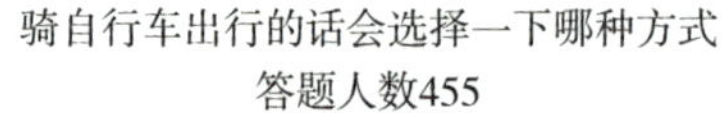

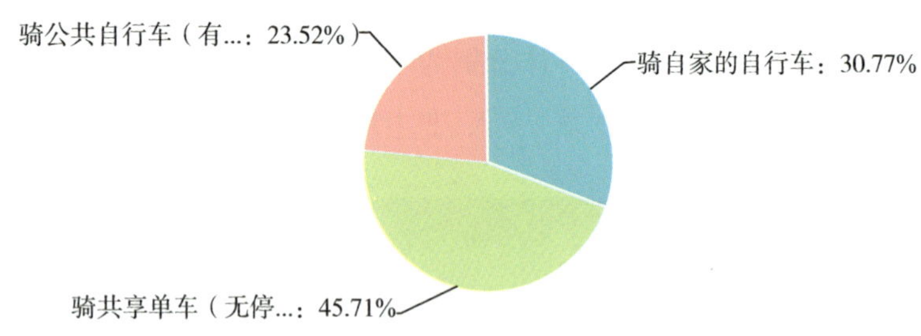

图 6-1-2 选择骑自行出行的方式

可见，共享单车在厦门有一定市场。

3.您觉得共享单车的价格如何？

在受访者中，有 73.63%人认为价格适中，占大多数，说明各共享单车的定价还是相对合理的，不存在太大问题；但也有部分受访者认为价格偏高或偏低，二者数量相近，分别占 11.87%和 14.51%（图 6-1-3）。

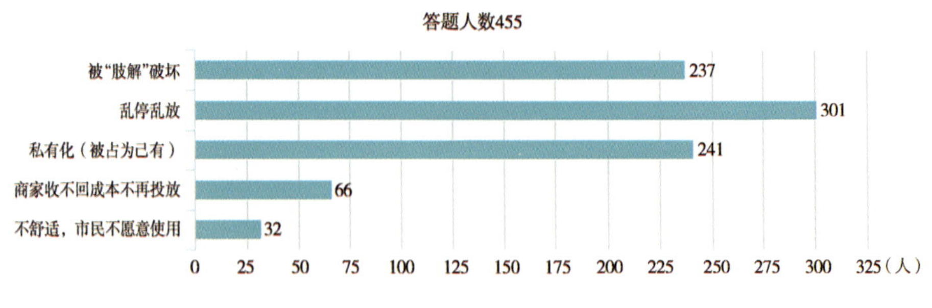

图 6-1-3 您认为目前共享单车存在的最大问题

4.您认为目前共享单车存在的问题是什么？

由数据可知，乱停乱放、私有化和被“肢解”破坏是目前用户认为的共享单车最大难题。

5.您怎么看待没有停车桩？

在这个问题上，对停车桩表示支持和反对的人数相近，分别占52.97%和47.03%，说明停车桩的有无是一个大的争议点(表6-1-1)。停车桩给使用者带来很多便利，而很多问题恰恰就是由没有停车桩引起的。

表6-1-1　您如何看待没有停车桩问题

很好，使用方便	241人
不好，会对自行车造成破坏，被某些人占为己有	214人
受访人数	455人

6.您对共享的单车有什么建议？

受访者的建议主要有以下几类：

(1)不要使用密码锁，建议微信扫码解锁。

(2)整合各个共享单车公司，形成一个平台。

(3)完善后台跟踪管理，应该凭身份证用，以便发现问题可以追溯，增加使用者信用度评价。

(4)希望车上的部件一体化以防破坏(尤其是脚蹬子)，在车上或App上做些善意的提醒，加大对故意损坏和占用单车的人惩罚。

(5)规范停车点，设置停车点，GPS设定范围，超出这个范围无法借还。增设一些给共享单车专用的停车点(图6-1-4)。

图6-1-4　规范与设置停车点

(6)加大投放量,缩短维修时间。

(7)制定相关法规。

(二)实地考察

为了更加深入地研究厦门共享单车现在所存在的具体问题,我们小组的成员分头前往了厦门市的不同区域进行实地考察,对共享单车的现状进行了了解。我们分别来到了思明南路、成功大道、南山路、康乐路、双十枋湖路段、观音山商业区、海沧区的几条主干道附近做了考察,经过了细致的分析讨论,我们主要发现了几大问题:

(1)乱停乱放现象十分严重,甚至屡屡出现占用机动车道和人行道的现象,影响市民出行。

(2)部分路段存在大量车辆受损情况,且维修不能及时到位,导致这些区域的市民无法使用共享单车。

(3)配套的基础设施不完善,政府所施划的停车范围并没有实现全市范围内的覆盖,市民无法按照秩序停车。

(4)出现了人流量大的区域车辆却资源不足,或者人流量小但闲置车辆多的情况,资源配置没有得到最优化。

(5)未满12岁的未成年儿童使用家长的账号解锁共享单车骑车上路,甚至出现了骑车载人、逆向行驶等危险做法。

(6)共享单车品牌杂,需要用户下载多个App才能使用车辆,带来了不必要的麻烦。

(三)采访相关人员

1.厦门市思明区某城管

通过采访我们了解到,厦门市思明区城管每天都会去清理道路上乱停放的车,现在岛内二区的一些路段画有绿线,没有停在线内的车也会清掉。到目前为止,一共清了一万五千多辆车。共享单车的清理工作十分辛苦,但是城管无法对乱停乱放的市民进行惩罚,因为这部分内容是由交通部门管理的。清理之后的车难以处理,需要等牵头管理部门市政园林局出台政策。因为公司应当全权负责乱停乱放问题,所以当城管部门收了违规的共享单车之后,会把情况向园林局定期汇报,然后园林局会约谈这些企业。目前国家已经出台了一份指导意见，但市里暂未采取进一步行动。现在国家是由交通局来负责此事，市里也可能将管理移交至交通局。

2.厦门摩拜单车前工作人员蓝先生

厦门摩拜单车前工作人员蓝先生告诉我们，厦门摩拜单车的维修人员共约100多人，其中包括兼职的人员。维修人员的工作地点没有固定，几乎全厦门都有，工作量很大，非常辛苦，因为定位往往不是特别准确，且车辆损坏较为严重。车辆损坏主要分为物理损坏和非物理损坏，物理损坏主要是龙头、车身、脚撑等，非物理损坏主要是锁头之类的地方。除了这些可维修的车辆，还有很多损坏的非常严重的车辆，根本无法进行维修。这类车一般就直接放弃，回收再返厂。除了破损之外，城管把车收走也是一个大问题，需要专门派人去协商。蓝先生个人认为，除了公民素质以外，城市的基础设施不完善也是导致现在这些类似占用车道的现象的一大原因。

3.市政园林局廖女士

廖女士告诉我们：目前共享单车最主要的问题是乱停乱放。针对这个问题，政府的主要工作一方面是出台自行车停放点的规化，另一方面是派人清理乱停放的车辆。开展这两项工作主要是与市政公安管理处、执法局和相关路权单位合作。对于自行车停放点的划定区域，市政园林局出台了一个《厦门市自行车停放点设置指引》，根据里面提出的“九准九不准”进行划分。除此之外，还会参考该地人流量的多少来扩大施放点，一般来说是规定了最大施放范围，但是如果这个地方人流量比较大的话，可能就会划两个点来停车。市政园林局与相关企业没有合作，但是会定期约谈。主要会让公司加强巡查，处理乱停放的车辆，在App里倡导文明使用共享单车。

三、问题聚焦

本小组通过发放问卷、实地考察、相关人士采访、网络调查等活动发现，目前厦门市共享单车面临的困境主要有：

（一）配套设施不完善

在对摩拜单车前工作人员蓝先生的采访中，蓝先生认为城市的基础设施不完善是导致现在这些类似占用车道的现象的一大原因。在实地考察的过程中，我们发现许多的路段都存在着配套设施不完善的情况，主要表现为缺少自行车道。自行车道的建设通常都与公共自行车捆绑在一起，但是在服务政府公共自行车的运行时，也为共享单车的发展提供了很大的帮助。通过网络查找资料我们发现，目前厦门自行车道交通系统较为发达的区域仅有海沧区（图6-1-5）、湖里区和思明区，而集美区、同安区和翔安区在这块领域中的投入几乎为零（图 6-1-6）。

图 6-1-5　岛内，海沧主要自行车道分布　　图 6-1-6　因无自行车道而逆行的儿童

虽说海沧区、湖里区和思明区的自行车道交通系统较为发达，但是较为集中的地区也仅仅为篔筜湖周边、海沧湾公园及内湖沿岸。实地考察时我们也意识到了这个问题。例如在双十枋湖路段一处靠近十字路口的地方，由于该路段开发较早，未给自行车预留下交通通道，并且机动车道过宽，导致骑共享单车的人要么在人行道上骑，要么在机动车道上骑行，更有甚者因为不想到对面靠右行驶便在机动车道上逆向行驶。因为部分地区自行车道尚未规划，导致的“人车混流”最终可能演变成严重的安全事故。

除了自行车道系统，停车位的规划也是配套设施不完善的一个大问题。目前厦门共享单车的总数至少为 30 万辆，相当于每 15 人就有一辆共享单车。这么庞大的一个数字如果没有一定数目的配套停车设施与之对应的话，那么共享单车就无处安放。我们小组认为，停车位的规划问题与乱停乱放有一定的关系。6 月 11 日，我们小组第一次去南山路与康乐路交汇点实地考察，发现该区域的车辆摆放十分无序，车辆随意停放甚至倒在地上，而且附近没有规划的停车位。当我们7月13日再一次来到该路段时，该路段已经画上了停车位，整个环境看起来整洁了许多(图6-1-7)。在目前厦门岛内预计规划的停车位为4000处，已经规划了一部分，还有一部分正在规划中。但是4000处是远远不够的，相当于平均一处要停85辆车。但是经过我们现场勘查，单独一个停自行车的规划区面积十分有限，约为1.5米×5米，最多能够停入20辆车，更不用说这些非机动车停车区域还有其他私人的自行车车辆停入，完全不够用。除了停车位的数目不够之外，还有存在一些规划不当的地方，例如说停车位规划在了斑马线旁，这种停车位不但没有解决停车问题，还给人们的生活带来了困扰(图6-1-8)。

图6-1-7　南山路停车位规划前后

图6-1-8　停车位挡住了人行道

(二)资源配置不协调

一般来说，单车资源配置不协调就是人流量少的地方闲置车辆多，而在人流量多的地方找不到车骑。由于共享单车的共享性质以及随骑随停的初衷，所以共享单车只能依靠骑车人的意愿流动。大部分的人都是从公司往家里骑车，而很少从家里往公司骑车；或是从家骑车到购物中心、娱乐场所，而很少从这些地方骑车回家。并且大部分的共享单车公司都只负责投放，并不负责调节，所以导致有些地方车辆过多，有些地方车辆过少。在街头采访的过程中，一位在海沧区海富路服装店工作的女店员向我们反映：下班的时候有时想骑车却骑不到。而我们实地考察也发现了这种情况：双十枋湖路段，附近还未开发完全，大多为住宅，双十中学位于此区域，大多数群体为学生以及小商贩，学生大多都住在学校，所以共享单车在此没有用武之地(图 6-1-9)；而在仅相隔三个街区的南山路，附近又有火炬园，又有许多办公楼，上班的时候，由于车辆太多，且不断有人到此停车，部分车辆已“溢”出停车区域，留给行人通行的空间十分狭窄，甚至出现了行人通行的“瓶颈”(图 6-1-10)；而下班的时候，人们对于共享单车的需求量很大，但此时却无车可骑。

还有一个问题是，共享单车在岛内二区投放过多，而岛外四区却鲜见共享单车，而且品牌也比较单一。目前共享单车对厦门的影响对岛内尤其明显，而岛外还未受到太大影响。

图 6-1-9　双十枋湖路段闲置车辆多

图 6-1-10　南山路无车可用

(三)修理维护不及时

由于共享单车的共享性质导致难以规范管理，市民将车停在各地导致来自共享单车公司的维护人员难以及时维修受损车辆。摩拜单车的前工作人员蓝先生告诉我们：当他们寻找需要维修的车辆时往往非常辛苦，因为 GPS 定位有时候并不是那么准确，并且共享单车四处分散更加大了他们工作的难度。这说明共享单车停车地点过于分散是维修困难的一大原因。摩拜单车的维修团队总共才约 100 人，而全市的摩拜单车加起来就有至少八万辆，个中辛苦可想而知，维修人员人手不够也是一大因素。

我们在走访的过程中也发现，共享单车公司对于共享单车的维护并不是那么及时。7 月 20 日，我们小组到思明南路至成功大道路段看到了一排摆放得整整齐齐的车，这些用铁链串起来的车就是一些等待维修的车(图 6-1-11)。这些车占用了部分人行道，并且似乎无人管理。8 月 4 日，当我们再次回到现

图 6-1-11　成功大道附近待维修车辆过了半个月也没人处理

场的时候，这一些等待维修的车还是原封不动地停在那里。这不仅占用了公共空间，也使得共享单车资源无法被充分利用，若部分未收集的损坏车辆被不知情的人骑走的话，存在一定的安全隐患。

（四）用户使用不规范

在我们的研究过程中，发现了许多用户使用单车行为不规范的问题，主要包括破坏单车的行为和未满 12 周岁儿童骑车。

破坏现象主要包括：乱涂乱画车牌车身、拆卸单车零部件、撬锁、丢弃入湖海中等。在街头采访的过程中，一位男士向我们反映：骑车的时候经常遇到坏车，不过大部分为 ofo，摩拜比较少。还有一位女士表示，有一次骑到刹车损坏的单车，导致在途中无法刹车，发生了一点意外，所幸只受了一些轻伤。通过问卷调查我们发现，认为“共享单车被‘肢解’是目前共享单车存在的最大问题”的人就超过了所有受访人员的 50%（图 6-1-12）。在对于海沧湾公园的实地考察中，我们一路上仅看到了两辆 ofo 小黄车，但是号码牌都被人为地刮花；而在海沧区政府附近，破坏现象更为严重（图 6-1-13 至图 6-1-15）。这不仅对市容市貌造成了极大破坏，也对使用者的人身安全形成了隐患。

您认为目前共享单车存在的最大问题（多选）	
被“肢解”破坏	52.09%
乱停乱放	66.15%

6-1-12　目前共享单车存在的最大问题

图 6-1-13　里胎外露　　图 6-1-14　车胎漏气　　图 6-1-15　车牌被涂

未成年人骑共享单车的现象非常普遍(图 6-1-16 和图 6-1-17)。在双十枋湖路段实地考察时,我们发现有好几个未满 12 周岁的未成年人骑着共享单车上路,甚至没有成年人的陪同。而在翔鹭花城小区门口的考察中,也有发现有一些未成年人拿着家长的手机正在试图解锁。虽然注册共享单车账号需要实名注册,但仍无法防止未满 12 周岁的未成年人骑车上路。

图 6-1-16　儿童撬锁

图 6-1-17　两位儿童同坐一辆 ofo

（五）运营公司品牌杂

通过网上查询，我们发现共享单车品牌如雨后春笋般不断冒出，目前市面上的共享单车品牌有十余种，其中包括摩拜单车、ofo、hellobike、小鸣单车、小蓝单车、优拜等（图 6-1-18）。如此形成的后果便是，当用户需要用某一种品牌的车时，必须下载该品牌的 App，使单车出行变得十分繁杂，也占用了大量手机内存，用户不得不在众多共享单车品牌中做出选择。在海富路采访时，一位路人告诉我们：因为每个运营公司有不同的 App，所以她会在手机里多下几个共享单车软件，非常不便，而且要交很多押金（图 6-1-19）。由此引出的另一个问题是，每个共享单车品牌的押金价格各不相同，无法形成统一的标准。

图 6-1-18　共享单车品牌 logo

图 6-1-19　各品牌繁杂的 App 码

四、案例分析

（一）国外案例

1.欧洲 Dropbyke 共享单车团队：输出技术和建立平台是重点

Dropbyke 可以通过 App 查找最近的车辆，并且可以使用几种不同的方式解锁，可从列表中直接选择扫描二维码或者发送 PIN 码等。

在令人瞩目的运营管理方面，Dropbyke 与我国国内共享单车一样，不需要使用固定的停车桩，可以选择在中途任意地点锁车暂停行程，也可以如同用户自己的单车一样较为随意地停靠。但 Dropbyke 的不同之处在于他们要求用户在结束整个行程后，将车辆停到指定停车点后，需要拍照上传照片以确定车辆已被锁好且没有干扰公共秩序。若用户无法在使用后将车辆停回到划定停车范围，也同样可以结束行程，但需要额外加付一笔调度费，这种方式被 Dropbyke 称为"flex-drop"。目前 Dropbyke 在西班牙巴塞罗那的租金为每小时 5 欧元，调度费则为每千米 3 欧元。

Dropbyke，这个起步于美国迈阿密和新加坡，后来主要发展于欧洲的共享单车品牌，被称为全球第一个正式将无桩单车进行商业化运营的公司，拥有着与我国国内共享单车公司截然不同的商业模式。他们自己并不投资单车，而是为当地的单车租赁团队提供技术平台和解决方案，并通过这样的方式与不少欧洲城市建立了合作关系，也拥有了不少的固定用户。Dropbyke 的运营模式或许在面对我国庞大的用户群体时无法快速见效，但它在处理部分共享单车突出问题的方法上（如违规停车加收调度费等）值得我们学习。

2.法国 Velib 公共自行车：成功盈利的单车租赁体系

法国凭借巴黎的公共自行车租赁系统 Velib，成为了世界上首个成功推行公共自行车租赁项目的国家，同时该系统也成功盈利，年利润高达 2000 万欧元（约合人民币 1.5 亿元）。

该系统需要用户下载手机 App"Velib"，注册并申请加入会员，加入后，只需每年缴纳 29 欧元（相当于在巴黎乘坐 20 次地铁的费用）即可使用，支付方式也分为银行卡支付、支票交押金和通过银行账户直接扣除押金三种不同的方式。用户缴纳金额后，可通过该 App 确定周围的可租借的自行车以及可归还的车位。与国内共享单车不同的是，Velib 单车仍需使用停车桩来完成停靠。

更加值得一提的是，巴黎 Velib 共享单车公司于 2014 年提出了"未成年自行车计划"，提供向孩子们专门开放使用的共享单车。目前 Velib 共计提供 4 种不同年龄段的单车，通过不同的头盔颜色进行区分，使得该品牌共享单车在未成年人群体中也大受欢迎，吸引其他国家和地区（如伦敦等）争相效仿。中国如今正头疼难管的未满 12 岁儿童骑车上路的问题，也许可以借鉴 Velib 的经验解决。

（二）国内案例

1."全能车"App：交一份押金畅骑任意共享单车（图 6-1-20）

"全能车"App 是一个集摩拜、ofo、小蓝单车等市面上绝大多数共享单车于一身的程序，使用户可以仅通过注册这个平台账号且仅缴纳一次 299 元押金来解锁使用各大共享单车，而用车费用与单车各品牌计费方式一致，并享有同步优惠福利，中间不收取额外费用。这一"一份押金行天下"的理念迎合了大众面对五花八门品牌想进行体验但囿于需要进行多次注册、多次缴纳押金感到麻烦的心理，且因符合众多普通消费者的利益需求，其下载量从今年 4 月起至 6 月持续走高。

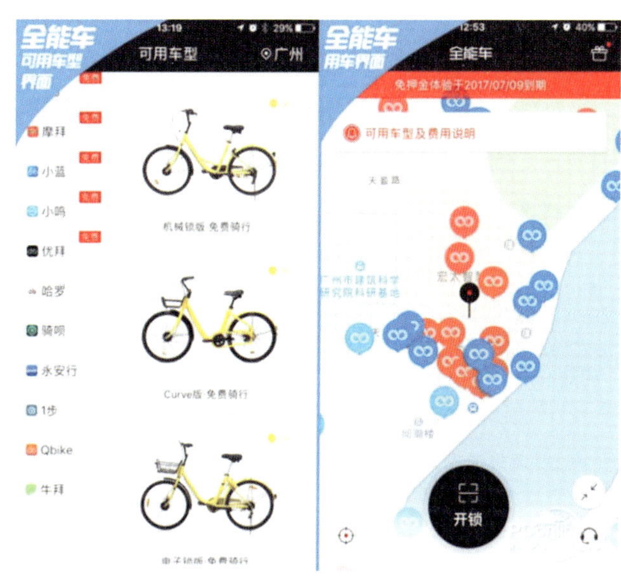

止赠与、借用、租用、转让或售卖。用户承担帐号与密码的保管责任，并就其帐号及密码项下之一切活动负全部责任。

1.4 为了避免车辆被盗、损坏风险，用户用车需要进行实名认证，如使用虚假身份进行注册，我司有权封禁账号，不予退还押金。

1.5 用户使用全能APP即代表同意本公司将代理用户，前往各单车平台进行注册，缴纳押金，认证。本公司承诺不会将用户的个人信息用于除单车平台注册以外的任何其他商业活动。

2.【知识产权说明】

2.1 "全能车"软件是由本公司开发。关于"全能车"软件的一切版权、商标权、专利权、商业秘密等知识产权，以及

图 6-1-20 "全能车"用户协议

实现一个 App 解锁各大品牌的技术原理十分简单。根据其"用户协议 1.5 条"："本公

司将代理用户，前往各单车平台进行注册，缴纳押金，认证。”即通过充当一个中间商的角色，搭建起用户与各大品牌之间的桥梁。且在解锁摩拜、ofo 等共享单车时，用户可体验到与各大原有的共享单车 App 一样的流畅便捷。也正是这种快感反而让许多人对“全能车”的可靠度产生怀疑：是否真的是用户实名注册的个人信息去相对应的单车平台注册认证？故业界更倾向认为其是用 B 的个人信息注册认证的账号给 A 用户解锁单车这种说法。“全能车”光鲜亮丽的外表下不仅存在着隐私问题，还有侵权及利益纠纷问题。

摩拜官方回应称未对“全能车”App 授权，目前正用技术手段对其进行封杀。且各大共享单车品牌对用户收取的押金不同，如摩拜、ofo、小蓝单车分别收取 299 元、199 元、99 元，这就令“全能车”的押金去向扑朔迷离。

“全能车”理念的构想站在方便市民出行的角度，是值得肯定的。但是在将理想付诸实践的过程中，需要克服种种困难：首先是共同利益的寻找，促使各大品牌同意入驻一个平台，解决侵权及利益纠纷问题；其次是用户与商家桥梁的搭建，寻找一个恰当的方式，合理有效且合法安全；最后是平台的搭建者，能否足以赢得大众的认可，保障隐私或是寻找合适的第三方进行监督。

2.支付宝：集合不同单车品牌，有信用免押金骑行(图 6-1-21)

不同于“全能车”粗暴集合各共享单车品牌的方法，支付宝采取通过正当渠道与各共享单车公司达成协议，成为集合平台。通过链接从支付宝页面跳转到各共享单车公司登陆入口。虽然此举有效地解决了侵权问题，合法地提供了一个平台，且从表面上看直接解决了用户下载多个不同共享单车品牌公司 App 的麻烦，但实际上，用户下载共享单车 App 的最终目的是使用共享单车、进行骑行，而要使用共享单车就必须进行注册(包括实名认证)、缴交押金。大多数用户并不会因为单纯想尝试不同种单车或者因为周围单车只有没注册过的品牌，而选择进行注册交付押金，一是各共享单车押金基本约百元，二是退还押金手续复杂且等待时间久。所以由于支付宝只是用链接跳转页面，这种方式并没

图 6-1-21　支付宝扫码骑车

有从实质上解决这个问题。不过，从某种意义上看，确实方便了小部分不在意押金的骑行群众。

支付宝显然也注意到了这个问题，并打出了“有信用免押金，扫一扫就骑走”的诱人口号标语，使想骑行不同共享单车品牌的用户，从原来“下载多个App—多次注册—交多份押金”的步骤，简化到只剩注册一步。但事实并非如此。据调查显示，支付宝客户端里“共享单车”应用中显示，目前在厦门范围内，其仅支持ofo、哈罗、小白以及优拜三家单车企业，故而此次“有信用免押金”的范围对于厦门市民来说也只限于这三种单车却而在厦门市投放量第二，数量仅次于ofo的摩拜单车却并不在此列，这无疑将大批摩拜用户拒之门外。

且目前厦门仅一种车可免押金，所有减免办法还要视芝麻信用分而定，只有当芝麻信用分达到一定的区间标准才可使用，且所要求的芝麻信用分分数随着各共享单车品牌的运营策略而有所不同，免押金服务要求用户支付宝的芝麻信用分必须保持在较高水准，这个区间总体在600至750分之间。最近才进入厦门市场的优拜单车，则通过授信的手段对押金缴纳的区间进行归纳划分：支付宝中的芝麻信用分大于等于750分者，可免押金骑行；信用分介于650分与750分之间的，则需缴纳98元押金；而信用分低于650分者，则需缴纳298元押金。哈罗单车则要求芝麻信用分在600分以上，才能享受减少押金骑行服务。所以，总体上来说，厦门的骑行用户还不能跨越繁琐的三步骤，达到“方便骑行、畅行天下”的理想出行方式。

五、构想提出

针对以上厦门市共享单车行业存在的问题，借鉴国外优秀案例，吸取国内解决经验，结合厦门市自身情况，综合多方因素，本小组提出开发“骑易厦”整合共享单车应用程序的构想(图6-1-22)，其具体内容如下所述。

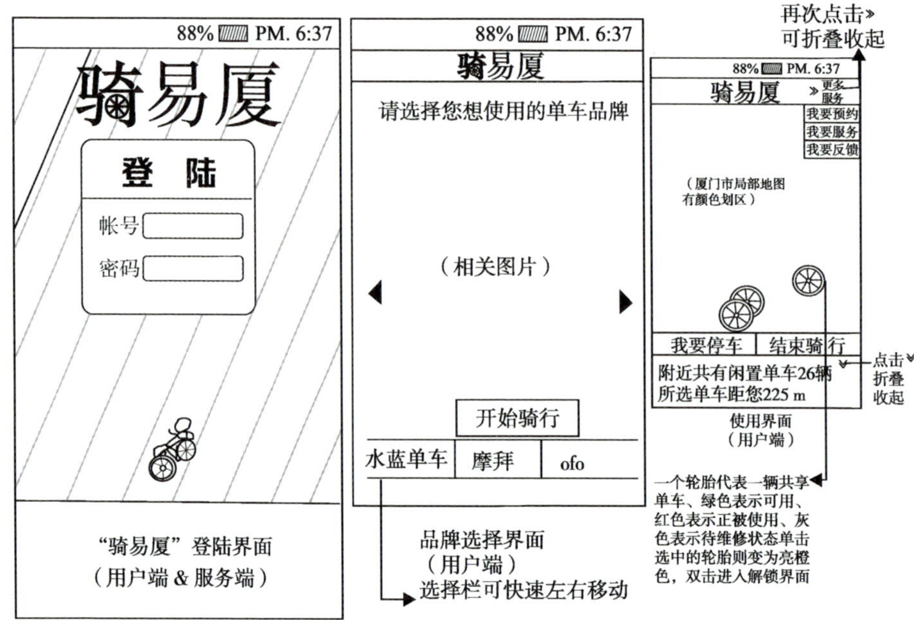

图 6-1-22 "骑易厦"App 设想图

（一）功能介绍

"骑易厦"是一个独立的应用程序，同时也可作为应用插件，作为其他应用的内置程序嵌入其中，例如可作为厦门市政府推广应用"厦门百姓"的内置程序。其旨在为厦门市内主要共享单车品牌提供一个统一的平台，使"厦"门市民的"骑"行简"易"方便。"骑易厦"分为"用户端""服务端"两种使用端。有统一的登入口，根据账号类型不同直接进入到不同的使用端，有不同的功能界面。

1.用户端

为使用者设计。以市民身份证号为账号，自行设置的密码注册登录。交付押金、绑定支付方式并完善基本信息后，可以选择想骑乘的共享单车品牌；在虚拟地图上寻找附近车辆、将车辆停放在合适区域；预约共享单车出行；报修已损坏车辆。

主界面是有颜色划区的厦门市地图，地图上有不同颜色的自行车单个车轮。一个车轮代表一辆共享单车，绿色的表示该单车可用，红色表示该单车正被使用中,灰色表示该单车目前处于待维修状态。而单击车轮可以选中该单车,同时被选中单车变成亮橙色,在“骑易厦”程序下方页面可以查看被选中车辆的具体信息,如:该单车距离用户具体距离。而双击车轮则进入解锁界面,通过扫描车身二维码或输入车牌号进行解锁,解锁成功后用户即可开始骑行。若解锁失败,用户可以点击“骑易厦”程序右上方的“更多服务”选项中的“我要报修”将该单车标记为待维修状态,即将车轮的颜色从绿色改为灰色。

当用户完成骑行后,点击程序页面下方的“我要停车”,主界面的地图中就会弹出“停车用户须知”对用户说明不同停放方式将产生不同的费用,同时会出现红色虚线边框的深灰色阴影区域,指引用户将车停到合适的位置;停好单车后,点击“停车完成”,并确认相关信息后,按各共享单车公司的计费方式进行收费(图 6-1-23)。

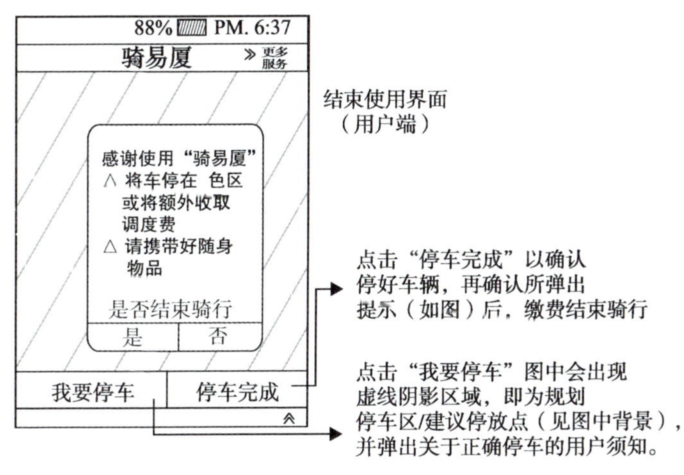

图 6-1-23　还车程序页面

除此以外,“更多服务”中还有“我要预约”“我要反馈”。“我要预约”可以对未来短时间内的单车出行进行规划约车;“我要反馈”可以对厦门市的共享单车管理或服务内容提出建议或意见。

2.服务端

为各共享单车营运商设计。以其营业执照编号为账号,自行设置的密码注册登录。登入后直接根据营业执照信息,进入对应共享单车品牌,对其公司共享单车进行运营管理：查看实时骑行人数、待维修车辆、需回收投放车辆地点、“预约出行”订单、业务报表、注册用户信息。

主界面是条目式功能选项，有“维修车辆”“投放车辆”“查看预约订单”“待注册用户信息”“查看反馈信息”“查看业务报表”，点击图标即进入次级界面。主界面的功能选项右上角出现红色原点时表示有待处理业务，红色圆圈内的数目表示待处理业务数量。

在次级界面“投放车辆”“维修车辆”中，与用户端相似，在厦门市地图上，道路有分颜色标记，也有用红色虚线外框的深灰色阴影区域标记的建议投放车辆地点，每辆共享单车也都用车轮表示，选中后车轮变为亮橙色。其中在次级分界面“维修车辆”中，仅显示灰色车轮，选中后显示用户报修的车辆信息及该单车距离使用“骑易厦”的维修人员的具体距离。

另外，根据各共享单车公司的需求，可以对各次级界面分别加密，即需要输入相应密码才能进入各次级界面，方便共享单车公司不同部门工作人员进行工作，同时也方便公司对其机密进行保密，如图 6-1-24 所示。

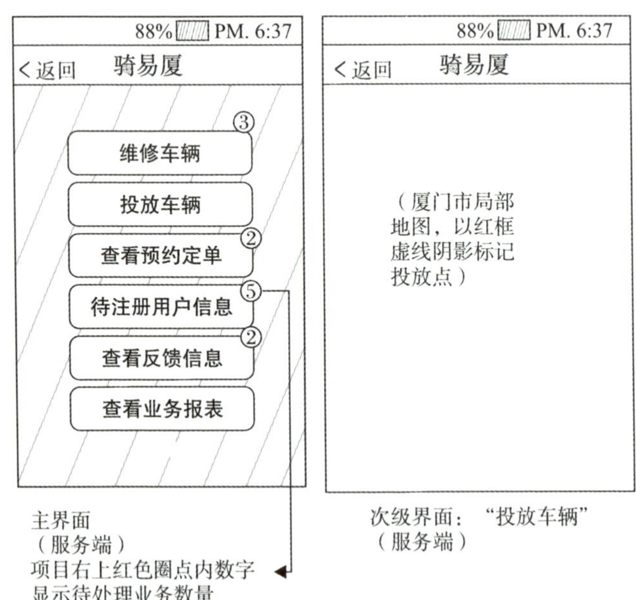

较 6-1-24　各级界面

(二)技术原理

在其他应用程序内植入“骑易厦”程序链接，通过程序链接打开“骑易厦”，以实现“骑易厦”附带性嵌入。

与在厦各共享单车公司达成协议，各共享单车公司提供免注册直接开锁的技术方法，统一押金、统一维修。在用户提交基本信息后，“骑易厦”先将这些信息储存到后台并发送到各共享单车公司，共享单车公司再用这些基本信息代替用户进行注册。

通过增强 GPS 定位技术，实现“骑易厦”主界面地图上共享单车图标的实时移动。

(三)问题解决

1.以一集全，统一押金(解决“运营公司品牌繁杂”问题)

“骑易厦”为厦门市各共享单车公司提供一个统一的平台，将押金统一在 200 元，并将多份押金统一成一份，也就是说使用“骑易厦”程序进行共享单车骑行的用户只需要完成一次信息注册、一次实名认证、一次缴纳押金。这样，用户就可以骑乘厦门市内任一共享单车，而不被局限于单车的品牌，根据用户不同的骑行目的、要求，选择不同性能的共享单车进行骑行。

将押金统一在 200 元，一是参考目前市面上共享单车押金收费标准在 99～299 元的区间内，取折中值，使押金不会太高；二是使押金不会太低，可以帮助公民自主规范自己的日常使用共享单车此种公共产品的行为。

将各共享单车品牌集中到“骑易厦”这个平台上，使得未来统一管理计划的实施变为可能，例如各公司加强合作进行统一维修。统一维修不仅可以节省人力、时间，节约物力，同时反过来可以使得公司运营成本的对应减低，从而降低押金。

2.合理利用现有资源，解决出行最后一公里(解决“配套设施不完善”问题)

(1)电子车位＋临时车位

在用户停放单车时，“骑易厦”程序主界面会出现“电子车位”即出现有红色虚线框住的深灰色阴影区，用这种方式标记的地点，共有 3 种地点：现有的市政府规划的单车停车位、现实中未划线但适合停放的地点和临时车位。

其中，“现实中未划线但适合停放的地点”虽然在现实中人们无法看到划线区域，但是使用“骑易厦”的用户，可以在主界面直观地看到停车的区域，故而可以将车较集中地停放在一起，以免影响市政交通通行和行人出行，同时也可以节省政府实地规划车位所消耗的人力和物力，方便共享单车公司调度或投放单车。

“临时车位”是在汽车停车场中划出的一两个停车位，且根据不同时间汽车停放的密集度，灵活更改单车车位。因为通常使用汽车出行的人群都有一个较为固定的周期，例如一个开车上班的人，在早上 7 点开车上班而在傍晚 6 点下班，则在他的停车位在早 7 点到晚 6 点这个时间段内是空闲的，而一辆共享单车的占地面积远比一辆汽车的占地面积小，根据长度测量，一般一辆汽车的停车位可以放置约 20 辆共享单车，十分巧妙地通过网络技术利用了现有资源。

(2)允许单车进入私人场所

为了更好地发挥共享单车“解决最后一公里”的服务理念，方便市民出行，不同于社会上一般声音，本小组大胆地提出“允许共享单车进入私人场所”的观点，并通过“骑易厦”的程序功能，解决单车进入私人场所存在的一些问题。虽然允许共享单车进入私人场所，但是必须限制进入数量和滞留时间，以免助长“私有化”的气焰。

通过增强 GPS 定位技术，加强对共享单车进入小区、学校、工厂等私人场所的定位追踪，且通过“骑易厦”的“电子车位”功能，在小区内部中心区域及大门口靠内区域划分电子车位，帮助规范市民进行停放和使用，共享单车公司在进行回收时也能准确的找到共享单车。

同时利用政府进行人口统计时得出的资源，每一处私人场所内只允许停放其固定人口的 13%(由厦门市共享单车总数/厦门常住人口总数得出＝30 万/392 万)，超出此数量且执意停放将不被允许，“骑易厦”程序界面将不终止使用即仍在计费。而已在内部停车且未将单车停在电子车位内、超过三天未移出者将被视为“私有化行为”，并被以每超一天十元的金额罚款，故建议停放者在收到“超时款”即将扣款提醒前将单车移动到公共场所。

3.对街区人流量的分级(解决“单车资源配置不协调”问题)

通过对街区人流量的分级来引导公司投放车辆和用户骑行。这在“骑易厦”中具体表现在主界面地图的颜色分区，具体实施方案如下：

(1)统计各个路口人流量

①将各个路口人流量按照每天100人以下(第一部分)，100～1000人(第二部分)，1000人以上(第三部分)，20人以下(第四部分)分成四部分。第一部分为少，该街道标记为蓝色；第二部分为中，该街道标记为黄色；第三部分为多，该街道标记为红色；第四部分为特殊，该街道标记为黑色(如下图3功能界面)。将适合市民骑行的车道、安全道路标为绿色。

②根据地图上不同颜色标注的街道，向用户明确不同街道级别。鼓励用户将共享单车停放在其目的地附近街道等级较高的地方，即人流量较大的地方，以提高共享单车利用率。当用户将单车停到红色街道、黄色街道、蓝色街道时，正常收费。若用户停到黑色街道，则收取一定费用作为公司挪车到其他地方的调度费用。而在“骑易厦”推广初期可以根据各共享单车公司的不同运营策略，适当给将车停在红色街道、黄色街道的用户不同程度的减车费或返现。

4.实名认证，保护隐私(解决“用户使用不规范”问题)

“骑易厦”将登陆账号设置为用户的身份证，所以除了个别共享单车公司特别要求，使用“骑易厦”的用户不用提交另外特别的实名认证信息，进一步简化用户解锁共享单车的步骤。

通过用户以身份证号作为账号，可以直接认定用户的年龄是否小于12岁，从而直接禁止小于12岁的未成年人登录“骑易厦”，使关于“低于12岁以下未成年人禁止骑车上路”的法律法规得到落实。

“骑易厦”通过与政府合作，作为一个应用插件嵌入到政府应用程序内部，使用户提交的个人信息可以得到更加权威、更加官方的保护保存承诺，防止隐私泄露，消除市民对于隐私外泄的顾虑。除此之外，因为使用身份证号注册，出现任何问题时都可以明确责任，追究到个人，所以对于损坏单车等不规范用车行为，也可做到警示作用。

5.举报恶意损坏，报修受损车辆(解决“破坏现象严重”“维修不及时”问题)

结合各共享单车公司的运营策略，同样以减车费或返现的方式鼓励用户多使用“骑易厦”内“更多服务”中的“我要报修”和“我要举报”功能，来减少恶意破坏单车现象，方便共享单车公司维修人员进行及时维修。

若用户在使用共享单车时发现车辆出现被恶意损害而导致不能使用的情况，可通过“我要举报”功能，拍照或文字描述损坏车辆所处地点、反映损坏情况等，提醒相关公司及时处理受损车辆。若用户在使用共享单车时遇到单车因老旧而损坏或其他不可抗因素不能使用，用户可通过“我要报修”功能，拍照或文字描述损坏车辆地点、损坏部位、损坏情况等。

6.“预约”功能

使用者在有用车需求但周围暂时无车时，可使用该功能查看目前距离自己较近的可使用车辆，或者在预计等待时间内即将到达自己附近的车辆。而为了满足该功能的第二个要求，就需要上一位使用者在使用车辆前输入出发地、目的地以及预计花费时间，“骑易厦”内该功能可通过 GPS 进行实时追踪并及时更新车辆的道路行驶数据，给予等待用车者多个选择，尽量保证在用户期待用车时间内让用户有车可用，以方便用户出行。另一方面，对于能使用该功能进行车辆行驶记录的使用者，公司方可适当给予该类用户一些价格上的优惠或折扣，鼓励广大使用者们善用此功能，为别人同时也是为自己提供出行时的便利。

（四）应用推广

(1)政府主导、作为“厦门百姓”App 内置功能的程序。通过对市面上共享单车运营公司一定时间内、一定程度上减免税收来吸引公司入驻，一方面可以规范共享单车，另一方面厦门市政府新上线的“厦门百姓”App 和共享单车企业产品可互相推广，拥有更多受众，方便政府对市民进行管理、服务，也解决了许多人困扰的隐私泄漏问题，体现官方性，做到互惠互利。

(2)政府通过运营我们所设计的“骑易厦”，可以更加便捷地管理本市的共享单车，发挥政府的监督功能，与公司方合作，督促公司肩负起共享单车管理的责任和义务，能够在一定程度上解决如乱停放、维修缺失等影响市政秩序的主要问题。

(3)“骑易厦”同样可以帮助企业之间进行直接合作，更多地进行宣传，提高公司知名度，及时收取、反馈市民的意见和建议，让更多市民加入使用共享单车的行列。而在解决单车现状问题如损坏过多时，也可同步进行维修处理，节省人力、物力和时间，使资源配置得到最优化。

(4)对于广大以“骑易厦”为媒介(图 6-1-25)，使用共享单车的市民，可以不再深受骑车需要下载多个不同品牌 App 的困扰，更加便捷快速地用车，节省时间。预约功能和举报功能也能方便市民用车，节约等待时间，减少损坏车辆。在“骑易厦”的引领下，在市区内更加安全地骑车，并停放至对自己来说较为便利的停车区域，解决大部分用车市民目前所烦恼的问题。

图 6-1-25　“骑易厦”App 概念图

六、总结展望

通过这次的研究性学习活动，我们从发现问题到解决问题，从最初的构想到最后的完善总结，通过查阅资料、实地考察，并且综合如今的社会实情和可行性分析，我们想出了“骑易厦”App 来为共享单车的使用者提供更加流畅的服务，为共享经济的发展献策献力。在长达四个月的努力之下，我们的程序已初具雏形，通过该 App 能解决包括乱停放、恶意破坏、车辆资源配置不均衡等在内的问题，更是可以实现“一个 App 用遍所有车”的计划。

与共享单车相近的，便是政府投放的公共自行车。共享单车的舒适快捷与公共自行车形成对比，而公共自行车的良好管理和完备的配套设施也是值得共享单车学习与借鉴的。厦门的岛内地区因公共自行车的过晚投放而存在一些缺陷，于是共享单车便脱颖而出，供需平衡，发展良好；而岛外的海沧区的公共自行车作为较早发展的公共服务，配置齐全完善，相比之下，共享单车则显得势单力薄，相形见绌，难以发展。

我们想，这项投入了百亿资金，并且终该走向全球的项目不应止步于此。共享经济由共享单车起步，引领了交通工具的变革和销售方式的革新，将使其更为复杂也更为商业化。在如此大背景之下，公共自行车与共享单车的融合便显得尤为必要。唯有拥二者之长，摒二者之短，和衷共济，方能遇见共享单车前景之光明。此外，随着环保和交通问题成为社会热点，交通部门与共享单车部门的协作应当是如臂使指，不可或缺；带领其与其他交通工具融汇贯通，各取所长，各司其职，长此以往，环境与交通定当有所保障。并且，对于这些问题，溯其本源——这其中反映出的社会问题也并非毫无解决之道，相信在社会文明的进步之下，随着公民日益上升的道德感和社会责任感，破坏与乱停放现象将如烟消散。

正所谓众擎易举，相信我们的力量虽小但汇聚一起也能救共享单车于茕茕孑立，也相信我们的努力将助力共享单车解决出行的“最后一公里”。

点评：该项目学生基于现实热点共享单车的使用及运营中出现的问题进行文献研究、问卷调查、实际考察、采访相关人员，并将调查结果进行详细的数据分析、讨论，得出详尽而严谨的研究结果，并设计一款骑易厦App针对群众、企业、政府三个方面对共享单车的方便实用，定期维修反馈，政府监控等功能进行规范完善。但是高中生的网络技术有限，开发App难度较大。

学生毕业去向：李欣欣，现就读于香港中文大学；陈邦媛，现就读于复旦大学；林雯嫣，现就读于北京科技大学；戴楚凡，现就读于上海外国语大学；刘欣羽，现就读于广东工业大学。

案例二：针对厦门堵车情况映射全国堵车类似问题的创新解决方案

——全城一卡通App理念的提出

厦门外国语学校 陈钰兵 吴鉴霖 王琳瑄 指导教师：曾宝枝

2016年第32届青少年科技创新大赛全国三等奖

一、课题引入

“活在当世，我们已尝尽悲欢”，的确，“驾车于当时，我们已尝尽等待”。无论是生活在四通八达的繁华都市交通网中，还是地少车多的小县城里，交通出行问题已然成了人们生活无可避免的难题。我们小组深入实践调查，分析了造成堵车的各种原因，同时借鉴国内外资料和案例的类比推理，建立了一个“全城一卡通手机客户端—汽车移动端App”的概念模型，同时在调查问卷和采访咨询中不断的删减完善，最终形成了关于这一概念的模式雏形。

二、安排（时间）

不同路段类型及高峰期时间见表6-2-1。

表6-2-1 不同路段类型及高峰期时间

时间	地点	活动
2016.1.2—2016.4.1	厦门市岛内	2016十大拥堵路段——踩点
2016.4.1—2016.7.15	图书馆	查询资料，与老师探讨
2016.4.16	学校	用班会时间向同学们进行宣讲，交流
2016.4.23	厦门市公安	询问交警交通情况和目前政策，并查询一些数据
2016.6.0—2016.6.13	学校	与成员商讨解决方案，并利用学校3D打印技术打印停车场模型
2016.7.15—2016.8.15	不定	与成员总结活动收获

三、活动实施过程

第一阶段　各个路段实况勘察

利用课余时间，对厦门几大拥堵路段进行实地勘察，主要盘点 2016 十大著名堵车路段。对厦门目前的交通情况和道路状况做一个基本的了解。期间利用手机秒表等，对车流量做一个初步的预估记录。

针对这一现象我们小组实地考察，测量高峰路段的实际车辆流量。

表 6-2-2

路段名称	高峰时间	道路情况	1min 测试车辆数/辆
湖滨中路体育路口	07:35—09:30 17:05—19:20	丁字路口	156
仙岳高架武警支队中医院方向	07:40—09:00 17:00—18:55	高架桥	203
钟鼓山隧道万石植物园出口	07:20—09:00 17:15—18:50	隧道出口与道路交叉	143
湖滨南路凤屿路至湖滨东路口	07:30—09:00 17:00—18:45	大型十字路口	(因修地铁仅剩两车道) 152
海沧大桥进出岛方向	07:30—08:30 16:50—19:10	多条高架交叉	175
白鹭洲路湖滨南路口至湖滨北路湖滨中路口段(双向)	07:30—08:30 17:00—19:15	十字路口 三岔路口相连接	106
仙岳高架桥(岳阳小区)往海沧大桥出岛方向	07:30—09:00 16:45—18:45	高架桥	161
厦禾路文塔路口至文园路口段	17:00—18:30	普通道路	221

续表

路段名称	高峰时间	道路情况	1min 测试车辆数/辆
湖滨西路东渡路至湖滨南路	07:40—09:30 7:40—18:40	十字路口，辅道较多	185

以上数据分析：堵车现象集中于上下班高峰期，十字路口最容易发生堵塞。

第二阶段　数据调查与资料整合

（一）（数据来源于厦门市交通运输网站）

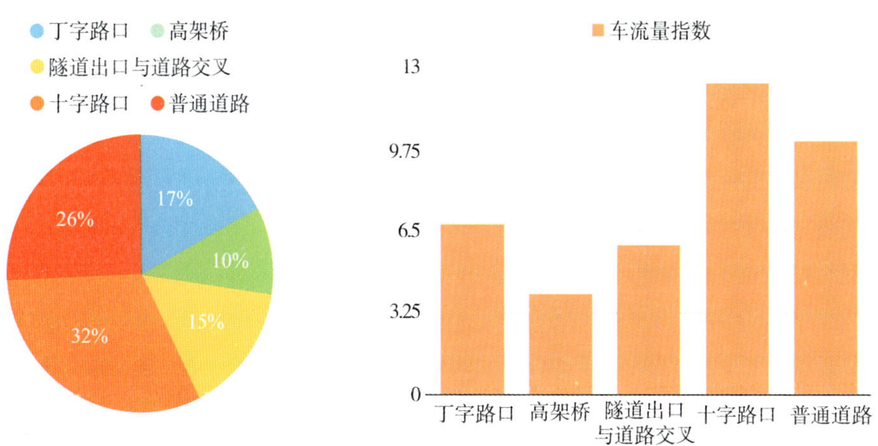

图 6 2 1　网上调查厦门市各路段堵车指数

（二）国外资料查询

1. 以色列：

A. 在交通干线上都设有显示道路状况的电子显示屏；

B. 广播电台每隔一小时就会发布一次道路信息；

C. 修建自行车专用道，在车道的起点和终点免费向驾车者和公交车乘客提供自行车（按照规定，在自行车道的起点和终点将免费向驾车者和公交车乘客提供自行车。）

D. 控制红绿灯时长：在工作日的早上 7～9 时及下午 5～7 时的上下班车流量高峰时期，一些市中心繁华地段、交通要道等地的绿色信号灯亮的时间会长些，但最多也不会超过 60 秒；而在其他时段，特别是夜间，绿色信号灯时间会减少；甚至在午夜时分，一些街道的红绿灯关闭，只闪烁黄色的信号灯，提醒汽车在自由通行的同时注意安全。

2. 芬兰

芬兰交管部门和移动通信运营商共同建立了新的交通流量监测系统，收集到的路况信息会及时发给电视台和广播电台，后者则将绕过拥堵的最佳路线告诉司机。

3. 韩国

韩国用给少驾车者打折的办法鼓励乘坐公共交通工具。

第三阶段　深入探究原因

（一）厦门路段选取分析

案例一：湖滨中路体育路口：宽窄两道衔接丁字路口

时间：07：35—09：30、17：25—19：00

解决方案：

①（针对车流量大）实行全城一卡通，健全该路段前后的公交车线路，并且在该处设立免费的自行车租用地点。

②（针对丁字路口红绿灯改制问题）在早晚高峰时期，横向的宽阔路面的红灯时间可以延长，而从纵向左拐右拐进入横向路面的红灯频率应该减短。

③（针对汽车加塞变道问题）增加摄像头，增大管制的力度。同时设立公交车专用车道，避免公交车和私家车因为时速悬殊而发生矛盾造成车辆加塞刮擦等等。

④（针对性地控制车流量）在这附近建立大型立体停车场，鼓励大家避开高峰路段，选择搭乘公交车、

图 6-2-2　湖滨中路体育路口

BRT、或者骑自行车出行。

映射全国相似的丁字路口：

①红绿灯时常应该相应调整，建议延长拐弯道的绿灯时间，缩短横向直行车道的绿灯时间，尤其在高峰期时期可以起到控制车流量的作用。

②完善公交车的线路设置。

③通过在拐弯道红绿灯处修建人行天桥以减少人行绿灯时间，增大道路吞吐量。

④在附近修建地下停车场(尤其是像这种公共设施比较完善的地段)禁止在路面上停车，将原先的停车道变更为公交车道。

案例二：仙岳高架武警支队往中医院方向：由于车流量过大以及匝道口红绿灯设置无法控制车流量造成的十字路口堵车现象

时间：07：40—09：00、17：10—18：50

类似情况：白鹭洲路湖滨南路口至湖滨北路湖滨中路口段时间：07：30—08：30、17：20—19：00 上下班高峰期，车流量大。

图 6-2-3

路段分析：仙岳高架武警支队往中医院方向排名第二，缓行时间集中在 07：40—09：00、17：10—18：50。车流量大和下高架匝道口消化车流量较慢，成为该路段缓行的主因。路面普遍宽阔但是处于十字路口，但车流量非常大。红绿灯设置的不合理导致匝道口消化车流量较慢，容易造成连环堵车，红绿灯不仅没有起到作用同时还加重了堵车的情况。

解决方案：

①(针对车流量)可以在附近设立大型停车场，因为附近多是医院学校等

基础公共设施因此还有利于规范路面交通混乱的停车现象，为宽阔的道路扫清障碍。

②（针对红绿灯）在匝道口由较为宽广的路面到较为狭小的路面过渡时采用新型红绿灯技术。控制红绿灯的通行时间。

③（针对于路面交通）将路面上的情况实时反馈给有关广播电台和交通部门。交通部门在上桥口设置 led 屏，将路况信息时刻反馈给大众，并提供几条绕路的方案。同时对于加塞变道现象通过探头抓拍采取相应处罚措施。

映射全国相似的宽阔十字路口：

1. 在十字路口或者立交桥下面开设停车场。

2. 在立交桥上通过汽车类型规范道路选择，区分清楚货车道，公交车道，小型客车道，并且不允许非机动车上路。

3. 在车道有宽变窄的地方设立新型红绿灯调节车流量。

4. 在高峰期时期收较高的管理费。

5. 完善该路段的公交车线路。

案例三：以钟鼓山隧道万石植物园出口路段为例的道路坡度弯度较大的旅游观光地带。

时间：07:20—09:00、17:10—18:30

路况分析：钟鼓山隧道万石植物园出口路段，该路段缓行时间为 07:20—09:00、17:10—18:30，造成缓行的主因是该出口靠近景区及路口，以及车道消化车流较慢。该地比较特殊因为靠近景区且道路坡度较大，在上坡下坡的

图 6-2-4

过程中由于汽车制动问题可能发生交通事故，且道路狭小，车辆普遍的行驶速度较慢。

解决方案：

①（针对车流量）因为该地区靠近万石植物园，并且道路比较狭小，但是公交车系统非常发达，所以完善公交车专线设置，倡导大家在高峰期时选择搭乘公交车出行。

②（针对特殊路况）由于该地属于隧道和道路衔接的地带，选择性的延长由该路段通向其他路段路口的绿灯时间。在其余时间可以通过只闪黄灯的方式给旅游观光带来便利。

③可以在中山公园附近修建立体或者地下停车场，这样有课可以选择搭乘观光巴士游览该地区，同时还方便了附近的中小学家长接送是停车难所造成的路面拥堵情况。

映射全国相似的旅游路段解决方案：

①可以在景区附近修建地下或者立体的停车场减缓车流量。

②可以通过红绿灯改制来控制车流量。

③设置旅游观光大巴车，或者提供公交车专线服务。

案例四：海沧大桥进出岛方向时间：07:30—08:30、17:20—19:00

类似情况：

①仙岳高架桥（岳阳小区）往海沧大桥出岛方向时间：07:30—09:00、17:00—18:30 高架上桥口下桥口较车流量来说不够用，有的上桥口是多数居民的选择，造成较大拥堵。

②嘉禾路中埔公交站出岛方向 时间：17:00—19:00 车流量多，地铁围挡使道路变窄，在 7 月份情况有所缓解，围挡范围缩小。

路段分析：进岛方向近期有施工，车辆进行较为缓慢。

出岛主要原因一是受到西引桥大屏山隧道单车道瓶颈影响，二是很多走大屏山隧道的车辆不自觉靠右行驶，而是占据快车道和主车道行驶到出口处，再往右方加塞，阻碍了直行车流。

解决方案：

①严格限制车辆统一靠右行驶，并且安装监控探头。

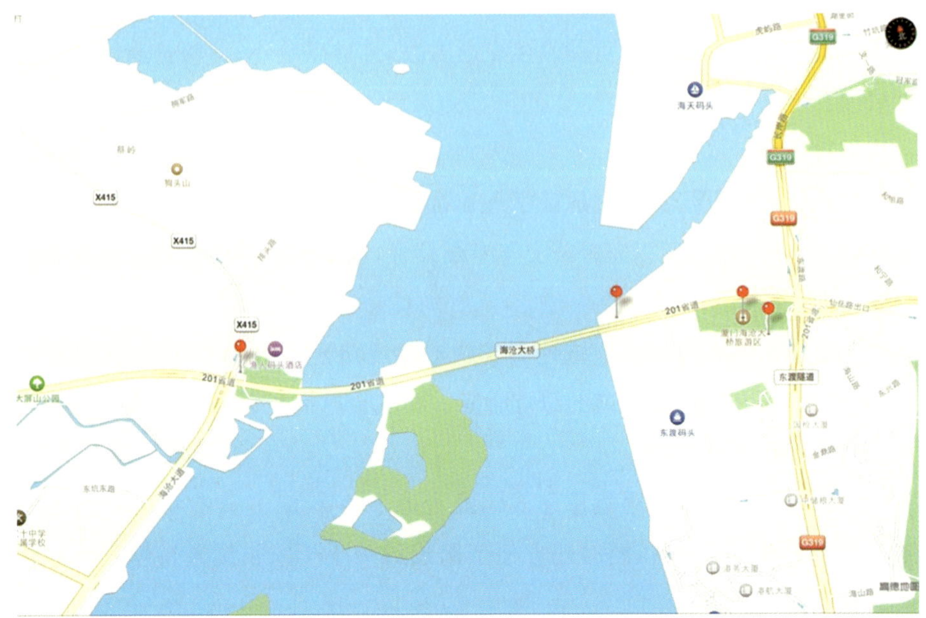

图 6-2-5

②通过红绿灯严格控制车流量进入大屏山隧道单车道的车流量。

③在海沧大桥上开创公交车专用车道，并开辟自行车观光车道。

（二）映射全国案例：

案例一：北京睡城（城区枢纽）

京冀交界线处有一处睡城，由于城市面积有限，多数工作者居住于五环之外，甚至在河北省内。这导致每日进出北京的车辆在高峰期时经常拥堵。且北京目前有法律规定，外省车辆在 7:00～9:00，17:00～20:00 不能进入北京。

解决方案：

①在北京与石家庄交界处建立立体停车场，人们每天开车到停车场，将车辆放置于此，换乘路线通达的公共交通到达北京。

②在城区内形成以便捷的公共交通和地铁为主的公共服务设施。

案例二：上海外滩（典型的丁字路口结合旅游景区）

外滩作为外来游客来上海旅游的必备景点。再加上该路段本来就是上海繁荣贸易的中心场所，客流量和车流量都非常大。所有支道上的车都汇入到了临近外滩观景台的主干道上面，每一个路口人行道的红绿灯加重了交通路面的瘫痪。

解决方案:

①将附近的加油站改造或在游轮停靠站附近建设立体停车场,设置旅游观光巴士。

②交通部门应用App监测系统,实时监控该地区车流量,对人行道路面的红绿灯,丁字路口路面的红绿灯是主干道上面的红绿灯都进行实时监控,按需调节。

(三)与同学探讨,班会交流

图 6-2-6

同学们对我们提出的方案进行点评,促进我们的进一步完善,并提出宝贵的意见。

图 6-2-7

(四)采访交警,深入探究

对交警的采访,使我们对厦门目前的交通状况和道路情况有了更加清楚直观的了解。

第四阶段　探究解决方案

总体创新解决方案:全城一卡通 App 理念。

引入原因

①方便了用户对现有车况的实时全方位掌握,以便在特定的时机能够找到最佳的出行方案,用最节省的方式以实现最快的交通出行是全城一卡 App 创建的宗旨。

②引入了政府鼓励大家多采取低碳出行方式为主要原则,通过手机大数据的及时检测和公共功能交通系统的完善,在一定程度上实现了减缓交通压力,限制车流的作用。

③鉴于当下的交通出行手机 App 多掌握在商家手里,对于客户的隐私安全不能很好的保证(用户的出行路线和所在地点常常出现信息泄露的问题),因而移动终端掌握在交通信息局有利于对于用户隐私权的保证。

1. 全城一卡通车卡移动端部分

引入原因

①在全程一卡通 App 中有很多奖励措施是要通过实时监控汽车的动向和里程数加以定论的(在高峰期时间不开车的有奖励机制,在高峰期时间开车的有相应的处罚措施等等)因而为了准确无误的检测到汽车实时状况,我们小组获得灵感,引入了全程一卡通 App 的车卡部分。

②在全程一卡通 App 中,有立体停车场以及红绿灯实时监测路况实时分析等相关措施需要有与汽车相绑定的移动终端和控制终端。

③Google 和阿里现在正在研究的全自动驾驶的汽车(单兵系统)存在难以全方位普及的极大弊端。

核心操作

①汽车行驶数据的监测和反应:在汽车的仪表盘处加装一个卡槽,将于手机 App 客户端绑定的“孪生”数据检测芯片放入在内(下文统称“车卡”),对汽

车的相关行驶数据进行实时地监测和反应到手机客户端上以及系统终端上。

原理类比：美国苹果公司研发的 I Watch 和 I Phone 所建立的相关关系。

车卡所覆盖的数据范围：该车自身的相关性能，主要包括，车宽车长，车的平均时速、使用年限，安全状况，车的时速和里程数。

车卡的功能：

A. 网络功能：可以连接互联网，居然实时反应数据的功能；

B. GPS 功能：能够实时对车进行定位和导航；

C. 沟通功能：不同汽车的车卡可以沟通互信，约等于一个虚拟汽车交流平台，为低速状态下汽车的自动驾驶提供了条件。

②汽车自动驾驶操作系统：在汽车的后备箱加装一个微型电脑处理器，该处理器与车卡的发动系统相互关联，可以通过数据处理和电信号判断来控制汽车的驾驶。

原理类比：该系统与 Google 和阿里正在研究的全方位自动驾驶的单兵系统有以下异同点：A 全城一卡通手机 App 框架下的自动驾驶是在低速状态下，通过汽车之间车卡的相互关系所建立的联系而形成的 B 该车卡是在改装现有汽车的基础上进行的从人工驾驶汽车到全方位自动驾驶汽车的过度和转型。（类比乐视公司从传统的信号电视过度到智能化网络电视就是通过“电视盒子”在传统的电视上进行加装而实现的。）

配套设施

①公共交通系统：专门快捷的公交车道和免费的城市自行车租借服务（地铁服务或者 BRT 服务）。

②辅助公共设施：设施完善的立体停车场，其涵盖多元化的服务功能（包括汽车周边和餐饮服务）。

③配套车卡的交通系统：先进的红绿灯系统和新型道路交通检测系统（道路交通检测系统通过车卡及信息中心提供的车流量数据来控制红灯绿灯的时长）。

④支付系统：App 与手机的支付宝绑定（可以直接在手机上付费并领取奖励）。

核心功能

①全城一卡通手机 App 出行部分。

通过该卡测算汽车的相关里程数和使用情况，同时还在手机 App 客户端上提供实时更新的全城所用交通工具线路的数据情况，施行“高峰期路段的优惠原则”。

具体原则如下：

A. 在早晚高峰期时间内选择搭乘自行车或者公共交通设施(如公交车、BRT 和地铁等交通工具出行)将享受到如下奖罚制度①自行车在指定区域内免费使用②公共交通设施车票半价 * ③若选择搭乘汽车出行将根据路段收取较高的管理费用(以补贴自行车和公共交通所优惠的差价)。

*B. 按照规划，我们建议在繁华路段或者景区附近修建大型立体停车场，将汽车停在停车场内，以每天停车 9 小时为标准，每个小时一块钱，每人每天 10 块钱为上线(一天的收费小于等于 10 元)同时每日一结算，在将从私家车管理费和过桥过路费补贴完公交车半价优惠的差价之后和相应工作人员的基本工薪之外的钱将平摊返回到这些停车在停车场的人手中。如一日私家车管理费共收取了 10000 元，补贴公交车所需 4000 元，工薪 1000 元，且今日共有 1000 辆车停进停车场并且收费高于 5 元将获得每车 5 元的补贴费用达到支付宝上。

C.“全城少开一天车”根据路段分析，每周选择一天为“全城少开一天车”，通过里程数测量开车情况，参加活动的车主可以获得停车场优先免费使用券或者立体停车场内相关汽车周边服务优惠券等等。

D. 全城所有交通工具和出行方式的一览服务，将涵盖当下所有相关的出行软件，如嘀嘀打车，掌上公交等，在出行前根据当下交通状况为您定制规划最便捷最优惠的出行方式(内容涵盖费用和时间的测算，将结合系统中的优惠原则)。

E. 及时反应交通数据，收集大家的出行动向，进行出行时间评估，优化时间分配。

②机动车驾驶部分。

A. 通过该卡可以代替高速公路上的收费站，通过 GPS 定位直接自动化收取费用；

B. 可以通过手机号设置终端密码，方便借给他人使用；

C. 交通部门将有移动终端对每一个车卡进行实时监控（包括车速和是否根据车型行驶正确的车道），则可以摒弃有诸多不便的监控拍照测速这种方法，交警可以远程监控；

D. 该车的保险公司和行车记录仪绑定，将如实的事故状况反映给保险公司，掌握最真实的资料，并且若车辆发生刮擦，启动汽车安全系统，在车卡中将有录像备案，车卡将会自动联系保险公司，并提供离事故方式地点最近的空旷场所进行相关后续问题的解决，则不必在事故发生的道路上阻碍后面的车行驶。

售后维修

每年的汽车年检都会对设备的准确度进行调整。

（特别说明凡是标有“＊”其可行性是具体问题而定，本方案只是提供一个方向的建议）。

2. 红绿灯按需调节改革制度

背景

我们经过实地考察，根据不同路况通过秒表检测及观察直观红绿灯时长，对厦门几个人行横道信号灯的时间作了一次测算。1 上午 9 点在鹭江道海关大厦旁边的十字路口，红灯的时间竟长达 126 至 300 秒，绿灯时间仅有 20 至 30 秒，绿灯闪烁倒计时为 20 秒；2 上午 11 点在 SM 城市广场路口，红灯的时间为 148 秒，绿灯时间为仅为 30 到 40 秒；3 下午 5 点在云顶中路吕岭路路口，绿灯亮 65 至 70 秒，红灯亮 187 至 270 秒；4 下午 6 点在云顶中路往莲前东路方向，红灯长达 300 秒左右，绿灯时间仅有 30 秒。

（经数据整理分析，我们发现现在厦门所采用的红绿灯视频监控控制时长的方法，存在模糊检测的不严密和不高效导致时长不合理的弊端。）

总体介绍

根据不同的路面情况可以及时调整，并且通过互联网连接可以对每次放行的数量做出及时的调整，可以有效的发挥红绿灯的作用，严格控制合理的车流量。

具体原理

按需调节。堵车时按需调节相关道路红绿灯时长。中心GPS系统将能检测到既定道路的装有app的车流数量和车流速度，从而判断是否堵车，再根据严重情况调整红绿灯时长秒数来进行车道分流，减缓交通压力。同时，既定路段堵车信息将发送到app用户端，使车主司机及时接收到最新路况信息，防止拥堵加剧。

（假设：如一个路口每次过20辆车，每放行一次的时间间隔为20s。）

创新意义

我们所策划的红绿灯创新方案，从特殊性出发可以针对于从宽阔路面过渡到较为狭窄的路面问题；从普遍性出发可以解决红绿灯时长不合理导致车道拥堵这一交通症结，作为全套App系统的一重要部分，广泛应用于各大交通枢纽。

3. 立体停车场

App的一个核心设施之一就是多元化的立体停车场。

停车场是由一个类圆柱体与在外面的双环形轨道和半圆顶盖组成。

停车场的主体

一个多层的类圆柱，将多层的停车场分成不同的功能：低层主要是一些便捷的早餐，速食，餐厅，咖啡等餐饮类服务功能；顶层主要是一些加油站，汽车美容，汽车维修等一些汽车相关的周边服务；中部都是专一的停车场。外观建筑将采用太阳能电热板，以维持停车场的供电，同时在空余的小地方将布置绿化。

外环道

分为上行和下行两个环道，防止交通事故的发生。外环道主要是采取自动传送带（类比自动扶梯），车将被传送上去，避免了车主需要自己开车所浪费的时间和和车辆上行的燃油排放。

（图为我们小组用3D打印建立的初步模型）

配套设施

①外环道路根据线条规划，设计合理路线，并由App的定位功能根据需求设计一条道到达停车场的路线。在停车场一层环形车道处，人们下车由外环

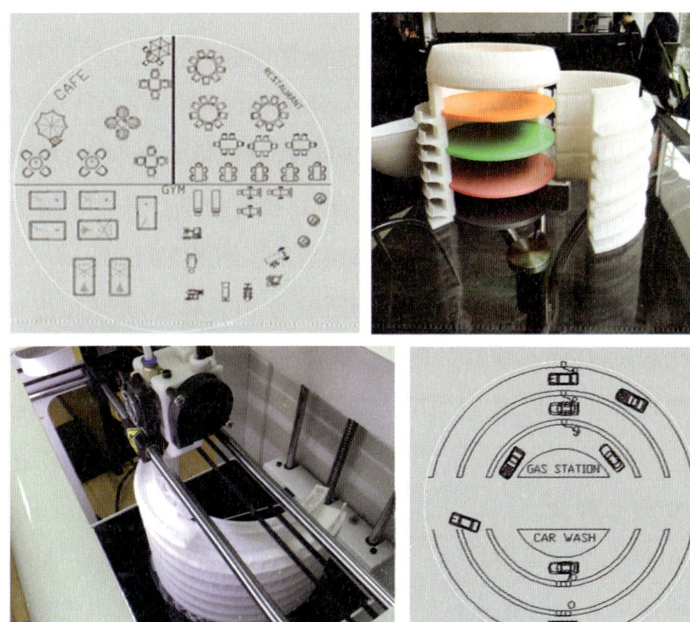

图 6-2-6　3D 打印设计图及成品

道将车自动化送上到相应停车位。

②人停置完车后可在 app 上输入换行地点，app 将自动合理规划各位车主最佳乘坐的公共交通工具以及往返取车的最佳时间和路线。

③可以在停车期间，通过手机 App 为汽车订购洗车，加油等服务，通过 App 与店主联系商讨等。

④若有需要订餐，可以在 App 上预定，店主将根据 App 提示的你将会在多久后抵达来为你准备餐点，当你到达时就可以吃到新鲜出炉的食物。

⑤当你需要取车时，在 App 上预定你需要的取车时间，系统将根据这个时间提前将您的车传送下来，当您到达的时候便无需等待，可以节省时间。

相关优惠政策

①我们推出全城少开一天车活动，在每周三参与这个活动的车主可以获得停车场的免费使用券或汽车周边服务优惠券。

②根据车卡定位，我们将对在上下班高峰时期不使用私家车而使用公共交通或其他自行车等工具，将获得一周内公共交通半价，自行车免费使用等

券，可累计。

③每年参与活动积极者可以在过桥过路费上进行优惠。

与传统停车场相比的优点

①同样的占地面积，传统停车场有仅两层，立体停车场利用空间资源，同等占地，将可容纳比传统停车场多一倍甚至几倍的车辆。并且车道之间的距离由于是全自动化操作会缩小，增加了单层所能容纳的车量。

②传统停车场功能单一，立体停车场通过与 App 联通，提供了更加多元的服务。自动化程度高，停车驱车的效率大幅度提升。

③可以实现资源共享，相同类型产业的集聚，共享基础设施，降低成本，提高利润。

4. 对于如何实施

构建 App 社会系统设想建议：考虑到我们提出创新方案需在 App 车卡广泛为私家车所使用的前提情况下实现，以下为我们的一个未来构想和建议。

通过两个发展时期普及 App 系统：

一、前期

为了使 App 系统普及化，前期措施我们主要建议通过政策鼓励和商业合作的方式普及。

具体措施：

1. 针对 App 中高峰期采用绿色出行的奖励机制，我们建议可发动绿色出行积分活动与商家政府联袂合作，使 App 用户车主积累到一定分数可获得书店影院等商业场所的优惠券，或是政府管理旗下的文化宫游泳馆球类馆等文化健身场所的优惠价。我们建议着眼于当下民众日益增长的物质文化需求，通过奖励机制鼓励人们下载 App 以普及该系统。

2. 在虚拟网络日渐发达的形势下，我们建议通过建立 App 社交平台吸引人们的兴趣并推行健康生活方式。例如 App 账户车主在本市(镇)内可以形成一个社交圈，在社交平台上车主们可以共享交通路段资源，聊天娱乐，扩大朋友圈，丰富个人生活。社交平台还推出一个绿色擂台的“游戏”模式，把绿色出行(非私家车出行)或以步代车的积分榜首作为打擂依据，对于冠军及前几名车主进行奖励(洗车保修免费券或是电影票等)，通过竞争形式提倡绿色出行，从根源上解决交通拥堵问题。

二、后期

后期在大多数车主已装有App的情况下，我们建议通过政府强制手段最终达到全社会App普及化。

具体措施

1.我们建议政府投入一定财力，将车卡系统全面纳入汽车厂生产程序中去，针对要买车的顾客，所购车有自带车卡自动驾驶功能。(类比当下政府出资给每辆车加装新型车牌)

2.我们建议针对已购车的但尚未安装App的车主，此类车主可到汽车店补装全城一卡通App配套的汽车移动端系统。

3.针对车卡系统可能较昂贵(4000～6000元)，车主可能不愿安装的情形下，我们设想在政府投入一定财力的基础上，通过个人工资收入比例大小划分车卡费用，减轻民众负担。

第五阶段　延展应用

全国典例分析

1. 上海外滩由于客流量过大而造成的堵车情况

现状分析

外滩由于是上海比较显著的旅游标志之一，也是位于上海比较市中心的位置，与陆家嘴东方明珠相连，一年四季客流量都很大，再加之其为典型丁字路口，又是重要的交通干道，被评为是上海市最堵的地段之一。尤其是在下雨天或者是在晚上，堵车情况更加不容乐观。

核心问题

人流客流量都非常大，车辆由各个路口汇集到主干道上，使得主干道上的汽车驾驶缓慢。在夜晚有时考虑到客流量过大会加长主干道上的红灯时间以延长人行道上的绿灯时间。丁字路口红绿灯管控有问题，干道的红绿灯不能及时根据车流量进行调整，加剧了堵车情况。

解决方案

A. 城府部门推广 App 并设置移动终端控制，通过车卡测定的平均车速来及时调整红绿灯的时常。平衡好各个“支流”汇入“干流”的速率；

B. 同时对路段进行精确的分析(主要通过车速)向车主及时反正道路的拥堵情况，并规划更好的出行路线；

C. 可以在轮渡码头附近建立停车场(改造加油站等等)并健全该站点的地铁和公交线路，开辟旅游大巴专线，四周辐射性的减缓周围的车流量大小。

2. 北京睡城早高峰上下班时期交通拥堵解决方案

现状分析

有网友总结出了北京的四大睡城分别是望京、回龙观、天通苑和燕郊。这些地方都在四五环之外，而最远的燕郊甚至在河北境内。睡城的产生曾被凤凰周刊描述为“职住失衡”，无数的北漂选择“职住分离”的生活其实充满了无奈。无奈的北漂或(燕漂)虽然在北京上班，却不见得有住在五环以里的经济基础，五环外甚至更远的燕郊，也就成了他们自然而然的选择。在北京及其周边，“不是在上班，就是在上班的路上”是许多人都会发出的感慨。

《2014 中国劳动力市场发展报告》显示，北京的平均通勤时间居全国之首，达 97 分钟。一位北漂说，“那感觉就像每天都比别人少活了 3 个小时似的，上班是为了下班，下班为了睡觉，睡觉是为了第二天再上班。”

核心问题

A. 城区面积有限，大量外来务工人员不得不选择居住在偏远的城郊，然而上下班即使是搭乘地铁也要花上三四个小时的时间。

B. 为了控制北京城区内部车流量大小，交通部门通过采取限号的方式，但是造成了三大不良效果：

a.对于只拥有一辆私家车的人来说，汽车的使用率变低，加重了公共交通设施的压力(地铁站过于拥堵) b.对于有能力购买两辆甚至更多私家车的人来说私家车总数的增加并不能有效地减缓车辆的拥堵情况 c.北京市规定外省的车不允许进入城区内部，也给大量的外省车造成了极大的不便。

解决方案(两步走计划)

1. 在四环五环外建立一个吞吐量达到5000辆汽车的大型立体停车场(可以将现有的加油站或汽车修理厂进行改装)并健全该处的地铁和公交路线。

作用:A可以方便由于限号不能开进北京城区内部的私家车停放(非北京市的私家车可以停在停车场内),后转搭乘公交车或者地铁进入市区,避免了城区内部车流量过大,同是也缓解了由城郊进入城区路段地铁的压力。

2. 可以在潮汐公路开启低速状态下的自动驾驶模式,使车主可以在车上补充睡眠,为一天的工作补充精力。

点评:该项目切合实际,关注时下厦门的热点问题,采用文献调查法和问卷调查发进行数据材料收集,并结合国内外相关案例进行分析,提出解决方案。该方案具有一定的可执行性和影响力,活动形式利于推广普及。但是调研方法还可以再多样一些,可以有一些问卷调查对建议进行反馈,实施的"一卡通"宜采用自愿方式。

学生毕业去向:陈钰兵,北京大学外国语学院;吴鉴霖,北京大学外国语学院;王琳瑄,上海外国语大学。

案例三：节庆“垃圾”回收利用调查报告

厦门外国语学校 周泽锋 杨懿 杨婕 指导教师：郑早宾

2010 年第 26 届青少年科技创新大赛全国三等奖

一、调查背景

随着我国社会经济的发展，越来越多的人开始重视节庆。为庆祝节庆，人们常常会用节日装饰品进行装饰，相应也出现了特有的节庆垃圾（装饰品）。近年来，节庆垃圾出现增多的现象，但是厦门对于节庆装饰品的回收利用还没有得到市民的充分重视。鉴于目前广大市民在节后经常出现没有及时回收节庆物品，甚至直接丢弃节庆物品的现象，我们实践活动调查小组决定，展开这一次节庆物品回收利用情况的调查活动。

二、调查过程

在这次实践活动中，我们进行了问卷调查、走访、网上调查等调查过程。我们分别设计了 6～7 个问题针对“商场和单位”和“家庭和个人”进行了问卷调查，分成四个小组共发放近 300 份调查表进行问卷调查。走访多家垃圾回收店、新开展的商店、公司和鲜花店，从不同侧面了解厦门节庆垃圾，尤其是节庆花卉的回收情况，结果当然是不尽人意。

第一，我们分成四个小组就如下问题进行问卷调查。

关于节庆装饰材料回收利用调查问卷（一）

您好！我们是厦门外国语学校的学生，据市环卫部门介绍，每年圣诞、元旦等节庆过后，圣诞树、彩带、节庆彩灯等废旧品装饰都会成为环卫工人的处理难题，我们希望占用您一分钟的时间，配合我们完成以下问卷。十分感谢！

商场和单位

接受调查单位＿＿＿＿＿＿

1.贵商场（单位）节庆装饰采用什么材料制作？	A.塑料	B.纸类	C.泡沫板	D.其他
2.贵商场（单位）布置节庆装饰共花费多少钱？	A.<1000 元	B.1000～5000元	C.5000～10000元	D.>10000 元
3.贵商场（单位）布置节庆装饰共用多少工作量？	A.一星期以内	B.半个月以内	C.一个月以内	D.多于一个月
4.贵商场（单位）节庆装饰用完以后如何处理？	A.全部废弃	B.小部分回收	C.大部分回收	D.循环利用
5.贵商场（单位）拆装及处理共花费多少钱？	A.<500 元	B.500～1000 元	C.1000～5000元	D.>5000 元
6.您认为节庆装饰“垃圾”应如何处理呢？	A.废弃	B.回收卖给废品站	C.循环利用	

关于节庆装饰材料回收利用调查问卷（二）

您好！我们是厦门外国语学校的学生，据市环卫部门介绍，每年圣诞、元旦等节庆过后，圣诞树、彩带、节庆彩灯等废旧品装饰都会成为环卫工人的处理难题，我们希望占用您一分钟的时间，配合我们完成以下问卷。十分感谢！

家庭和个人

1.逢年过节时您家会买节庆装饰用品吗？	A.每次都会	B.经常会	C.偶尔会	D.不会
2.不一定每一个节庆都买，经常买节庆饰品的节庆是：	A.春节	B.圣诞节	C.中秋节	D.其他
3.每年买节庆饰品要花多少钱？	A.<50 元	B.50～100 元	C.100～200 元	D.>200 元
4.买来的节庆饰品用多久？	A.一直用到坏	B.使用一年	C.使用半年	D.节庆一过就扔掉
5.您认为节庆饰品应使用何种材料制作？	A.环保材料	B.对人体无害	C.随便，只要成本低的就可以	D.其他

续表

6.如果用环保健康的材料,但是价格比较昂贵,请问平均在什么价位内你能接受?	A.<50 元	B.50~100 元	C.100~500 元	D.>500 元
7.您认为节庆装饰"垃圾"应如何处理呢?	A.废弃	B.回收卖给废品站	C.循环利用	
8.能告诉我们您的职业吗?写出职业名称:				

调查结果分析如下:

调查小组 1:

商场和单位

题 1　贵商场(单位)节日装饰采用什么材料制作?

大多数的节庆装饰都是用纸类做成的,少部分是由泡沫板和塑料所制成的。由于大部分的材料是由纸类制作,这会对我国的森林造成一定破坏。然而在节庆过后,许多人直接丢弃装饰品的行为导致纸张的浪费和环境的污染。

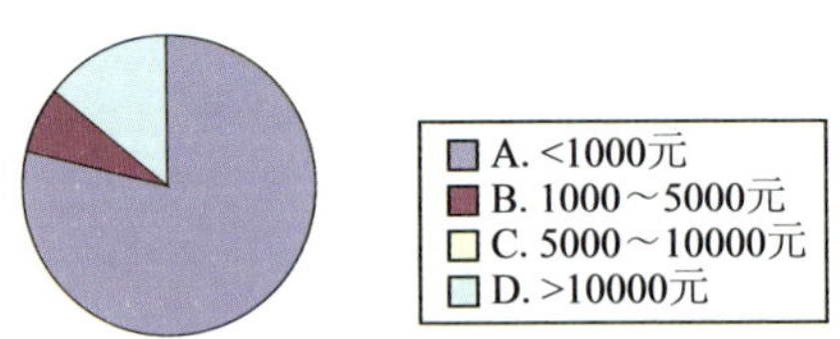

题 2　贵商场(单位)布置节日装饰共花费多少钱?

大多数单位对节庆装饰的花费都小于 1000 元,也有小部分的单位花费超过万元。由此可知,大部分单位都在节庆装饰品花费上比较节约。

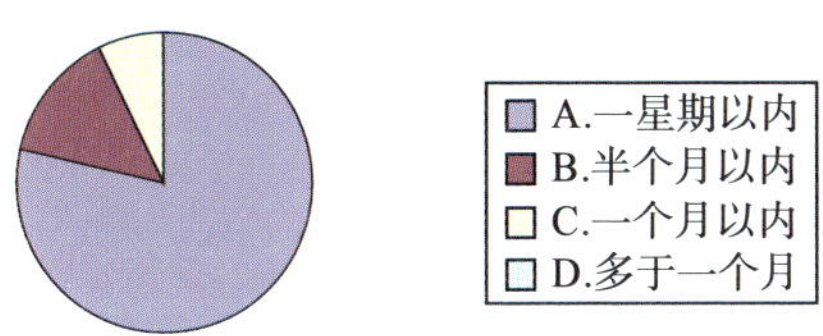

题 3　贵商场(单位)布置节日装饰共用多少工作量?

大部分单位在布置节庆装饰品所花费的工作量都在一星期以内,只有一小部分单位花费一周至一个月以内。这说明大部分单位都不希望在布置装饰上花太多时间,多数单位都希望时间可以用来提高他们的工作量。

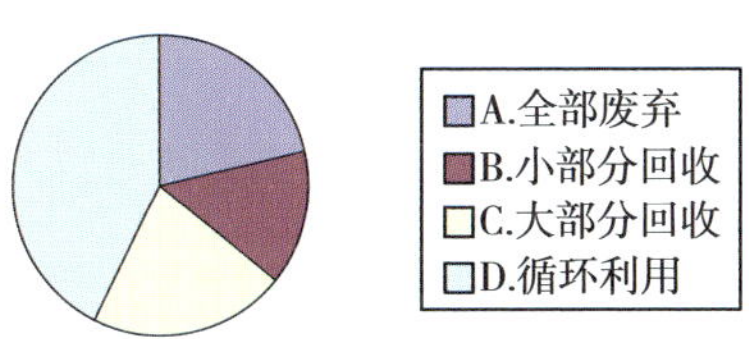

题 4　贵商场(单位)节日装饰用完以后如何处理?

大部分单位都会把废弃的装饰品循环利用,有小部分单位会直接废弃或者回收,这说明大部分的单位都有环保的意识。由于有一部分单位会全部废弃,而大部分的装饰品由纸类制成,这大大地浪费森林资源。

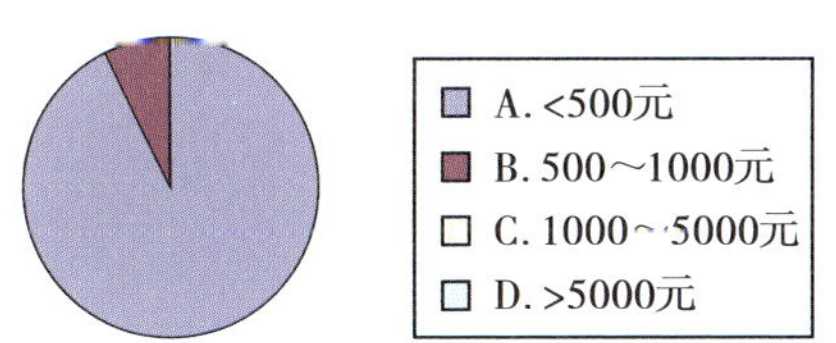

题 5　贵商场(单位)拆装及处理共花费多少钱?

大部分单位都花费 500 元以内的钱在拆装处理装饰品。可见大部分单位都不愿意在装饰品的拆装处理花太多钱。

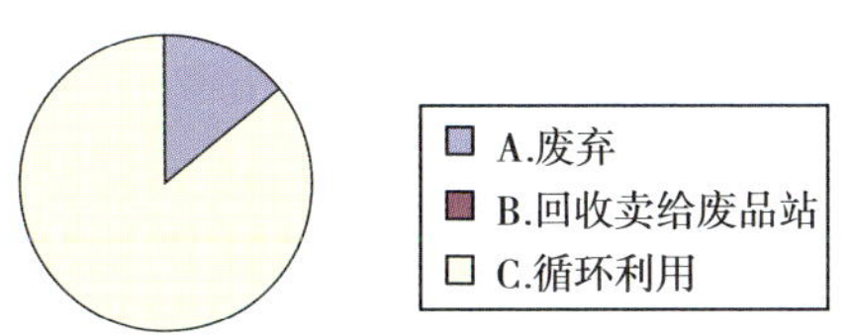

题 6　您认为节日装饰"垃圾"应该如何处理?

大部分单位都能进行装饰垃圾的循环利用,大家都希望废弃装饰品能再度利用,以减少开销。

家庭和个人

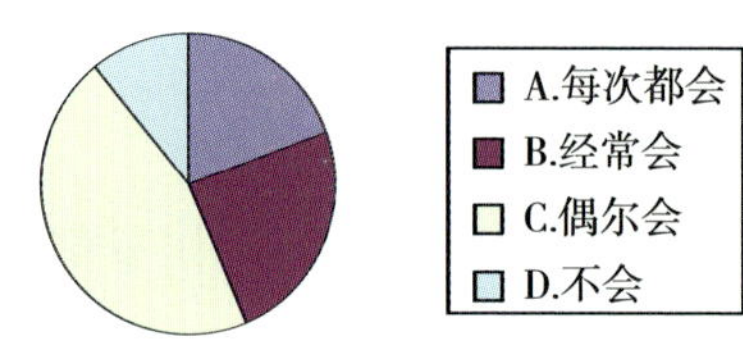

题 1　逢年过节时您家会买节日装饰用品吗?

过节时购买装饰品,装点自己的家是人们的习惯。调查显示,会购买的人数是不会购买人数的 8 倍,可见绝大多数的人在过节时都会购买,所以装饰品的回收与利用也成了一大商机。

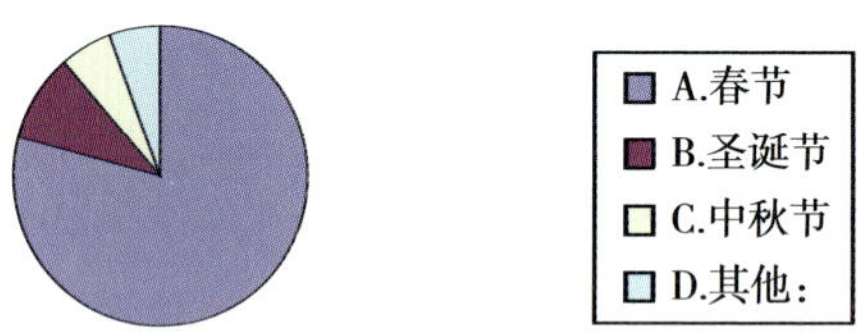

题 2　不一定每一个节日都买,经常买节日饰品的节日是:

调查显示,人们在春节期间购买装饰品的人数远超于其他节庆,体现出人们对春节这一传统佳节的重视。

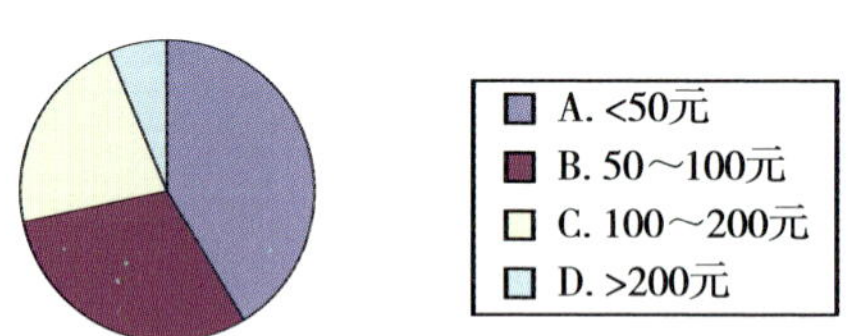

题 3　每年买节日饰品要花多少钱?

每个人购买花费低于 50 元的人最多,而花费超过 200 元的人屈指可数。花销不大应有两方面原因:一是个人对装饰品需求量小,所以购买数量少;二是装饰品物美价廉。

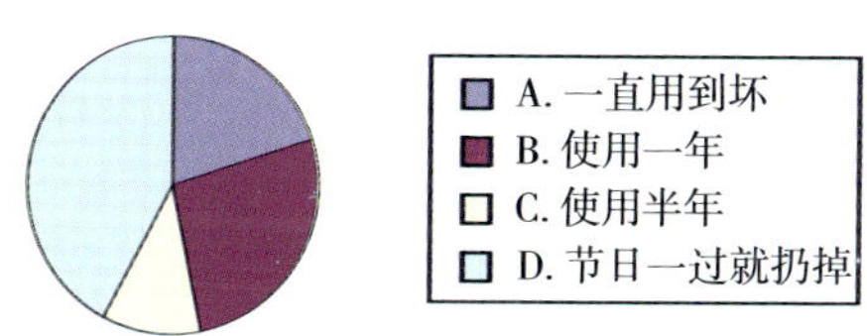

题4　买来的节日饰品用多久?

由于价格低廉,装饰品的使用寿命不长,使用时间最长的基本上在一年左右。有接近一半的人节庆一过就扔掉,直接造成了资源的浪费。

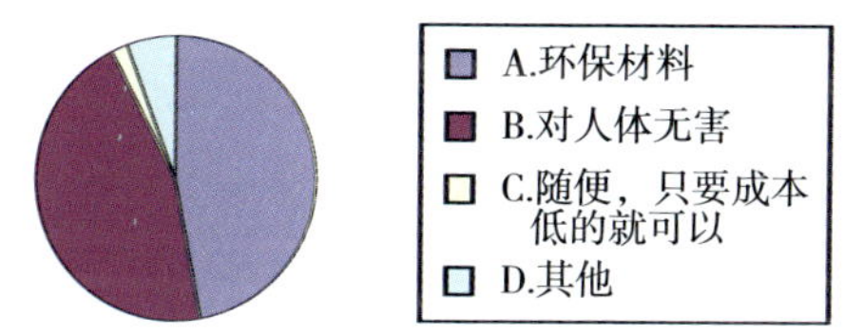

题5　您认为节日饰品应使用何种材料制作?

大多数的人们希望用环保和对人体无害的材料制成节庆装饰品。说明人们重视身体健康和环保,并有较强的环保意识。

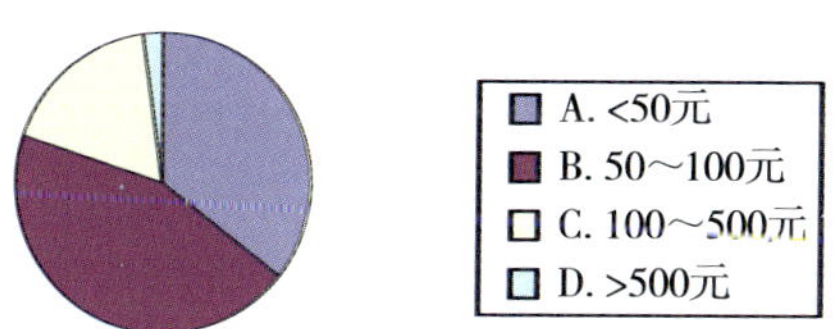

题6　如果用环保健康的材料,但是价格比较昂贵,请问平均在什么价位内你能接受?

市民不希望环保材料的价位过高,大多数人都希望其价钱较低。大多数人可接受100元以内的材料,也有多数人希望环保材料的价位在50元以下。所以环保材料制成的装饰品能够物美价廉,吸引更多的市民消费。

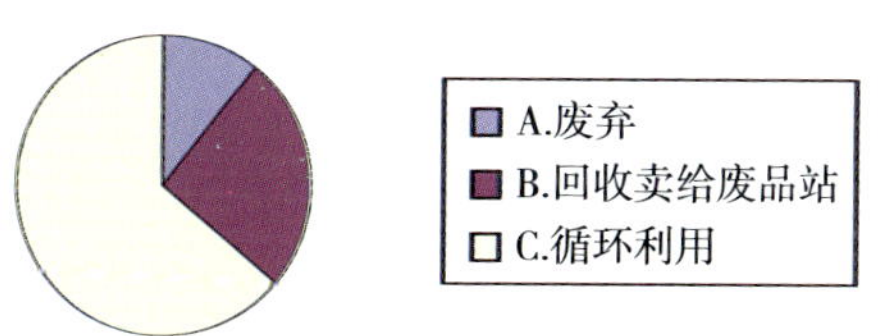

题7　您认为节日装饰"垃圾"应该如何处理?

绝大部分的人们都希望废弃的节庆装饰品可以循环利用;也有一部分人

希望废弃装饰品可以回收，并卖给废品站；仅有小部分人直接丢弃这些没用的装饰品。可见有一部分人具有一定的环保意识。

调查小组 2：

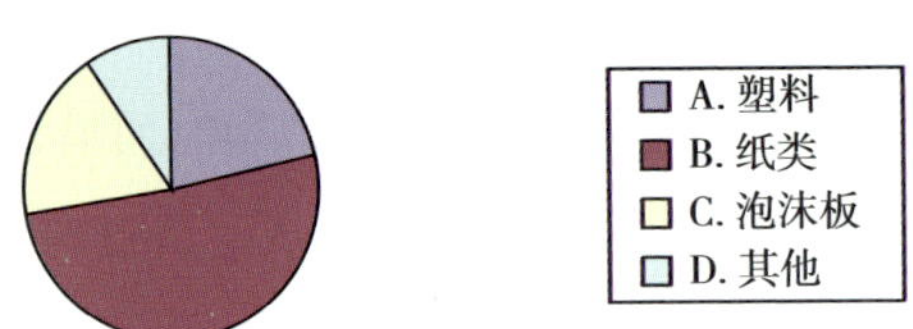

题 1　贵商场（单位）节庆装饰采用什么材料制作？

50%的人都选择了较便宜、易回收的纸类用品。但从所占的比例来看的话，市民的环保意识还是不够强。

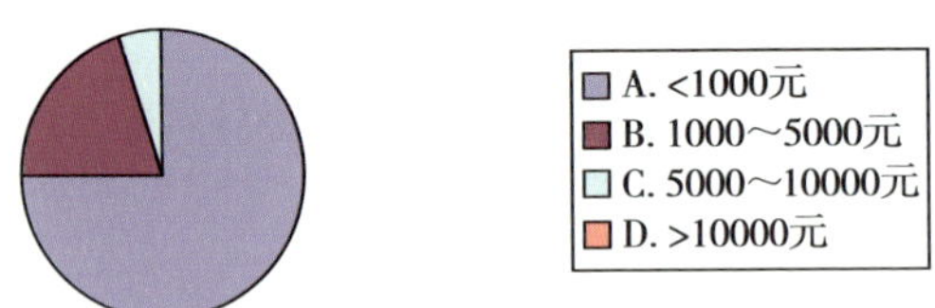

题 2　贵商场（单位）布置节庆装饰共花多少钱？

花费在一千以下的占 75%，说明在节庆装饰这个环节中花费得不多，也不会引起不必要的浪费。

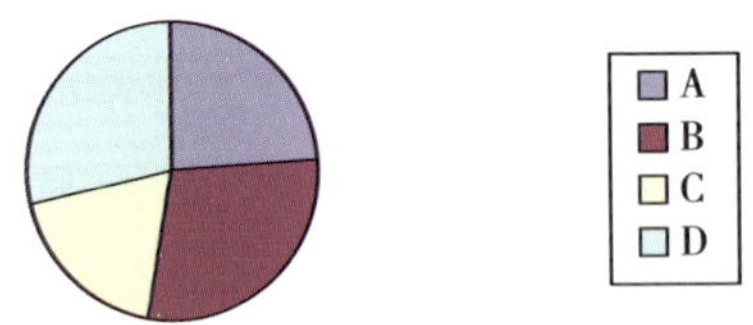

题 3　贵商场（单位）布置节庆装饰共用多少工作量？

各个商场公司所花费的时间不一，但布置在半个月内的占 28%。

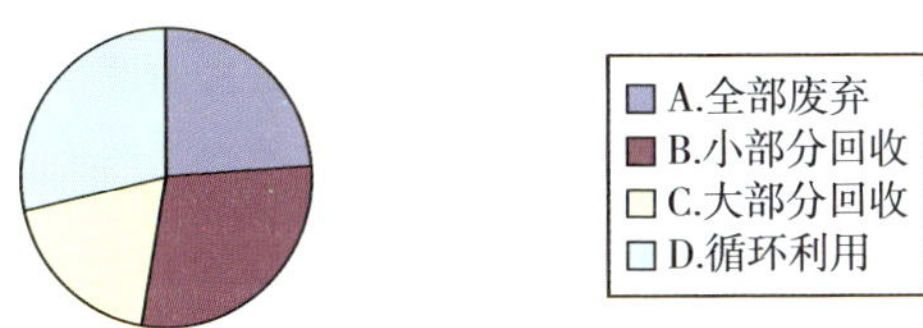

题 4　贵商场(单位)节庆装饰用完以后如何处理?

选择回收利用的占高达 76%,可见人民的环保意识还是很强的。

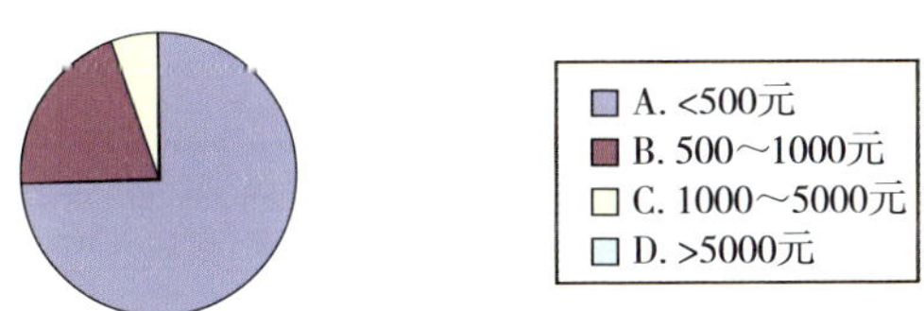

题 5　贵商场(单位)拆装及处理共花费多少钱?

74%的商场或单位拆装处理都在 500 元以下,说明大部分商家都很节约。

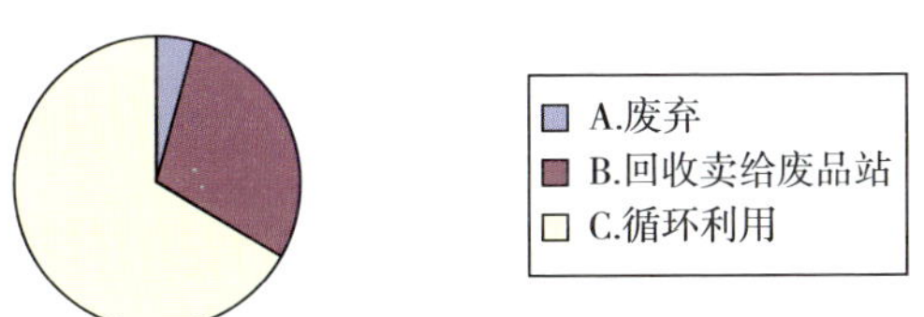

题 6　您认为节庆装饰"垃圾"应如何处理呢?

绝大多数商家都比较有环保意识。

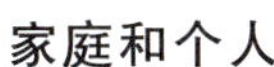

家庭和个人

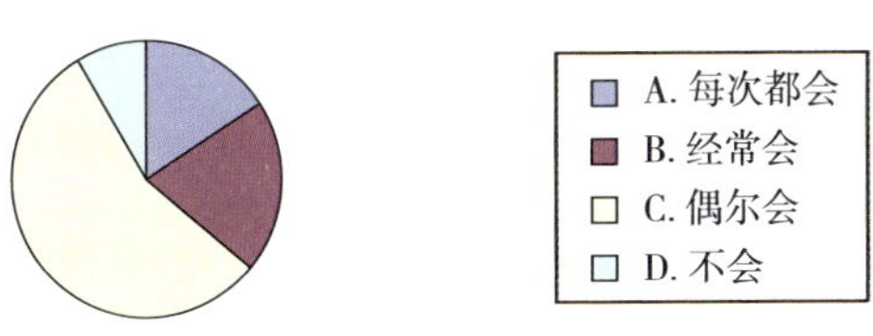

题 1　逢年过节是您家会买节庆装饰用品吗?

市民对节庆装饰品并不太注重,从中也可以知道浪费的不会太多。

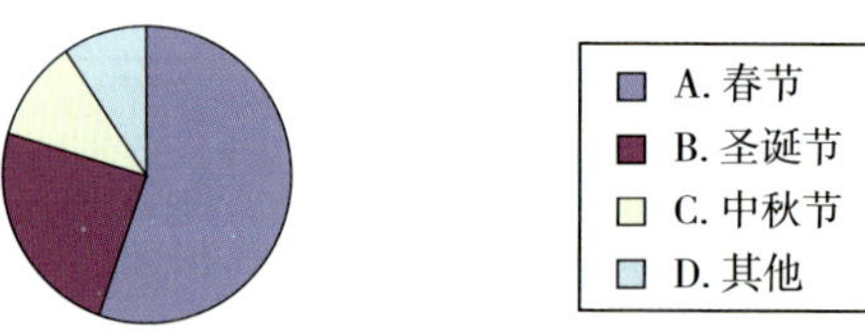

题 2　不一定每一个节庆都买，经常买节庆饰品的节庆是？

在中国，春节是不可以忽视的节庆，而且春节的节庆用品也是数量众多，所以，要加强春节时期节庆用品的回收。

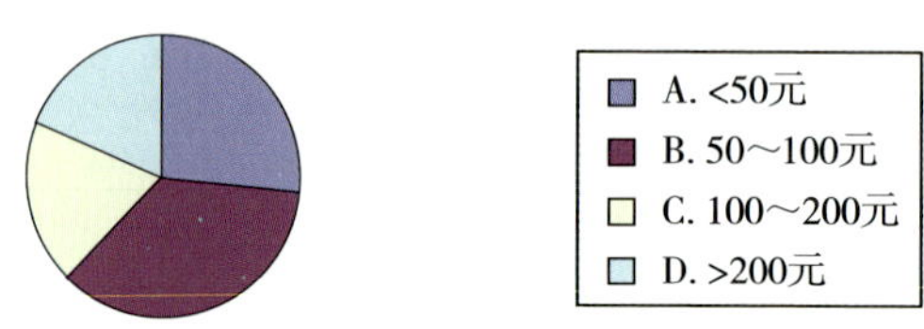

题 3　每年买节庆饰品要花多少钱？

大部分人买 50～100 元之间的商品，可见人们购买节庆装饰品的局势在上升。

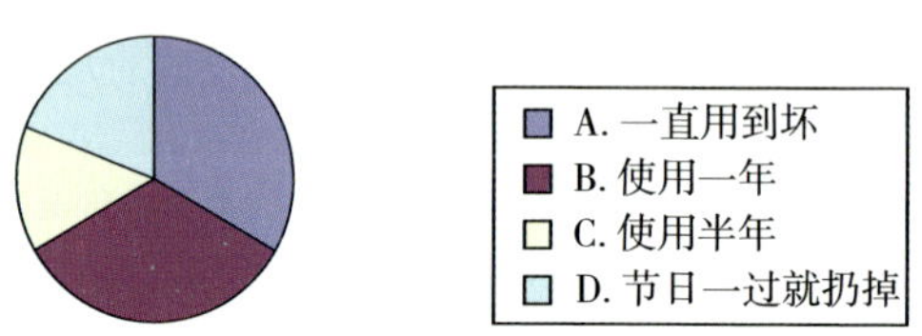

题 4　买来的节庆饰品用多久？

选择用一年的较多，可以得知人们的环保意识较高，但是还要加强。

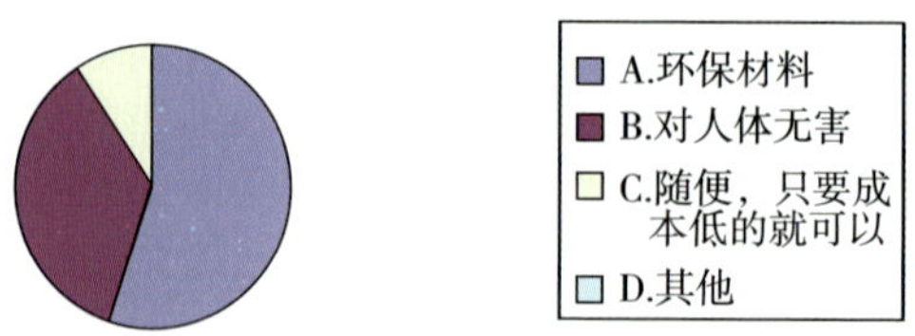

题 5　您认为节庆饰品应使用何种材料制作？

由此可见，虽然人们的环保意识较强，但是行动上却不大相同，大部分买的是便宜的纸制品。

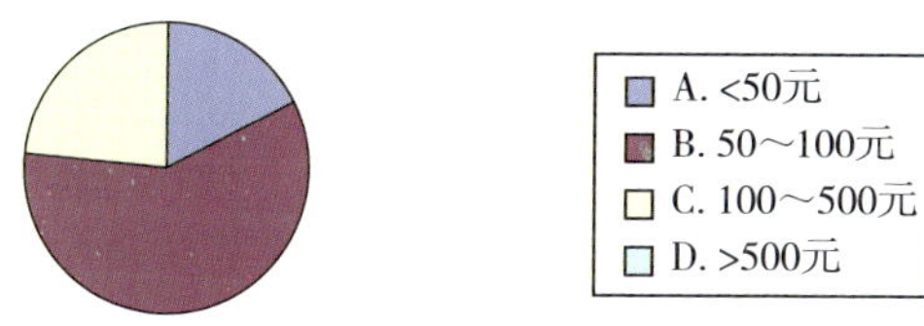

题6　如果用环保健康的材料，但是价格比较昂贵，请问平均在什么价位内你能接受？

人们比较注重节庆商品的价位，50～100元是大部分人能接受的价位，说明大部分人还是比较节约的。

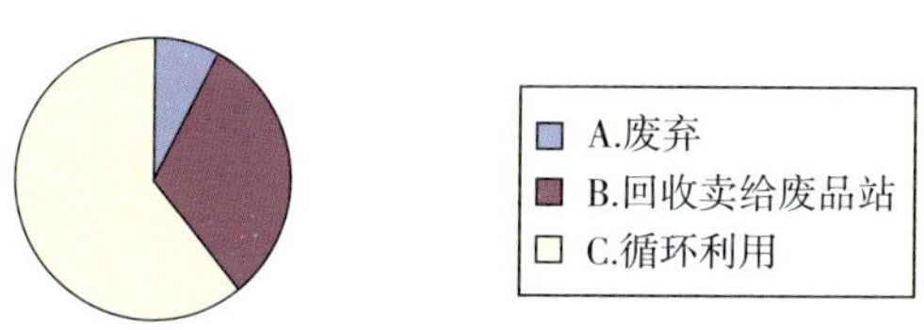

题7　您认为节庆装饰“垃圾”应如何处理呢？

这个同上几则调查的结果差不多，人们都有这么说，但做起来就差强人意了。

调查小组3：

商场和单位

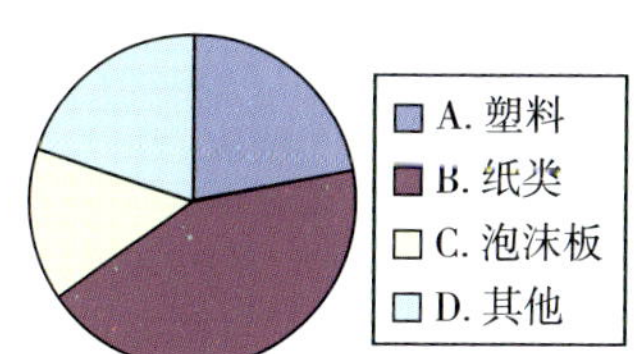

题1　贵商场(单位)节庆装饰采用什么材料制作？

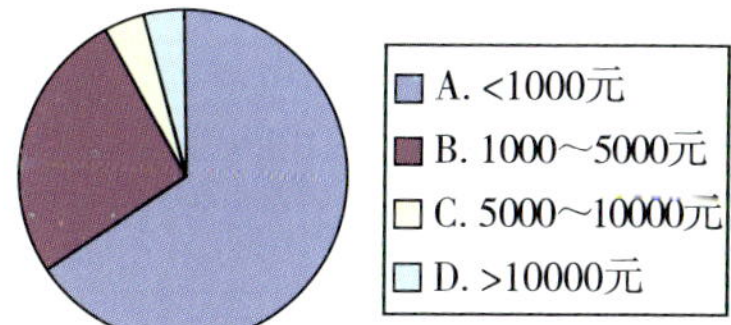

题2　贵商场(单位)布置节庆装饰共花费多少？

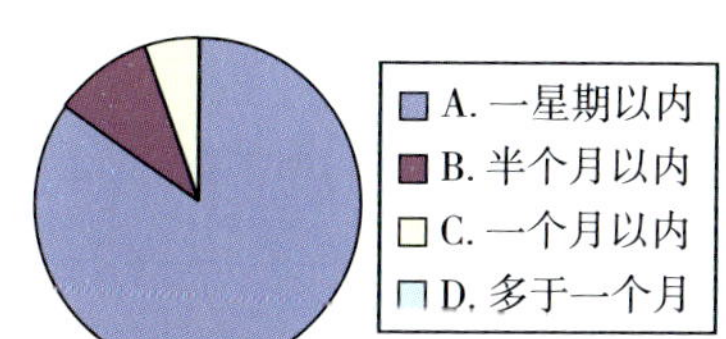

题3　贵商场(单位)节庆装饰共用多少工作量？

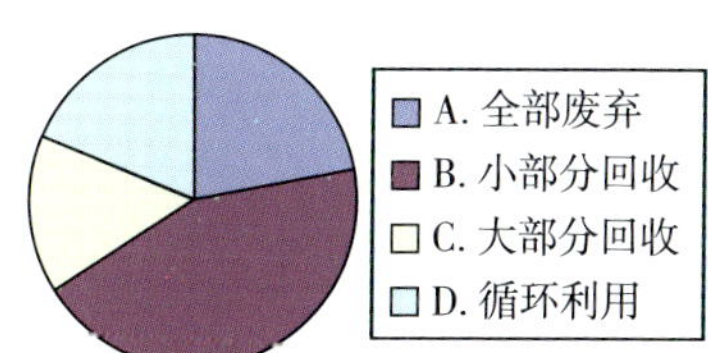

题4　贵商场(单位)节庆用完以后如何处理？

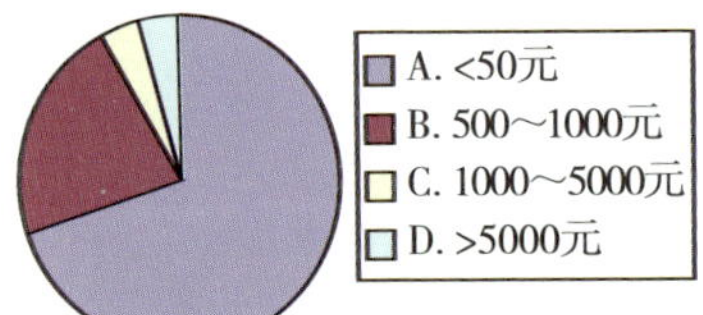

题 5　贵商场(单位)拆装有处理共花费多少钱?

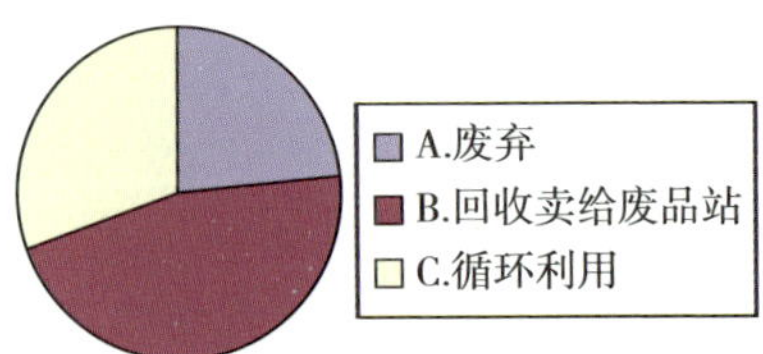

题 6　你认为节庆装饰“垃圾”应如何处理呢?

评析:大部分单位的节庆装饰品用纸制作,基本花费不超过 1000 元。大多数一星期内装饰完毕,用完后小部分回收,拆装处理小于 500 元。被调查单位认为节庆垃圾应回收卖给回收站处理较好。

家庭和个人

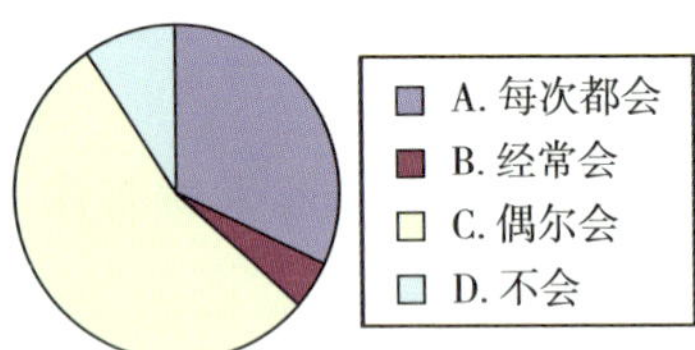

题 1　逢年过节时您家会买装饰用品吗?

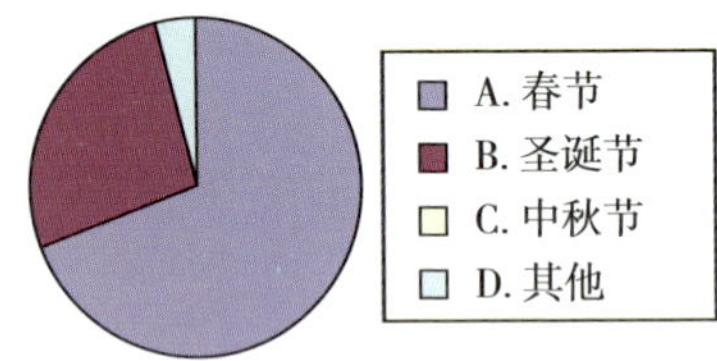

题 2　不一定每一个节庆都买,常买节庆饰品是:

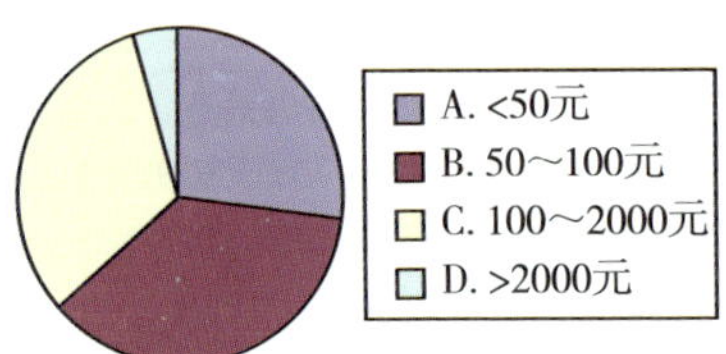

题 3　每年买节庆饰品要花多少钱?

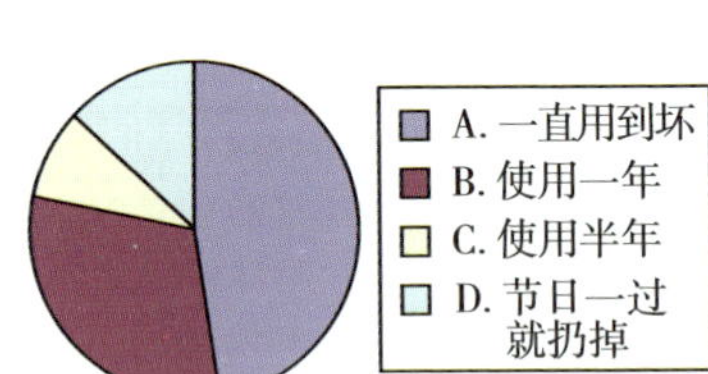

题 4　买来节庆饰品用多久?

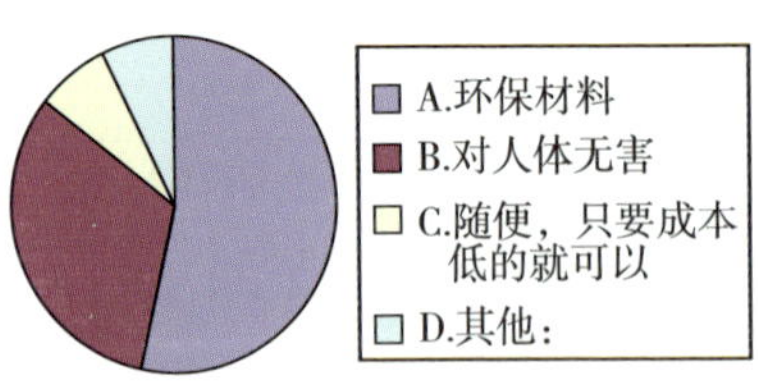

题 5　您认为节庆饰品应使用何种材料制作?

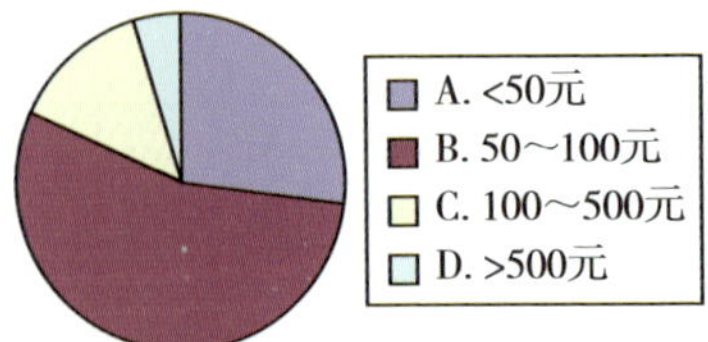

题 6　如果用环保健康的材料,但是价格比较昂贵,请问平均在什么价位内你能接受?

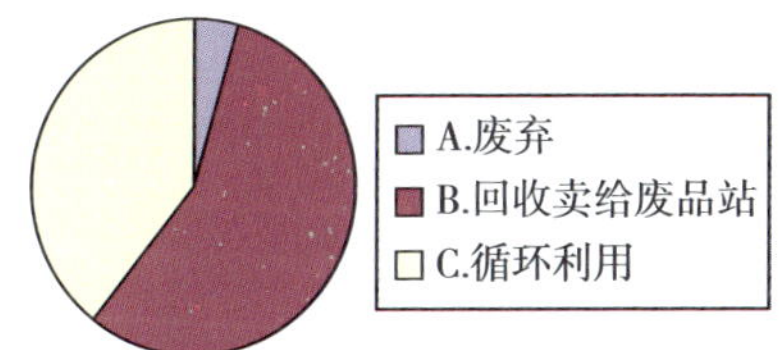

题 7　您认为节庆装饰垃圾应如何处理？

评析：大多数家庭和个人偶尔会购买节庆装饰品，多在春节期间购买。花费基本上在 50～200 元之间，多数人一直用到坏。众多人青睐环保材料或对人体无害的装饰品。对于用环保健康的材料，被调查者多数认为在 50～100 元较能接受。多数人一般将节庆装饰垃圾回收后卖给回收站。

调查小组 4：

商场和单位

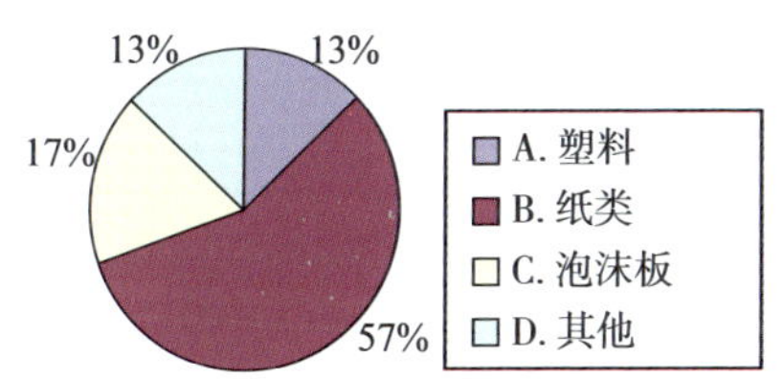

题 1　贵商场（单位）节庆装饰采用什么材料制作？

人们大多选的是 B，说明人们现在已经对环保材料有了一定的认可，这正是社会进步的体现，是人们思想进步的体现。

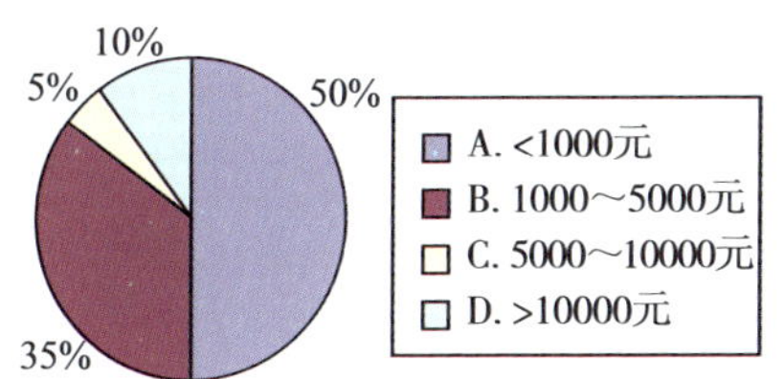

题 2　贵商场（单位）布置节庆装饰共花费多少钱？

大多数人选择的是＜1000 元，1000～5000 元的就已经不多了，更不用说更大的价钱了，单位总会尽量节省各项的支出，节庆装饰也不例外。

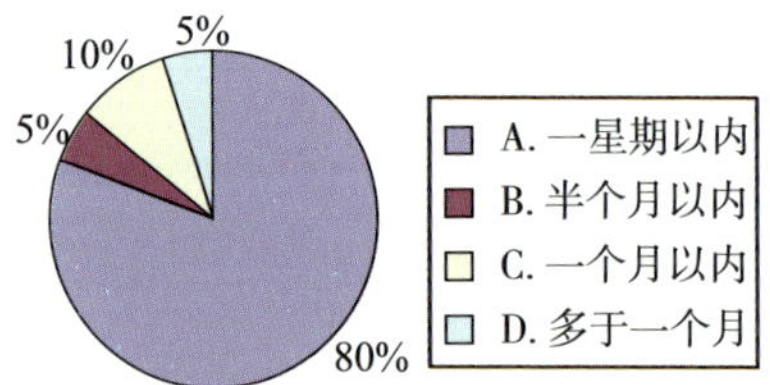

题 3　贵商场(单位)布置节庆装饰共用多少工作量?

一星期以内就布置完的占据了 85%,可见,时间是现在这个紧凑的社会中很宝贵的一项资源,人人都懂得尽量节省各种时间,提高工作效率。也有少部分单位用一个月的时间进行装饰。

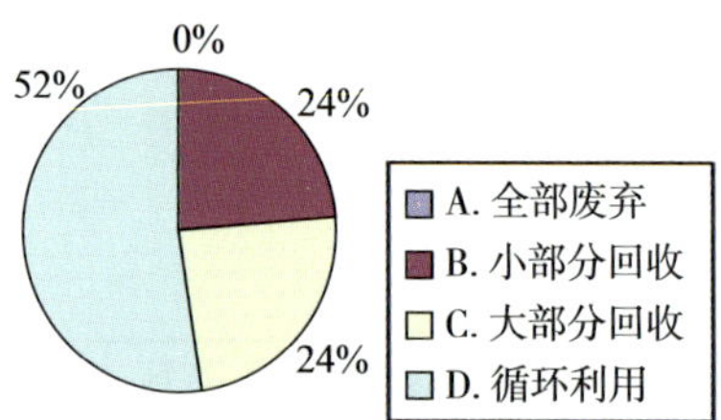

题 4　贵商场(单位)节庆装饰用完以后如何处理?

A 选项为 0%,但是据事后了解,几乎所有的废弃物都是以废弃的方式来处理,但是人们填的时候却没有填这一项,这是一个很奇怪的现象。

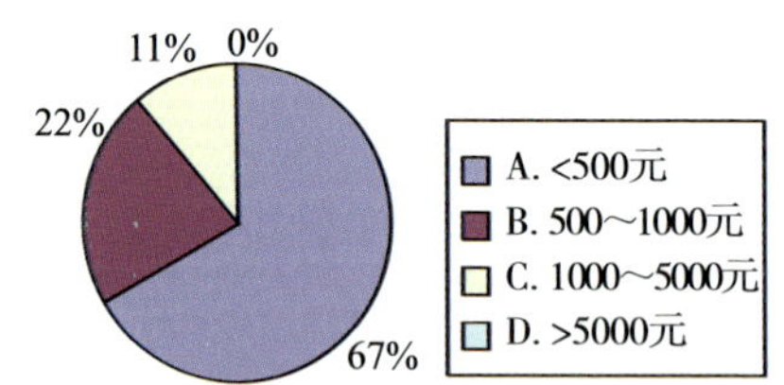

题 5　贵商场(单位)拆装及处理花费多少钱?

D 选项为 0%,但这是可以理解的,这说明人们对于钱是看得十分重要的,会尽量去节省开支。

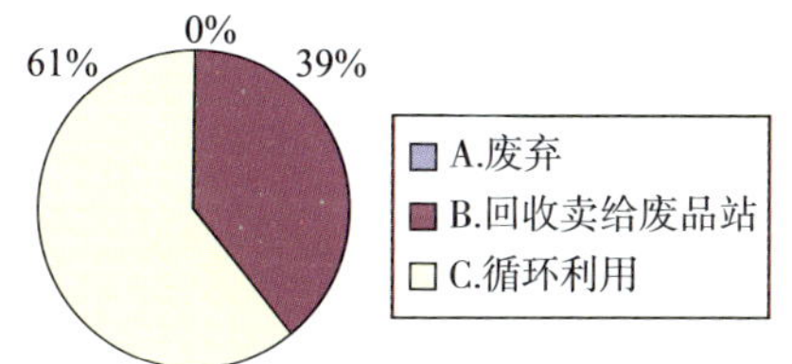

题 6　您认为节庆装饰“垃圾”应如何处理？

理想总是美好的，但现实总是残酷的，虽然人人都不想废弃，但很多的单位还是废弃了所有的装饰品。

家庭和个人

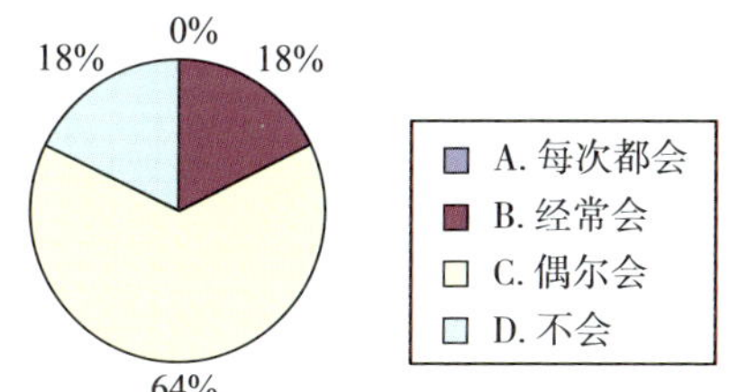

题 1　逢年过节时您家会买节庆装饰用品吗？

没有一个家庭选“每次都会”，这说明节庆要装装饰品在人们心中并不重要，还没有成为一个习惯。

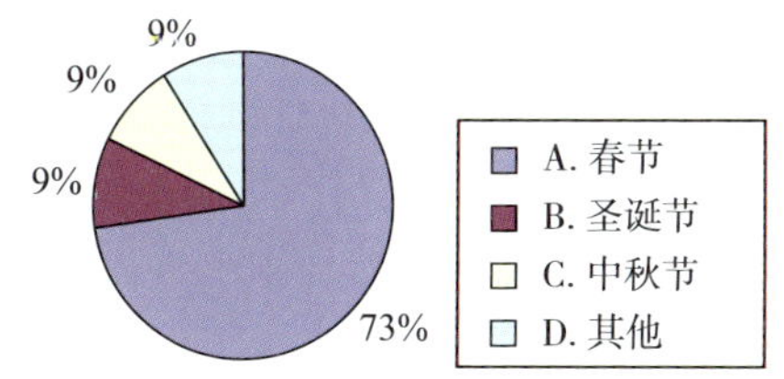

题 2　不一定每一个节庆都买，常买节庆饰品是：

75％的人选择了春节，这说明春节在人们心目中的地位比较重要。而有人选择圣诞节，也说明了西方的节庆已经在中国流行起来。

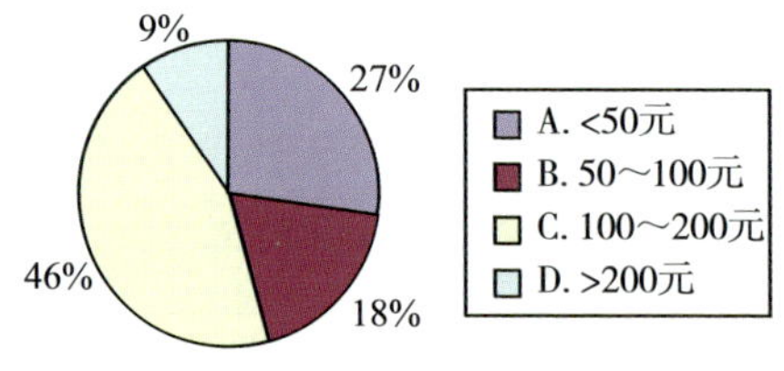

题 3　每年买节庆饰品要花多少钱？

开支当然是越小越好，但有得保证质量，所以选择 100～200 元之间的人比较多，这说明人们认为节庆装饰必要，但又必须要节省钱财。

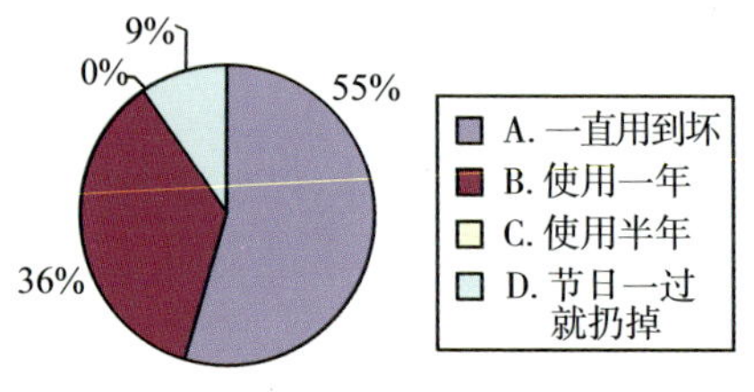

题 4　买来节庆饰品用多久？

装饰品要么用到坏，要么用到下一次节庆再换新。

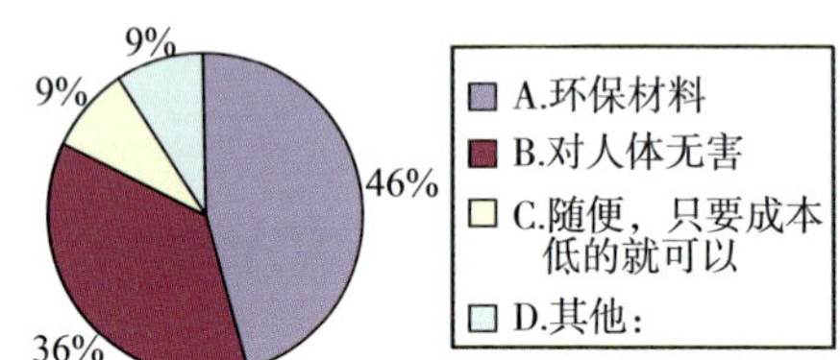

题 5　您认为节庆饰品应使用何种材料制作？

人们多选“环保材料”和“对人体无害”，从中可以看出现在的人类已经认为身体是比钱财这种身外之物更为重要。

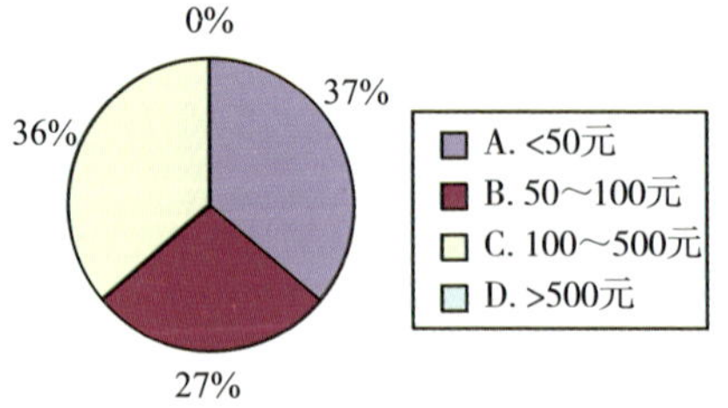

题 6　如果用环保健康的材料，但是价格比较昂贵，请问平均在什么价位内你能接受？

这一题的选项比较平均，但是都在500元之间。

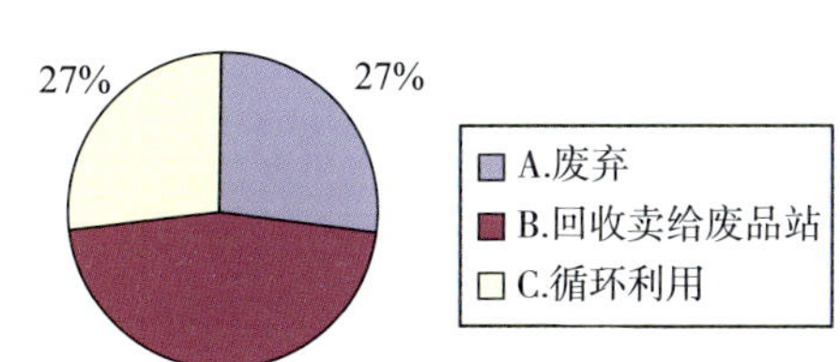

题7　您认为节庆装饰垃圾应如何处理？

这与“单位和商场”的同一题不同的是，有人选了废弃，这可能是因为家庭的数量太少。

三、具体分析

（一）商场和单位

商场及单位的节庆装饰品所采用的材料，大部分市民选择了纸类装饰品，这说明了目前大多数人都有较高的环保意识，因为纸类是可降解材料，而塑料、泡沫板等材料都不可降解。尽管大多数人都选择了纸类装饰品，但仍有13%商场和单位选择了那些不可降解的塑料或泡沫等材料，这会对森林资源及环境造成一定的破坏。

纸类装饰品不仅有上述优点，而且花费较少。我们在调查中发现，大多数选择纸类装饰品的小商场及单位都选择了小于1000元的花费。在我们更深入的调查中发现，其实这些选择小于1000元花费且使用纸类装饰品的商场及单位中，90%的花费都没有超过500元，可见纸类装饰品花费少且可回收利用并有可降解的优点，深得广大消费者的认同；还有10%则是大商场需要很多装饰材料的，而且还选择塑料、泡沫板等材料花费既多又不甚环保。所以，我们还是提倡选择纸类装饰品的。

据我们的调查，中小商场都在一个星期之内就能完成装饰品的拆装工作，而大商场最多也只要一个月的时间，而拆装费用几乎都在500元之下。大约40%的商场和单位在拆除了装饰品后采取回收循环利用，选择全部废弃、小部分回收或大部分回收各约占20%，这再一次说明，现在市民的环保意识与过去相比有了很大的提高。

（二）家庭和个人

我们在调查中发现，大部分家庭及个人是偶尔在节庆中购买节庆装饰品，这说明对于大部分市民节庆买装饰品的想法还没有形成习惯，大部分都是在春节才会进行节庆装饰布置。

家庭及个人在节庆装饰品上花费一般都不超过50元，这与商场及单位中出现的情况极为相似，可见大部分人比较节省，觉得没必要在节庆装饰品上花太多钱。

但是在用完这些节庆装饰品后，选择节庆一过就扔掉的人还是占3成，这一点就不禁令人有些失望了。但可喜的是，约有3成的人选择了一直用到坏，这种节约的精神是值得发扬的。不过还有一些人是选择了使用半年或一年就扔，我们建议这些人应该从更环保的角度去思考、去节约。

在选择材料这方面，人们几乎都对环保和对人体无害的材料比较看好，这说明了人们对环境保护与自身健康十分看重，这也是人们价值观的一个提升。大部分人对环保材料的价钱高低与否不太看重，大多数人对50～100元之间的装饰费用比较能接受。

以上调查我们发现，无论“商场和单位”或者“家庭和个人”，均较重视节庆装饰品的回收利用，这说明人们的环保意识越来越高。

另外，我们走访了垃圾回收店。

为更进一步了解节庆用品回收的程度，我们活动小组同学分三路在住宅区附近走访了二十余家的废品回收站，了解垃圾（尤其是节庆垃圾）的回收情况。

以下是我们对这二十余家废品回收站的采访记录资料的整理与采访：

（1）每天大概会回收到多少垃圾？

答：有多有少，并不确定，也没有去统计过。

从这个问题，我们看出大家对废品回收并不十分重视，“有多有少，并不确定”说明一些家庭可能是因为有时突然想到或有些大件商品坏了，才去回收。厦门政府也没有调动大家的积极性做好回收循环使用，因此许多人不重视垃圾的回收利用。

(2)在节庆时是否会多收一些节庆用品垃圾？

答：会多一点。但节庆用品中大部分是吃的喝的。

这说明人们对回收节庆装饰用品不是很重视。“会多一点”说明并没有明显增多，而相比现在人对节庆和节庆用品的重视，说明太多装饰品被丢弃。

(3)节庆垃圾中大多数是什么材料组成的？

这个答案不一，有的说就是饮料（塑料）和酒（玻璃），有些说是不清楚，而只有一个老板准确地告诉我们说塑料瓶、玻璃瓶、纸箱子和木制品会多一点。

因为有些被采访者的回答不是很明白、准确，经过我们的讨论，可总结得出如下结论：第一，装饰品的种类广泛。第二，节庆装饰垃圾的回收零零星星，数量不多，且没有完整的分类。第三，厦门市政府没有采取相应的措施鼓励人们重视回收节庆垃圾。回收站的工作人员发现：人们重视像木制品、玻璃制品等能卖更多钱的废品回收，而并不重视真正的环保问题。

在我们对多家商店和各行各业的调查问卷的调查中，我们发现：大部分人都赞同把节庆废品循环利用，或者把节庆废品卖给废品回收站。但令我们感到遗憾的是，采访调查结果与问卷调查结果大径相庭：绝大部分人并没有像他们所说的把节庆废品循环利用或卖给回收站，而是直接丢弃。对节庆的鲜花处理更令人沮丧。

我们走访多家鲜花花店和新开张的商店或公司，了解节庆花卉的处理。

我们活动小组同学还调查走访了学校和住家附近几家新开张的商店或公司，了解他们是如何处理开展庆典的花篮和花盆，调查结果基本情况是：大部分新开张的商店或公司庆典后将花篮直接扔掉，而不是采取回收。调查鲜花市场的花店，了解他们是如何处理已凋落的却没有卖出的鲜花，结果和新开张的商店或公司相同——直接扔掉。这些说明人们对利用价值不高的鲜花的回收利用不重视。从以上各种调查结果显示，厦门节庆装饰花卉的回收率很低，这些“垃圾”鲜花的回收利用根本没有引起政府重视，大部分市民回收节庆“垃圾”的意识相对较为淡薄。

我们还上网搜索了解其他地区的节庆“垃圾”回收利用情况。

我们上网搜索资料时，看到了这样一则新闻：元宵节过后，多日来给广州市民带来喜庆和靓丽的年花，完成其“光鲜”使命后就被丢弃在大街的角落。

被遗弃在大街的花并无泥土来将它“化”去，落得与脏水、垃圾、臭气等为伍的下场。而且当市民王小姐想自己省点劲，让环卫站进行垃圾分类、回收利用。可没想到的是，一盆年花回收价就要近百元！

广州市市民侯先生质疑，为什么城区没有统一回收年花、年橘的机构呢？“花盆、花土都是很好的资源，可以回收再利用。”网上资料显示：市民建议将可重复利用的年花捐给福利院或学校，废弃的年花则要进行垃圾分类处理，较好的年花可考虑回收利用。

许多人也为年花回收伤透脑筋，因为广州网友坚决不赞成年花回收专门收费。广东省农业科学院果树研究所杨乔松博士对于网友的建议认为，目前广州年花回收、处理的方式的确有些浪费、不够环保。而且年花的花盆、花泥、花枝、花根等各有用途，并非毫无价值。他还建议，年花回收一方面要环保、科学，尽量不收费，另一方面要尝试专业化、市场化，将其发展成新兴产业。

以上的新闻说明广州市的市民和专家普遍重视节庆垃圾尤其是年花、年橘的回收。但令人遗憾的是，从网上搜索的各类资料和我们深入实际进行调查结果，我们发现：目前在全国，还没有正式的机构来回收年花、年橘等节庆垃圾，所以才导致了乱收费的现象。因此我们建议要成立回收机构，只要成立了这种公司，并统一标价，不仅可以方便市民节庆垃圾的回收，还能带来一定的经济效益；回收机构可以考虑将回收的年花、年橘出租，既环保又有经济效益，对个人、社会都有利，具有良好的社会效益。

以上资料显示其他省市的节庆“垃圾”回收利用做得比我们厦门好。

（三）提出解决对策

通过以上问卷调查和对垃圾回收站的采访，经课题组全体同学的讨论，我们得出如下的结论：

(1)大部分商家和公司由于利用了不可回收的装饰品，并且对废弃的装饰品没有进行有效合理的回收和利用，造成了许多不必要的资源浪费。

(2)大部分家庭和个人虽然在节庆装饰品上的花销较少，且有一部分家庭有较强的环保意识，能较充分地利用资源，但是我们仍然发现因许多装饰品和节庆礼品包装的有效使用期短而造成的资源浪费。

(3)在废品回收这一环节，因没有正规的回收机构进行回收，造成节庆用品的回收成本过高,成为废品回收利用的最大障碍。

调查中我们还发现,随着人们生活水平的提高,节庆礼品包装越来越精美,所占的成本也逐渐提高,节庆装饰品也使我们的生活更加多姿多彩。但是对节庆废品回收利用,大部分的市民仍然没有足够的重视;部分市民虽然有这方面的意识,但是由于各种因素的限制也没能付诸行动。在提倡低碳、节能、环保的今天,节庆装饰品及包装的回收利用成为了资源有效合理利用的重要环节。节庆装饰品的回收利用不仅可以节约资源、减少浪费,还可以减少污染保护生活环境,取得良好的社会效益和环境效益,为构建生态型的和谐社会做贡献。为此,我们实践活动小组全体成员认为,加强节庆用品的回收利用势在必行。

经过认真讨论和研究,提出了以下几点的建议,提高节庆用品的回收利用:

(1)建议节庆装饰品生产厂家在节庆装饰品和包装上应尽量采用可再生材料,也可以设法寻找一些材料的替代品,如用硬纸皮代替原木、塑料等。在节庆物品的包装上用创意代替华丽,尽量简化物品的包装,同时又能够吸引消费者。

(2)建议大家使用节庆用品后能及时进行分类整理,保留还可以循环使用的用品,以便循环使用。对于不能再使用的垃圾送去回收站,以便进行再加工处理,充分利用可利用的垃圾作为工业原料。

(3)建议大家要重视节庆用品回收和循环利用。使用节庆装饰品的家庭、商场和公司都要循环使用和回收节庆用品,对一些较耐用的节庆装饰品进行重复使用,甚至可考虑租用等,延长装饰品的使用期。在一定程度上减少装饰品的使用量,既节省开支,又有利环保。

(4)建议成立专门机构(公司)回收婚礼及各种庆典活动使用的鲜花、花柱、年花、年橘等各种花卉,并考虑往出租再利用的方向发展,满足人们的需要。对不可再循环使用(已凋落)的花卉,则回收后再利用,如制成干花、花肥植物精油等较高利用价值的产品。

(5)建议回收单位应把节庆装饰品的回收作为回收站回收废品的一个重要组成部分。回收站应该考虑降低回收费用,让普通市民和商家都能承受,以增大回收利用率。通过网上调查我们了解到：目前所有的干花公司都是用鲜花来制造干花，没有公司使用二次利用的花。所以我们设想：如果我们将回收来的花作为干花、花肥的原材料，用鲜花茎做花肥，鲜花朵做干花，这样不仅仅降低了成本，也让花卉利用得更加充分（充分发挥鲜花的使用价值）。回收站还可以将回收的花盆、花土低价给花卉公司，花卉公司可将收购的花盆和花土直接作为盆栽为原材料，这样既节省了成本，又低碳环保。

（6）希望政府对节庆用品的回收给予高度重视，加强节庆用品回收利用重要性的宣传，加强市民的环保意识也是解决这一问题不可或缺的环节。

首先应该让人们都认识到，节庆的装饰并不是越复杂越好，节庆礼品的包装也不是越奢侈越好。人们在节庆中感受到的欢乐并不在于那些花花绿绿的装饰品，而是节庆本身所包含的深刻内涵。同样，过于华贵的节庆礼品包装反而会喧宾夺主，淡化了送礼人对收礼人的情意。在这个低碳时代，能让所送的礼品体现环保健康，才是最时尚的！

其次要充分调动大家积极性，采用奖励形式加大节庆用品回收利用的力度。

在这次的研究性学习中，虽然我们只调查了一小部分市民，调查统计的方法也不是十分科学合理，但是我们在这次调查中开阔了视野，提高了自身的发现问题、探究实践和解决问题的能力，同时认识到节庆用品回收利用造成的环境问题的严重性，这些都令我们十分担忧。低碳生活还未深入到我们日常生活的每一个角落，但是我们坚信，只要我们共同努力，创建和谐美好环保的社会这个宏伟的目标，最终一定会实现！

参考文献

[1]南方都市报.六成鲜橙网友支持年花回收利用.

[2]http://www.baidu.com/.

[3]http://gcontent.oeeee.com/b/20/b20bb95ab626d93f/Blog/84b/226632.htm.

点评:该研究项目最大亮点是做了充分的调查,有问卷调查、采访、实地考察,考察厦门的垃圾焚烧厂、厦门海沧垃圾填埋场。对问卷调查进行详细的数据分析,讨论,得出详尽而严谨的研究结果,并提出合理的、科学的处理建议。但节庆垃圾种类繁多,对于知识、见识还很有限的初中生来说,难度较大,提出的建议还有待提高。

学生毕业去向:周泽锋,本科就读于厦门大学化学化工学院,现在美国波士顿学院化学系攻读博士研究生学位;杨懿,本科就读于中南大学,2019—2020 年在英国利兹大学国际营销管理专业学习,现就业于厦门国贸控股集团有限公司;杨婕,本科就读于华东师范大学,现就业于厦门航空有限公司。

案例四：厦门快速公交运营系统(BRT)调查研究报告

厦门外国语学校 陈鹏昊 朱宁浩 林文威 指导教师：郑早宾

2008年第24届全国青少年科技创新大赛一等奖
2008年第24届全国青少年科技创新大赛十佳优秀社会实践活动

前　言

近年来，厦门车辆正以每天百余辆的速度增长，这对厦门的道路交通系统提出了更高的要求。摆在厦门交通建设者面前有两条路：一是大规模扩建道路，二是发展大容量的公共交通系统。厦门建设者毅然选择了后者，于是，2008年8月31日，厦门BRT建成通车，投入运营。

BRT究竟是一种怎样的城市公共交通系统，它的优势何在？为什么厦门选择了BRT？运营以来，BRT还存在哪些问题？该如何改进BRT的服务体制呢？

我们兵分三路，分两个阶段对以上问题进行了逐一研究。

第一阶段：2008**年**10**月**

此阶段内，第一调查组主要通过网络调查，了解BRT的概况，以及它在国内外其他城市的发展情况，通过资料分析，掌握BRT的优势和概况。

第二调查组通过网络调查，了解厦门BRT的情况，并进行了第一轮的问卷调查，了解市民对BRT的满意程度。

第三调查组对BRT主干线以及链接线沿线站点进行走访，了解BRT日常运营中存在的问题，了解链接线的使用情况。除此，还根据目前现有的道路条件与人员分布情况，初步规划了新的BRT及链接线线路。

第二阶段:2009 **年** 4～5 **月**

此阶段内,我们进行了第二轮的问卷调查。其中:

第一调查组在岛外现有的 BRT 站点发放问卷,了解岛外居民对 BRT 的使用情况以及满意程度进行调查,由此分析 BRT 在衔接岛内外交通上起到的作用。

第二调查组在岛内站点发放问卷,了解岛内居民对 BRT 的使用情况和满意程度,由此分析 BRT 在缓解岛内交通状况上起到的作用。

第三调查组在尚未建设 BRT 的海沧、翔安两区发放问卷,了解两区居民对 BRT 的需求情况,由此更加因地制宜地规划两区未来有条件发展的 BRT 线路。除此之外,该组还在岛内没有开通链接线的人流集中区发放问卷,了解这些地方的人对 BRT 和链接线的需求情况,由此规划更加合理的链接线线路。

通过以上的调查结果,我们解决了开头提到的几个问题,同时依据调查得到的数据,结合 BRT 线路的发展原则以及专家的指导,我们对 BRT 未来的发展做了初步的规划。

第一章　BRT 简介

一、BRT 的组成部分

(1)专用路权:通过设置全时段、全封闭、形式多样的公交专用道,提高快速公交的运营速度、准点率和安全性。

(2)先进的车辆:配置大容量、高性能、低排放、舒适的公交车辆,确保快速公交的大运量、舒适、快捷和智能化的服务。

(3)设施齐备的车站:提供水平登乘、车外售检票、实时信息监控系统和有景观特色的建筑为乘客提供安全、舒适的候车环境与快速方便的上下车服务。

(4)面向乘客需求的线路组织:采用直达线、大站快运、常规线、区间线和支线等灵活的运营组织方式,更好地满足乘客的出行需求。

(5)智能化的运营管理系统:运用自动车辆定位、实时营运信息、交通信号优先、先进车辆调度,提高快速公交的营运水平。

二、BRT 的特点

快速公交系统是一种高品质、高效率、低能耗、低污染、低成本的公共交通形式，充分体现了“以人为本，构建和谐社会”的发展理念。快速公交系统采用先进的公交交通车辆和高品质的服务设施，通过专用道路空间来实现快捷、准时、舒适和安全的服务。

公交车捷运系统是一种具有专有或部分专有路权、高效率收费系统及现代车辆，提供舒适、便捷、安全服务之先进公交车系统。具体而言，BRT 是以改良的公共汽车，运用轨道运输的经营方式提供大众捷运服务。捷运大众服务的公交车捷运系统，它具有建造时程短、建造成本低、运量大、营运速度快等特性，而且通过各种运具的整合、电子票证系统与优先号志运用，使得营运速度、可靠度以及整体服务水平大幅度提升。因此，对于急速发展亟需提供大众运输服务的城市，BRT 是轻轨或地铁之外的另一选择。

BRT 系统在技术上的最大突破就是“吸收了轨道交通和常规公交的所有长处，同时摒弃了轨道交通和常规公交的缺点”。在技术上兼收并蓄，创造了一种“现代化、高等级、低费用的大容量运送系统”。

快速公交由于其运量大、建设周期短、运行速度相对较快、节约能源，以及建筑成本只有建设同等长度的地铁的 10% 等优势，逐渐成为全球城市公共交通业的发展方向。

第二章　BRT 的发展概况

一、BRT 的起源

BRT 的发展历史可以追朔到 20 世纪 60 年代，当时人们就在做这种探索，设计一种既具有轨道交通容量大、快速等优点，又具有常规公交灵活，尤其是造价低廉的新型现代化交通方式。在这一点上，巴西的库里蒂巴市为我们做出了表率，也正因此，使它成为了世界上公认的公共交通模范城市，并受到联合国和世界银行专家的一致好评，称它的公共交通系统是当今世界上最好和最实际的城市交通系统，是实现城市可持续发展的典范。

二、BRT的国际发展

自1974年巴西库里蒂巴市建成第一条快速公交线以来，在世界范围内，各种类型的快速公交系统得到广泛的应用。在欧洲、北美以及澳大利亚等发达国家，虽然小汽车私人拥有率非常高，并且已有轨道交通系统，但是根据各个城市的交通需求、城市土地规划以及城市的财政状况，快速公交系统仍得到了成功的推广。

三、国内BRT的发展状况

（一）北京BRT：我国第一个快速公交系统

北京快速公交系统在2005年12月20日全线贯通之后，便成了北京公交最热的线路。北京BRT是以月票计价的方式进行收费的，但是这条BRT没有衔接从居民住处的BRT站点的线路。

（二）杭州BRT：在争议中前进

杭州拥有全国第二条BRT公交线路，这条线路也是国内最长的BRT线路。杭州BRT便利、快速、舒适，对市民出行的吸引力逐渐增加，但没有专用车道，且斑马线、隔离墩也带来安全隐患。

（三）常州BRT：一个成功的典范

常州BRT一号线是常州修建的第一条BRT线路，呈南北走向。北起沪宁高速公路南侧（长江贸易中心北侧），南至武进长途汽车站北边。常州BRT突出表现城市公交优先的形式，并且它在设计、建设、管理、服务等方面充分体现了人性化、科技化和高效化的特点。

（四）广州BRT：备受质疑的试验工程

广州中山大道BRT试验线全长19.7公里，拟设29个站点。BRT试验线建成后，中山大道23条现有公交线的普通公交车变身为18米或12米长的大容量BRT专用车辆，这些车辆是普通公交车容量的2倍多。BRT公交车基本行驶在这条专用走廊上，但出了中山大道后，则和普通公交车一样行驶。只有部分路段采用专用车道（处于道路中央），没有专门的站台，乘客出入站台麻烦且增加安全隐患。

(五)深圳 BRT:昙花一现的项目

尽管深圳 BRT 有着远大的发展规划,但由于一些原因,最终停建,以下是我们总结的一些原因:对周边居民影响大,影响市容;跟深圳地铁线路 2 重复,造成资源的浪费;"快了一线,堵了一片"这个问题在深圳很严重。深圳道路资源原本就很紧张,一旦要修建 BRT,就至少得腾出四车道给 BRT 专用,这样可供其他车辆使用的道路会更加狭窄,让原本就堵塞的情况更加恶劣。

周边居民影响大,容易影响市容;与其余公交线路重复,造成资源的浪费等问题,给了厦门 BRT 警示。

第二行动小组的同学查找有关厦门 BRT 的资料,第三行动小组的同学走上 BRT 站台采访乘客,并且向专家咨询。以下是我们的研究成果。

第三章　厦门 BRT

一、厦门 BRT 的简介

(一)厦门 BRT 线网规划

2008 年 8 月 31 日,厦门开通了 BRT。BRT 一期工程共建 5 条线路(简称 4+1,如图 6-4-1 所示)。

图 6-4-1　BRT 一期工程

表 6-4-1 是近期 BRT 线网路简介。

表 6-4-1　近期 BRT 线网路简介

序号	线路	起讫点	途径
1	1 号线	第一码头～厦门新站	厦禾路、莲前西路、县黄路
2	成功大道专线	厦港～机械工业区	成功大道、杏林北路、英环路
3	环岛干道专线	和平码头～机场	环岛干道、五石路
4	2 号线	机场～同安西柯	滨海大道、西环快速、同集路
5	联络线	农科所～会展中心	莲前东路、环岛路

（二）厦门 BRT 的优点

1.高架式车道优势显著

快速公交系统 1 号线岛内段采用高架桥专用车道无障碍形式，主要优势有：

（1）避免地面交叉口的通行所导致的快速公交车辆延误，保证准点率；

（2）不减少地面车道的数量，对目前交通以及社会车辆的通行不造成影响；

（3）高架桥和人行过街大桥可以有机结合，同时解决行人安全过街的问题；

（4）快速公交车站与普通公交结合，实现零换乘或近距离换乘，方便市民搭乘。

（5）快速公交车辆为新型车辆，高架桥面和地面铺设降噪改性沥青，快速公交系统运营后地面普通公交约可减少 30 条线路，在满足市民出行前提下大大缓解了地面交通压力，还减少噪音及粉尘、尾气污染。

2.立体景观更美观

为了确保厦门城市景观主要采用了以下 3 种方法：

（1）压缩高架桥的宽度到 10 米宽，使桥墩比别的立交桥来的细些，视觉上比较通透，且专门对桥梁、桥墩的造型、色彩绿化等方面做设计，使桥梁看起来更轻巧、更美观（图 6-4-2）。

（2）车站设计做到轻巧、美观，站台外观尽量多样化，并与周边环境景观相协调。

（3）专业设计立体绿化带，使沿线生态更生态、更美观。

图 6-4-2　立体景观

3.行车安全系数高

（1）专用车道使用，尤其一号线建成全线高架后，快速公交车辆与社会车辆、普通公交车各行其道，没有交织，大大减少了交通事故隐患。

（2）高架桥在设计中安装了防撞栏，桥身在弯曲时设计了安全拐弯半径……安全措施和设施齐全，硬件上基本可以保证快速公交系统营运的安全。

（3）快速公交系统车辆驾驶员上岗前还要经过针对快速公交系统的专门培训和相关考核，具备了较高的驾车技术水平，行车也更安稳。

（4）以人行天桥或地下通道代替斑马线，行人过马路更安全。

（5）快速公交系统上下车是通过固定的上下车通道，秩序良好。

（6）快速公交车辆采用金龙特制客车，质量好、运量大、底盘低，安全系数较高。

4.隔音降噪效果好

（1）高架桥面和地面铺设降噪改性沥青，比现在的水泥路面减少噪音约10%～15%。

（2）快速公交选用了性能较好的车辆，并且道路畅通，启动和刹车次数少，比普通公交噪音低了30%。

（3）高架桥两边加装透明的隔音屏，还可以隔离噪音。

（4）快速公交运量大、准点，部分市民会选择乘坐准点的快速公交而不开私家车，相应减少一些社会车辆。并且快速公交增加了运营能力，减少了车辆的噪音。

二、厦门 BRT 的必要性

我们第三行动小组的成员，于 2008 年 10 月 1 日乘坐 BRT 体验，并采访市民，了解他们对厦门过去的交通和现在的交通现状的评价。我们分别采访了不同职业的四位市民。

实地采访部分市民

（以下市民的观点均针对“厦门建设 BRT 以前的交通状况”而言）

市民一职业：职员

到附近的公交车站还要走一段很长的路，并且有些公交线路班次较少，导致在车站等车的时间过长，给工作带来了许多不便。车辆班次少，进一步也导致了车内过于拥挤，影响车内的空气质量以及环境。另外，遇到上下班高峰期，人数众多，即使等到了车，也会由于车内人多而挤不上车。这些问题使许多市民反感。

此外，在车的运行过程中，公交车道上有时会挤满了许多出租车。或者有些线路班次不准时，使众多辆车堵在一个公交车站上。总之，给市民带来了诸多不便。现在好了，有了 BRT，出门、上班方便多了。

市民二职业：交通方面的工作人员

家住禾祥西路的陈先生每天要到尚忠一带上班，BRT 开通前，他每天上班都要转车。转车的成本很高，而且有二次等车的时间，于是显得尤其不方便。下班乘坐 97 路，虽然是直达车，但是 97 路线路长，发车时间不均匀，且由于路况不好，运行速度十分缓慢。现在有了 BRT，来回只要 0.99 元，而且快捷、舒适，给他的出行带来了便捷。

作为在交通方面的工作人员，陈先生说，BRT 的建设对缓解城市交通来说意义重大。国务院《关于支持福建省加快建设海峡西岸经济区的若干意见》中明确指出，应对城市基础设施的建设改造力度，其中，快速公共交通系统是很重要的一部分。快速公交建成投运后，相对普通公交有以下几大优势：

首先，BRT 十分快捷，这是因为在专用道上没有红绿灯，而在 BRT 沿线的莲前西路、厦禾路上，十字路口众多，而且车流量大，容易拥堵。

其次，BRT 准点率高。BRT 沿线没有红绿灯，没有交通堵塞，没有斑马线，容易调度，到站的准点率高。相比，普通公交线路长，沿线不可预测因素多，容易造成不准点。

最后，BRT 的车辆是专门定制的，而普通公交车辆是在同条生产线上生产的，质量和乘坐舒适度明显低于 BRT 车辆。

除此以外，为了鼓励市民使用 BRT，目前 BRT 票价很低，这进一步减轻了市民出行的经济成本。

陈先生还提到，BRT 也为未来厦门新站的客流做了准备。未来位于后溪的厦门新火车站将是厦深、厦福铁路的起点，到时候客流量会非常大。BRT 的延伸使未来厦门新站有了更齐全的设施。

总之，厦门 BRT 是一个利民、缓解交通的项目，它有效破解了市民出行难的问题，提升了厦门城市交通的速度，是贯穿今天与未来的“发展之翼”。

市民三职业：教师（外国语学校老师）

我住在前埔侨福城站附近，而上班的地方在市政府，由于职业的关系，我每天的作息可以用“起早贪黑”来形容。在 BRT 未建成之前，我必须在早上 6:35 之前搭上 26 路公交，才能保证不迟到。从家里到学校要花 45 分钟，这还是不堵车情况下的保守估计。每天在天蒙蒙、四周静悄悄的时候就要挣扎着起床了，睡眠不足。所以每天带着起床气上班，严重影响工作心情。

BRT 建成之后，我成了 BRT 的最大受益者。我从侨福城搭车 BRT 连接线到洪文站转 BRT，这段路程要 5 分钟。然后在洪文站搭快 3 路（前埔至第一码头），在二市站下车，这段路程只要花 10 分钟，车费 1 元，性价比很高。因为这段路程走的是高架，不仅速度很快，而且风景很好。我下 BRT 后在二市转 L5，在外国语学校站下车，这段路程只要 5 分钟。每天花在上班的时间缩短到 20～25 分钟，我终于可以不用那么早起了。有人说早晨能多睡一分钟都是幸福的，感谢 BRT，我终于可以每天多睡十几分钟，少长一些黑眼圈。

市民四职业：学生

每当我坐 36 路车，准备去练习二胡时，经过莲岳路口、吕厝路口、西林路口时车流量都很大，吕岭路也常常堵车，为出行都造成了很大的负担，非常不便。每当放学回家时，不仅会堵车，而且车上也十分拥挤。每当看到自己置身与万车之中，才明白什么是车水马龙，这也使我身心焦虑。看到同车的人脸上都一副疲惫而又无可奈何的表情时，我认为：拥挤的交通是阻碍城市发展的根源，只有路宽了，人们的心才能变宽，才能让人们有更充沛的精力和饱满的精神去迎接美好的未来。

有了 BRT 之后，一路上畅通无阻，很快就到达了目的地。真感谢 BRT 啊！

以上调查和采访说明 BRT 为我们生活带来许多便利，能缓解厦门交通拥挤问题。那么 BRT 除了能缓解交通外，还会产生哪些影响呢？我们也听说过地铁、轻轨等快速公交方式，厦门政府为什么要选择修建 BRT 呢？我们通过上网调查以及实地调查，对厦门的交通现状以及 BRT 有了一定的认识，但我们依然存在着诸多不解问题。为此，我们采访了有关领导和专家。

采访一：厦门大学管理学院管理科学系教授、博士生导师、教育厅信息化建设领导小组成员计国君(图 6-4-3)

图 6-4-3　课题组师生采访计国君教授

1.如何解决厦门拥挤的交通

厦门原计划要建造像北京那样的一环、二环、三环公路，这样一来，就需要对宽阔的海域进行拓展，会减少海域面积。由于厦门是一个港口城市，港口的收入是主要的经济支柱之一。如果建造这样的公路，会减小厦门的海域面积，影响厦门经济的发展，所以这种方式是不可取的。

另外，就是建设大容量交通，如地铁、轻轨以及BRT。

2.为何厦门不选择地铁或轻轨，而选择BRT

从地质上考虑，厦门的多处地方地质条件为沙石、花岗岩。而地铁是在地下运行的，本来地下的施工难度大，再加上厦门这种地质环境决定了对施工的影响，在厦门建造地铁的难度很大，成本很高。

从运输工具的灵活性上看，地铁和轻轨只能在轨道上行驶。而BRT灵活地改变线路，既能在高架桥上行驶，也能在路面上行驶，其灵活性与通用性比地铁、轻轨条件好。

从成本上考虑，建设地铁的价格是建设BRT的6～10倍，建设轻轨的价格是建设BRT的2～3倍，考虑到厦门目前的市情以及经济情况，BRT在造价上更具有优势。总之，BRT可以以相对较低的建设造价取得和轻轨或地铁交通相近的运营效果。

从资源上考虑，地铁需保证其通道的通风设备，并且站厅内的照明设施需要长时间地开启，耗电量大，而轻轨的耗电量也很大。相比之下，BRT所耗电就少得多，更不受天气情况或其他因素的影响。

3.如何评估BRT带来的经济效益、环境效益和社会效益

经济效益：计教授认为，由于传统文化的关系，中国人与外国人的时间观念不同。而厦门是经济特区，很容易接受国外文化的冲击，所以市民们都很看重时间。

但是普通公交人多，又没有拥有专用路权，容易形成堵车，增加路程所需的时间。时间就是金钱，这样潜在地失去了一些赚钱的机会。BRT的出现，使路程的所需时间大大减少，为市民提供了更多的商机，更有效地促进经济的发展。

另外，BRT也增加了岛内外的联系，有助于厦门从海岛型城市向海湾型城市转变。

环境效益：BRT一部车长12米，可以一次搭载90多人。大多数小轿车最多可搭载5人。要载90多个人，就需大约20辆车。20辆小轿车的体积远远大于1辆BRT。因此采用BRT，汽车尾气的排放量会大大减少。未来将考虑采用18米长的车型，把每辆车的载客量从90～100人扩大到170～180人，对环境的贡献就不言而喻。

社会效益：增加经济发展，市民节省时间，减少尾气的排放量，更适宜洁净厦门的环境，使厦门更适宜居住。

综合以上：BRT的作用在于一来可缓解目前交通的压力，二来可加强对岛外的联系，三来可弥补厦门地域小的不足。

总之，专家认为BRT是发展中国家在发展城市轨道交通上的最佳选择。

采访二：厦门发改委副巡视员黄晓舟（图6-4-4）

我们又带着这些疑问采访厦门市发展与改革委员会副巡视员黄晓舟主任。归纳起来，大致有以下几个方面的内容：

图6-4-4　课题组同学采访发改委黄晓舟副巡视员

1.关于解决城市交通拥挤的问题

经过黄主任的介绍，我们了解到，对于解决城市交通拥挤的问题，一共可分为两个模式。第一个模式是不断拓宽车道，让车有路可走。然而汽车数量又在不断地增加，车道从单向三个车道又拓宽到4个、5个，总体看来，这是一个不成功的模式——车在不断地增加，有限的道路难以支持数量庞大的汽车，尤其不适合厦门岛这块弹丸之地。

第二个模式是大容量交通。以 BRT 为例，一辆车长 12 米，可以一次性乘载 90 多人。像香港、日本、新加坡这些人口密度大的地区大多采用地铁或轻轨。在实践方面上看，这种模式是比较成功的，更适宜在人多地少的中国推广。

2. BRT 建成后对交通拥挤所起的作用

黄主任说："由于 BRT 是在高架桥上行驶的，需要花费一定的成本，又要照顾一定的城市景观，所以不能遍布全市各路段。目前的 BRT 站台可以满足双边市民的出行需求，并且通过链接线把服务范围扩大。"

通过黄主任的话，可以说明 BRT 给城市交通带来的好处：一是给市民出行更方便，二是给道路更通畅。

黄主任还说："厦门建 BRT 主要是为了缓解厦禾路的拥挤交通（由于厦禾路处于旧厦门市区，道路两旁房屋众多，商店众多，道路又窄，人口流动量大，以致交通拥挤）。建设 BRT 会取消一些公交线路，虽然会给一些市民带来不适应，但在他们乘坐 BRT 的过程中（从规划的理论上）会享受更多的便利，他们会慢慢习惯乘坐 BRT。"

3.关于提高 BRT 的使用率

政府部门会慎重考虑，在不影响大多市民的出行习惯上，小规模地调整线路。并且通过媒体征集市民的意见，在得到大多市民的认可后才进行调整，并利用普通公交与链接线的配合来分流客源（也就如 BRT 是核心骨干，周边道路通过它来疏散，链接线与普通交通来配合疏散）。而关于高峰期与平峰期的调度问题，则应该使调度更加智能化，在高峰期时加大发车的频率，平峰期时适当地减小发车频率，方便市民出行。

关于通宵公交，黄主任表示，通宵经营 BRT 会造成一定的资源浪费和治安安全问题，以及工作人员的作息问题。

4.厦门 BRT 对岛外交通起的作用

黄主任说："乘普通公交到华侨大学需约 1 个多小时的时间，而 BRT 只需 40 分钟的时间，相同路程内时间减少，速度大大提高，由此可见 BRT 在中长距离交通中发挥的巨大作用。"

综合以上两位专家的意见,他们一致认为 BRT 是厦门发展快速公交的最佳选择。

三、实地采访体会

我们调查组的部分成员于今年"五一"期间到岛内的一些路段与岛外(海沧、翔安)的一些地点再次进行调查。

在岛内发放问卷的同学都感到市民十分热情,很配合我们的工作,而且岛内的市民对厦门的交通十分了解,使工作进展得十分顺利。侧面体现出厦门岛内交通水平的发达,经济的飞速发展。

在岛外发放问卷的同学发现岛外地区公交车站少(相较于岛内而言),并且岛外的市民不太了解 BRT,使工作很难进行。从另一侧面可以看出岛外的交通并不是十分便利。

因此修建 BRT 不但对岛内的发展很有必要,对岛外的发展更是起到了至关重要的作用。由此可见,厦门市民普遍对 BRT 的迫切需求。

四、讨论与研究

综合调查采访和专家们的意见,我们调查组的成员认为:

(一)解决厦门拥挤的交通问题迫在眉睫

厦门的交通现状:厦门岛的面积仅仅 132.5 平方千米,而流动人口高达 300 多万。狭小的区域难以承受如此巨大的人口,所以也难以承受如此巨大的交通。厦门交通拥挤的问题已成为制约厦门发展的瓶颈。

解决厦门城市交通的拥挤问题,一共有两个模式。

第一个模式是不断拓宽车道,让车有路可走。然而汽车数量又在不断地增加,车道又不断拓宽,总体看来这是一个不成功的模式——汽车在不断地增加,有限的道路难以支持数量庞大的汽车。这种模式会减少厦门的海域面积,影响厦门经济的发展,所以总体来看,这个模式是不可取的。

第二个模式是发展大容量的快速公共交通系统,就如地铁、轻轨或 BRT。就 BRT 而言,一辆车长 12 米,可以一次性搭载 90 多人,可增加运载量,又可减少环境污染。这种模式更适宜在人多地少的发展中国家推广，尤其是中国。

(二)厦门选择BRT的主要原因

厦门岛是厦门的经济文化中心，所有的经济都集中在了这样一个小小的岛屿上。而厦门岛只有132.5平方千米，这块小岛不能发展过多的交通干线，集美、海沧、同安、翔安等区域已归属厦门市。厦门是一个跨海城市，而目前厦门与其他各地区的联系仅仅依靠几座大桥，所以就需要交通来增加各个区域的联系。所以要发展大容量、连续性强的快速公交系统。

快速公交系统有三种运营方式——地铁、轻轨、BRT

BRT是由发展中国家巴西提出的概念，在这一点上，巴西的库里蒂巴市为我们做出了表率。它是聚“省资金，灵活方便”为一体的交通系统，可见它也适用于像中国这样人口多、资金不足的发展中国家建设。

比较地铁、轻轨、BRT三种运营方式的特点，我们调查组的成员结合专家的意见一致认为：

从地质条件、运输工具的灵活性以及成本、资源上考虑，BRT不仅在运能、运速、造价上均是有轨电车所无法相比的。同时，其建造周期较短，车辆技术高，因此各种社会效益高。

所以厦门最适宜的公交方式是快速公交运营系统(BRT)。

2006年下半年上报国家政府审批，2007年动工兴建，2008年完工，同年8月31日投入运营。运营以来，厦门BRT是否达到预期的效果，它还存在着哪些问题呢？

(三)BRT链接线调查报告

▷L1(第一码头—第一码头环线)

班次间隔：6分钟

车程：25分钟

调查结果如下：

(1)总体评价：由于第一码头站与附近人口密集区的距离稍远，仅有的代步工具就是L1，且价格便宜，备受到轮渡码头去的旅客和厦港片区居民的欢迎。利用价值高。但是高峰期时过于拥挤可能会影响乘车秩序和乘车环境，建议在高峰期时多增派班次。

(2)数据显示,乘客的受欢迎程度很高,在第一码头与轮渡这两个站点上车的人数较多。不过在其他的站点并没有多少人上下车,乘客相对集中在起点和终点站上下车。

(3)妇幼保健院站和大生里站之间距离较长。建议在公交镇海路站旁增加站点。

(4)轮渡站(靠邮局一侧)常有巴士占据车站。建议可以把站点迁入公交轮渡场站,以免造成拥挤和行车障碍。

(5)思明区政府站边树枝比较浓密。希望有关部门积极配合,及时修剪。

(6)据某些乘客反映,思明区政府站离居民区比较远。可以考虑迁移站点的位置,或者取消该站。

▷**L2(眼科医院—大同—思东—故宫路—眼科医院环线)**

班次间隔:10 分钟

车程:20 分钟

调查结果如下:

(1)总体评价:利用价值低下。线路走向复杂,浪费行车时间。这条线路不够火热,沿线居民对 BRT 的热情不够。客源少,导致其班次不够密集,运营收入低下。

(2)数据显示:乘客相对集中在前四个站点上车,并且人数并不是很多;下车的人集中在思北路口站点。思北路口的交通较为拥挤。

(3)根据司机反映,此条线路在早上 7 点之前和晚上 7 点之后的时间段内基本上是空车转空城,司机自己载自己,这样造成了极大的资源浪费。且从线路上看,御景苑、角滨路口等站点乘坐 L2 的人很少,无论什么时段,其收入都很少。

(4)我们针对以上情况,以及现实路况,给出了如下的线路走向:

理想走向:BRT 思北站→思明北路→大同路→新华路→中山路→思明南路→思明北路→BRT 思北站

理想站点:眼科医院→大同路口→市公安局→新华路口(原文化宫)→霞溪路→中山路→思明电影院→眼科医院

(5)该线路目前已取消。我们希望运营公司能多加斟酌,设计出更合理的线路。

▷**L3（斗西路口—公园西路—斗西路口环线）**

班次间隔：10 分钟

车程：6 分钟

调查结果如下：

(1)总体评价：沿线经过中山公园、园南小学、故宫路、建设大厦，客源丰富。但是沿线道路狭窄，不便于车辆的通行。

(2)数据显示：此线路乘客较少，不过对于园南小学的学生们会比较便利。

(3)为避免市民混淆，建议把新华路站改名为市公安局站。

(4)为方便到中山公园游玩的游客，建议在中山公园西门前增设“公园西门”一站。

(5)晚上的班次在行经公园西路和故宫路时，应调小报站音量，以免破坏道路沿线静谧的环境，影响沿线居民的正常休息。

(6)有关部门应大力配合本线路的运营工作，合理调整故宫路沿线停车位的布局，并整治违章停车的行为。

▷**L4（斗西路口—斗西路—湖滨南路—豆仔尾路—斗西路口环线）**

班次间隔：7 分钟

车程：5 分钟

调查结果如下：

(1)总体评价：是理想的学生、职工专线。但是沿线道路狭窄，不便于车辆转弯；且高峰期湖滨南路辅道拥挤，也易造成行车障碍。沿途居民区甚少，因此客源不够丰富。据司机反映，如果线路延伸到天湖路，那么客源将更丰富。

(2)数据显示：乘客少，不过对于十一中的师生和在电子城上班的员工来说比较方便。

(3)据司机反映，假如把线路延伸到天湖路，客源将更加丰富。因此根据司机的建议和现有路况，我们给出其理想走向。

理想线路：BRT 斗西路口站→斗西路→天湖路→豆仔尾路→厦禾路→BRT 斗西路口站

理想线路站点：斗西路口→十一中→天湖路→电业大厦站→滨南长途车

站(豆仔尾路)→光华大厦→斗西路口

(4)十一中站离十一中较远,容易产生误导。

(5)禾祥西路豆仔尾路口没有红绿灯,车辆横穿禾祥西路时容易造成拥堵。

▷L7(金榜公园—后埭溪路—湖滨南—金榜路—金榜公园环线)

车程:大约5分钟

调查结果如下:

(1)总体评价:线路短,但服务范围广,据司机反映,高峰期乘客不少。但是金榜路、后埭溪路过窄容易造成拐弯不方便、给其他车辆造成障碍等麻烦。

(2)数据显示:或许是在节假日期间,其线路会较为平淡,不过据司机反映,高峰期的时候车厢很拥挤,并且此线路的车辆比较准时,有利于广大市民的乘坐。

(3)湖滨南路辅道使用不规范,车辆从湖滨南路拐入金榜路时有时会遇到其他社会车辆的堵塞。

▷L13(县黄路—金泰路—金昌路—仙岳路—县黄路环线)

车程:12分钟

调查结果如下:

(1)总体评价:沿线居民对BRT以及本线路热情很高,这条线路很受欢迎。但是晚上的班次容易影响沿线居民的生活。

(2)数据显示:此班线路较受人们的欢迎,不过金北花园站上下车的乘客数量过多,会妨碍行经金昌路的车辆通行。

(3)金尚车站内停放的公交车可能会阻碍链接线车辆的通行。

(4)该线路在金尚车站和县黄路终点站之间的距离过长,建议可以多增设几个站点,方便沿线居民乘坐BRT。

▷L19(县后—枋钟路—埭辽路—候机楼)

车程:6~7分钟

班次间隔:8分钟

调查结果如下:

(1)总体评价:这是连接候机楼和BRT县后站的链接线。由于在候机楼的站点离旅客出候机楼的地点比较远，且赶飞机、下飞机的旅客大都选择打的或者乘坐直达车回家，所以乘坐 L19 的旅客不多。但是若在候机楼内加强宣传力度，吸引更多想体验 BRT 的旅客，尤其是外地游客，那么 BRT 的市场将会拓宽。

(2)数据显示：乘客相对集中在县后站和候机楼站上下车。

(3)经过本站的快 1、快 2 都会在报站中提醒到机场的乘客应在此站下车，换 L19，但是在候机楼内宣传力度有待加强。

(4)此线路沿途经过许多厂区，如果车能开进沿途厂房内接客，客源会更丰富。

(5)县后站天桥下有摩的拉客，从而看出相关部门配合力度不够，这需要城管等部门集中整治。

▷L25(石村车站—洪文—瑞景幼儿园)

车程：6 分钟

调查结果如下：

(1)总体评价：莲前东路以北的部分人气不高；莲前东路以南的部分虽只有两站，但是附近人口密集，备受欢迎。但是晚上班次应该减少，以免打扰这里居民区的安宁。

(2)数据显示：市民相对集中在洪文站上车，这样会对要在洪文站上下客的普通公交车造成不便。

(3)可以考虑瑞景新村和瑞景幼儿园之间增加几站，方便沿线居民。

(4)潘宅、侨福城附近居民乘坐 BRT 不方便，建议此线路可以延伸到潘宅，扩大服务人群。

(四)BRT 乘客问卷调查报告

1.常规调查

BRT 的营运是否满足市民的要求？能否缓解城市的交通拥堵问题？BRT 是否起到了其预期作用？针对以上问题，我们实践活动小组兵分两路，对市民进行问卷调查。

本组调查发放问卷(见下表)200 份，收回有效问卷 148 份。调查结果分析如下：

附调查表一:

您的职业? ○学生　○上班族　○工人　○其他

您乘坐过 BRT 链接线? ○有　○没有

您认为 BRT 链接线的服务:○很好　○还不错　○一般　○很差

您认为 BTR 链接线的必要性:○很需要　○还算需要　○可有可无　○不需要

你认为 BRT 链接线的站点配置: ○很合理　○还算方便　○不太合理　○很不合理

您认为售票方式:○很方便　○还可以　○比较麻烦　○太麻烦了

您认为 BRT 的票价:○很便宜　○还算便宜　○一般　○较贵　○很贵

您认为 BRT 的速度:○很快　○还可以　○一般　○很慢

您认为 BRT 的舒适程度:○很舒服　○还可以　○一般　○不太好受

(1)关于是否乘坐过 BRT 的链接线:

是:114 人　否:34 人

(2)关于链接线的服务:

很好:21 人　还不错:52 人　一般:64 人　很差 11 人

(3)关于链接线的必要性:

很需要:21 人　还算需要:105 人　可有可无:18 人　不需要:4 人

(4)关十链接线的站点配置:

很合理:16 人　还算合理:73 人　不太合理:48 人　很不合理:11 人

(5)关于 BRT 售票方式:

很方便:47 人　还可以:63 人　比较麻烦:30 人　太麻烦了:8 人

(6)关于 BRT 的票价:

便宜:36 人　还算便宜:48 人　一般:59 人　较贵:5 人　很贵:0 人

(7)关于 BRT 的速度:

很快:87 人　还可以:50 人　一般:11 人　较慢:0 人

(8)关于 BRT 的舒适程度:

很舒服:44 人　还可以:87 人　一般:7 人　不太好受:4 人

小结:

(1)乘坐 BRT 的大部分是学生和上班族,而工人等较少,可见 BRT 的服务对象主要是有足够经济能力的人群。而乘坐的乘客也有很多是造成交通高峰期的“元凶”，所以 BRT 算是达到了它预期的效果。多数人表示，BRT 的确比普通公交快很多。

(2)虽然有 70%的人认为 BRT 链接线有存在的必要，但是实际搭乘链接线的乘客还不到 50%，而认为链接线站点配置不合理的有 40%左右。有部分人认为，链接线并没有达到其预期的目标，造成了一定的资源浪费。

(3)对链接线的服务质量，大多数人表示“很满意”、“还可以”。但大部分人认为，链接线的服务质量应该保持下去，而不能仅是在开始阶段样子。

(4)对于链接线的票价，50%左右的人都表示“一般”。

(5)而 BRT 的票价，大部分人表示还算便宜。但对于售票方式，很多人希望再改进改进：“一个个排队实在太麻烦了”“买票时间都比乘坐时间长”……

(6)BRT 的服务质量，大部分人都认为“不错”、“一般”。

(7)BRT 的舒适程度得到了较大部分人的认可，但很多人都认为 BRT 太挤了——这是造成 BRT 不舒适的主要原因。

(8)相对于公交车，大部分乘客认为 BRT 较为方便，尤其是对于在岛外或者是较远的地方上学的学生。但是有的乘客也反映，BRT 并不是什么时候都比公交好的，要相对于线路而定。

(9)部分的乘客认为，BRT 的车速快又平稳。

(10)在大部分线路上，BRT 的价格比普通公交车更便宜。

(11)最重要的是 BRT 车辆大部分时间都是在高架桥上行驶的，空气会比较清新，不会造成晕车，且车内的卫生也较为整洁。

2.满意度调查

2008 年 8 月 31 日，厦门 BRT 一期 3 条线路正式通车运营，这是厦门破解市民出行难的又一创新之举。据了解，厦门 BRT 的许多设计和服务措施在全国尚属首创。横跨岛内外四个区的 30 多公里长的 BRT 高架桥，如巨龙展现眼前，厦门的魅力和魄力令人侧目。那么，厦门市民的态度又是如何？对此我们小组设计了调查问卷，在厦门 BRT 线路附近发放给市民填写，以此了解厦门市民对 BRT 的满意情况。

我们一共印制了 100 份的问卷，分发 100 份，全部回收。下面就对这 100

份问卷的填写情况进行统计和分析。

厦门 BRT 市民满意度问卷调查

您好！我们是厦门外国语学校的学生，希望占用您一分钟的时间，配合我们完成以下问卷。十分感谢！

1. 请问您是否乘坐过 BRT？

A. 乘坐过　　B. 还没乘坐过，但会去乘坐　　C. 只乘坐普通公交

2. 相比于普通公交，您认为 BRT 的优点是什么？（可多选）

A. 快捷省时　　B. 安全舒适　　C. 价位低　　D. 与普通公交没差别

非常感谢您在百忙之中抽出时间配合我们的调查，祝您工作愉快！

厦门 BRT 市民满意度问卷调查数据统计表

题号＼人数＼选项	A	B	C	D
1	92	6	2	/
2	90	87	62	13

不难看出，接受调查的市民中有九成以上的市民都乘坐过 BRT，可见 BRT 已经成为许多市民出行的一种普遍的方式。对于 BRT 的优点，每个市民的看法都有所不同，根据统计表，我们进行下面四点分析：

分析一：随着城市化进程的加快，机动车数量急剧增加，许多城市道路交通拥挤程度日益严重，公共汽车的运营服务水平逐渐下降，特别是公交的运营车速低于每小时 15 公里。公交出行速度慢、准点率低、舒适性差是公共交通中存在的主要问题。由于快速公交有专门的车道，所以同一道路上快速公交车道畅通无阻，普通车道拥挤不堪，这对车辆是不公平的，但对人却是公平的。开私家车或者乘出租车出行，你将获得舒适与自由，但同时你将不得不面临可能的道路拥堵；而如果你选择快速公交，虽然你的乘车环境不是那么舒适自由，但你却可以避开拥堵，获得便利和快捷。一条行车道如果供小汽车使用，道路十分拥堵，尽管每小时能通过 700 辆车，但最多只运送 2000 人左右；而如果该车道专供快速公交使用，虽然每小时只能通过 100 辆快速公交车，但却可以运送 15000 人左右。在中国人多路少的状况下，快速公交系统可以有效地提供部分道路资源利用率，可以保障大部分人群在城市中的流动。由此不难

看出，快捷省时是 BRT 最为突出的一个优点，这点从市民的反映中也可以清楚看出。

分析二：除了节省时间外，快速公交系统让乘客体验乘车的舒适与安全：乘客不再像以前一样，在日晒雨淋下候车，快速公交系统的车站十分宽敞，车站尺寸按乘客人数设计。乘客不会像以前一样，在狭小而拥挤的站台候车。现在在高峰时段，很多车十分拥挤，乘客甚至不能挤上公共汽车。快速公交系统系统运力得到极大提高，可以有效解决乘车拥挤问题，安全性也得到提高和改善。而且快速公交采用水平上下车，上下车变得更容易。对于一些行动不是很方便的老人来说，BRT 无疑是一种最安全舒适的出行方式。

分析三：厦门 BRT 的另一特点就是它的价位很低，相比普通公交，市民只要花上乘坐普通公交一半的钱，就可以乘坐比普通公交更加舒适、更加快捷的 BRT。这也是市民选择 BRT 出行的一大原因。

分析四：也有少部分市民认为 BRT 和普通公交没什么差别。我们认为主要是因为 BRT 线路的分布还不够合理，例如一些人流量大的地方并没有 BRT 站点或是连接线，乘坐 BRT 去不了目的地，所以有些市民出行不得不选择普通公交。

小结：总的来说，BRT 的优点是十分突出的，但是并不是完美的。当然，厦门运行 BRT 快速公交的时间并不长，难免会有一些不足之处。相信 BRT 运行过程中市民的意见和问题的及时发现，并进行改进，厦门 BRT 的运行会越来越成规模，厦门 BRT 也将会成为其他城市争先学习的一个榜样。

（五）BRT 运行中的一些问题

经过实地调研，我们在切身体会 BRT 的快捷、方便的同时，也看到了存在的一些管理上的问题。我们逐一记录，希望可以帮助相关部门改进。

1.链接线配置不合理

（1）一些线路，如思北站 L2 线，乘客稀少。据司机反映，这条线路跑空车是常有的事。对于这样的资源浪费，司机也表示无可奈何。

（2）一些链接线路的乘客主要分布在上下班高峰时间，其他时间段鲜有乘客乘车，即使有人乘坐，也不是 BRT 的乘客。

建议 BRT 公司对每条链接线的使用率进行详细的统计，取消利用率不高、没有价值的线路,或对非高峰期调整出车频次。

(3)大部分乘客反映链接线线路、班次少、站点不合理。

2.车站进出站检票口布局不合理,或没有做有效的引导

一些大站,如第一码头站,位置显眼的进站检票口人挤如潮,而另一组位置不显眼的进站检票口空无一人,在一部分闸机造成资源浪费,而在另一部分则拥挤不便。车站可通过加强对乘客的疏导来解决此问题。

3.服务标准不统一

(1)有的售票窗口不给纸质车票,例如瑞景站,站务人员拒绝为乘客提供车票。建议统一服务标准,以免造成乘客投诉。

(2)有乘客反映,站务人员的服务态度不能始终如一。开始时,站务人员的服务态度不错。但是,后来顾客多了,一些站务人员就开始不耐烦,服务态度不好。要对站务人员进行必要的培训,并采取必要的考核措施,确保他们任何时候都保持良好的服务状态。车站软件水平的提升是不容忽视的问题。

4.站点安全管理、设施布置、后勤保障不善

(1)岛内站点大部分兼作天桥使用,但是广告标语把天桥上的限高标志遮挡住了。

(2)工作人员对站台的安全闸门管理不善。我们两次发现,高峰期上车乘客多时,车辆满载,乘客登不上车,被提前关上的安全门关在站台外;并且有时在车辆离站后,安全门没有及时关上,过了大约1分钟后才关闭。这是十分危险的。

(3)由于管理的疏忽,乘客没有遵守"先下后上"的规则,上下车的乘客挤在一起,导致上下车秩序混乱。

(4)在BRT的安全门内画有黄色警戒线,但是由于警戒线与黄色的盲道重合,所以并不明显,因此乘客常常会忽视它的存在,在上下班高峰期时,容易引发安全事故,且阻碍通行。

(5)乘客反映潘涂、西柯等站点地道较臭、垃圾多。

5.车辆的调度有待改善

(1)快2线班次分布不均,存在车辆集中到达的现象。

(2)高峰期车次少,过于拥挤,降低了BRT的舒适度;平峰期乘坐人数又太少，造成资源浪费。

6. BRT 的覆盖面不够全面

我们来到 BRT 未到达的海沧区和翔安区进行了一天的实地调研，发现海沧区和翔安区的交通十分不方便。

海沧区开发的时间较早，当地的公交配备得较为完善。但通过问卷调查，我们发现当地居民都很希望乘坐舒适、快捷的 BRT 出行。

翔安区成立时间晚，尚属新城区，公交线路少、班次少，大部分居民出行仍然选择使用摩托车，于是建设 BRT 就成了当务之急。通过调查，大部分受访群众仍然表示希望 BRT 延伸至翔安。

第四章　BRT 改进意见与线路规划

一、BRT 服务与管理的建议

（一）合理调整、配置链接线，并延伸新线路（见下 BRT 及链接线新线路的探索）

（二）彻查运营中的安全隐患，防范于未然

在调查中，我们发现 BRT 站台上的安全闸门、安全黄线均存在安全隐患。BRT 应定期彻查 BRT 服务系统是否存在安全隐患，包括对车辆、日常设施设备进行检修等，防范于未然。

（三）后勤工作要到位

在安全的前提下，卫生保洁工作依然不能松懈，包括每天清洁地面，定期清洗地面、BRT 专用道路面和车辆，给市民一个清洁明亮的候车、乘车环境。

（四）对服务人员进行定期培训

在调查中，我们发现有些 BRT 服务人员的服务态度较差，且其服务标准有差异。对此，我们认为，BRT 公司应定期对站台服务人员进行培训，包括服务态度，如微笑面对乘客、耐心解决乘客的问题等；以及服务技巧、对设施设备的操作技能，如在人多拥挤时进行适当的引导，控制安全闸门的开关等。

（五）对设施进行定期评估，及时更正不合理的设置

在保障安全的情况下，应对不合理的设置进行更正，使服务更人性化、更

方便,使服务效率更高。比如第一码头站闸机的设置,应考虑人们走直路的习惯,撤销或调整闸机的位置;再比如岛内站点的站厅内,应考虑人们的需求,增加公共卫生间、小卖部和座椅……这都需要BRT公司广泛征集民意,设身处地为乘客着想,以提高服务品质。

二、BRT新线路的规划

(一)BRT线路市民需求度调查

目前厦门还有海沧区和翔安区没有BRT线路。为了了解当地居民对BRT的渴望程度,我们在这两个区人流较为集中的地方发放问卷。

大部分受访市民均为上班族,学生次之,说明两区的市民对公共交通需求量很大。然而正是由于目前还没有BRT,许多市民都没有乘坐过BRT。正是由于没有亲身体验BRT,有很多海沧、翔安的群众不了解BRT。但当调查员向之解释后,便马上表示希望使用上BRT。其中,绝大多数市民认为BRT方便、安全舒适且价格低廉,少部分市民认为BRT理念先进,很新鲜。当然,其中还有反对的声音,但是只占少数。

我们在调查的过程中还发现,翔安的公交车线路虽然比较齐全,但是班次少,无法满足需求量,因此市民更愿意乘坐摩托车出行,这样导致街道秩序十分混乱,城区空气质量大大降低,并造成一定的噪音污染,因此在翔安发展BRT成为了当务之急。

根据调查结果,我们建议未来BRT可以新开通以下线路:

规划的原则:与厦门城市用地布局相协调,促进城市发展。兼顾、利用现有道路,根据人流集中地区分布,因地制宜规划快速公交线路。

1.海沧线(海沧枢纽站—滨湖北路—马青路—海沧隧道—霞飞路—翁角路—新阳)

方式:地面站台及专用车道,在霞飞路段可采用高架桥。

需在滨湖北路、海裕路交叉路口建设海沧枢纽站,在新垵公交站附近建设新阳枢纽站。

沿途村庄、居民集中区、厂区应配备链接线,只要有居民的地方就应该配备链接线。

设立站点：海沧枢纽站→滨湖北路→沧林路口→钟山村→沧虹路口→石塘→新阳工业区→新阳

意义：方便海沧居民出行。

2.成功大道线（成功大道—厦门大桥—集杏海堤—杏滨路—新阳大桥—翁角路—新阳）

方式：在现有的道路基础上改造出站点、专用道，完善演武大桥上的立交，选址建设厦港枢纽站。链接线应享有专有的掉头区域和匝道。在岛外可以考虑设立专用道，部分路段可以考虑与其他车辆混合行驶。

注意：应该保证岛内段成功大道沿线交叉的每条主干道都配有链接线，并且要有链接线进入杏林城中心。

意义：加快厦门从南到北的公交速度，并完善从市区到机场的交通方式。

3.环岛干道

方式：建设 BRT 专用道及专用站台；站台采用地面经营兼地下通道更能的模式。

站点：（略）

意义：减轻环岛路的公共交通压力，完善厦门环岛公交系统。

4.翔安线（西柯枢纽站—同安湾大桥—翔安大道—马巷枢纽站）

方式：地面 BRT 专用道及专用站台。

站点：（略）

开通理由：通过实地调查和问卷调查，我们发现这里的公共交通系统尚未完善，因此建设 BRT 来满足当地居民的出行需求已经成为了当务之急。建议从西柯枢纽站开通一条线路到翔安，并开通链接线进入沿线每个村庄。

意义：连接同安、翔安，推动翔安区公共交通系统的发展。

让我们把视线转到已开通 BRT 线路的同安、集美两区。我们在五一假期期间对集美、同安 BRT 沿线站点进行问卷调查。在这些线路上，学生占了大多数，这是因为 BRT 快 1 线途径集美的众多学府，如集美大学和华侨大学。BRT 又以它低廉的价格和直达鼓浪屿的方便，受到了众多学生的青睐，是许多学生进岛观光的首选途径。在调查当天，不少的学长学姐都向我们打听如何到鼓浪屿进行观光，这也很好的说明了这点。而在受访民众中，从未搭乘过BRT的人也很多，这是因为有些人是在岛内工作，在岛外居住的通勤者，这类人虽然在外国比较常见，而中国的通勤者只集中在大型的城市中，如北京——通州等。随着厦门城市的发展，通勤者也越来越多，他们通常有自己的私家车，所以比较少乘坐BRT。受访民众对BRT的优点有大体相同的观点，即“快捷、安全、优惠”。而BRT使岛外居民进岛游玩更方便，又因为调查是在五一期间进行的，所以很多的岛外上班者和学生都要到岛内游玩。

因此，从调查结果来看，同安、集美的居民对BRT的需求量比海沧、翔安居民更大，于是在海沧、翔安开辟新线路的同时，还应该延伸现有在同安、集美两区运营的BRT线路。

我们规划了以下延伸线：

1.集美大道线：延伸至后溪新火车站

(1)方式：地面专用道及专用站台

(2)站点：(略)

(3)开通理由：未来随着后溪新火车站的建成投入使用，那里的人流量会迅速膨胀，这就增加了出行需求，于是就需要BRT帮助解决。

2.西柯线：向北延伸至同安中心区，向南延伸至嘉庚体育馆枢纽站

方式：高架桥；链接线同岛内。

站点：(略)

意义：提升方便同集路沿线居民，加快同集路公交车的运行速度，方便同安的市民，并使其与原有的快1连接起来，行成快速公交线路网络。

(二)BRT链接线新开通建议

1.链接线渴望度调查

为了了解厦门市民对新链接线的渴望程度，我们深入到厦门岛内人口较为集中、且临近BRT线路但是没有链接线经过的地方进行问卷调查。

我们发现，大部分受访市民都表示希望乘坐BRT出行，但是目前乘坐BRT很不方便，因此希望BRT链接线经过此地。这与我们的预测结果是一致的。

2.新线路编制

根据上述调查结果，我们编制了以下八条新链接线线路：

(1) L31

服务站点:思北站

线路名称:思北—新华路口—思北

经过道路:思北站→思明北路→大同路→新华路→中山路→思明南路→思明北路→思北

具体走向:思北→大同路口站→市公安局站→新华路口站→霞溪路口站→中山路站→浮屿站→思北

服务对象:思明北、大同路沿线居民;中山路商圈购物的游客、市民

(2)L32

服务站点:二市站

线路名称:二市—公园东路—二市

经过道路:二市→公园东路→同安路→新华路→公园南路→公园东路→二市

具体走向:二市→公园东门→公园东路→实验小学→五中→新华路口→中山公园→公园东路→公园东门→二市

服务对象:公园东路沿线居民;实小、五中、大同中学的学生;附近居民

(3)L33

服务站点:文灶站

线路名称:金榜公园—厦大

经过道路:金榜公园站→厦禾路→文园路→虎园路→钟鼓隧道→厦大(返程一致)

具体走向:金榜公园→文灶→文园路口→将军祠→一七四医院→一中→植物园→厦大(返程一致)

服务对象:文园路沿线居民;一中、青少年宫的学生;到一七四医院就诊的患者;到万石植物园游玩的游客;厦大师生

(4) L34

服务站点:莲坂

线路名称:莲坂—槟榔新村

经过道路:

上行:莲坂→湖滨南路→湖明路→凤屿路→东明路

下行:东明路→槟榔路→湖明路→嘉禾路→莲坂

具体走向:

上行:莲坂东→莲坂外图书城站→湖明路→湖明丽景→凤屿路→槟榔新村

下行:槟榔新村→湖明路口→湖明→莲坂北→莲坂东

服务对象:槟榔新村一带的居民;槟榔中学的学生;沿线商业区购物的游客、市民等

(5)L35

服务站点:莲坂站

线路名称:莲坂—松柏长途汽车站

经过道路:莲前西路→嘉禾路→莲岳路→体育路→育秀东路→仙岳路→松柏长途汽车站

具体走向:莲坂→莲坂北→莲花路口→莲岳路口→松柏→松柏长途汽车站

服务对象:到松柏长途汽车站乘车的旅客;莲岳路一带居民

(6)L36

服务站点:卧龙晓城站

线路名称:卧龙晓城—泰和花园

经过道路:莲前西路→金尚路→谊爱路→龙山中路→吕岭路(返程一致)

具体走向:卧龙晓城→西林→禹州花园→谊爱路→龙盛里→龙昌里→泰和花园(返程一致)

服务对象:吕岭路、龙山中路、谊爱路沿线居民

(7) L37

服务站点:火车站

线路名称:火车站—岳阳小区

经过道路:

上行:火车站→湖滨东路→湖滨北路→七星路→仙岳路→岳阳小区

下行:岳阳小区→仙岳路→金桥路→体育路→湖滨东路→火车站

具体走向:

上行:火车站→湖东→南湖公园东门→邮电大楼→七星路→康桥中学→岳阳小区

下行:岳阳小区→人才中心西→夏新电子→体育中心西→南湖公园东门→湖东→火车站

(8)L38

服务站点:莲坂站

线路名称:莲坂站—SM 城市广场

经过道路:莲坂→嘉禾路→莲花南路→莲花北路→吕岭路→台湾街→仙岳路→兴山路→SM 城市广场(返程一致)

经过站点:莲坂东→莲坂北→莲花南路→二实小→莲花中学→莲花二村→莲花三村→江头市场→天地花园→白果山→SM 城市广场

服务人群:莲花、江头一带居民,到 SM 城市广场游玩的游客

附注:此线路较长,建议票价可适当提高

总　结

通过资料分析、调查和采访,我们了解到 BRT 在推动城市公共交通发展上所能起到的重要作用,也看到了厦门选择 BRT 确实是一种明智的选择。在多数市民眼中,BRT 是快捷、舒适和安全的,乘坐 BRT 可以说是一种享受。于是便有了市民对 BRT 的需求,包括主干线和链接线的需求。为了使 BRT 的服务范围进一步扩大,为了更好地缓解厦门的交通,我们对 BRT 进行了初步的规划。在 BRT 服务范围不断扩大、人流量不断增大的同时,其日常运营中存在的管理疏忽和安全漏洞更是不容忽视的,因此我们在日常乘坐和走访中,及时发现问题,并针对这些问题提出了解决方案。

我们希望,我们的研究结果能够给厦门 BRT 运营公司以启示,为市民创

造更加完美的快速公交运营系统。

点评:该项目紧密联系实际,小组同学坚持实地探索调查,利用课余时间大量走访了BRT系统的各条线路、链接线和部分的停靠站点,充分收集数据和证据。同时搜集大量"快速公交营运系统(BRT)"的相关知识和建设条件、产生的社会、经济效益等资料并咨询相关教师和专家。采访了厦门大学管理学院管理科学系教授、博士生导师、教育厅信息化建设领导小组成员计国君教授和时任厦门市发改委副巡视员、BRT建设总负责人黄晓舟。项目组同学发扬了团队精神,充分调动活动参与者的行动力和积极性,发动了同班同学在街头发放问卷等。该项目的不足是,课题组同学是初一、初二学生,所能触及的资源很有限,课题的广度和立意的深度还很不够,提出的建议有待提高。

学生毕业去向:陈鹏昊,本科就读于新加坡国立大学,现就业于摩根大通新加坡分部;朱宁浩,本科就读于香港城市大学,现在美国宾夕法尼亚州州立大学攻读生物医学工程博士;林文威,本科就读于厦门大学,现在美国明尼苏达大学卡尔森管理学院攻读会计学博士。

附　录

附录1　青少年科技创新大赛厦外师生获奖项目一览表（2001—2020）

附录2　青少年科技创新大赛优秀组织奖

附录3　厦外学生获国家发明展、『宋庆龄少年儿童发明奖』奖牌一览表（2001—2020）

附录4　厦外师生申请和获得专利授权项目情况一览表（2000—2020）

附录5　厦外学生获国际赛一览表（2013—2020）

附录 1

青少年科技创新大赛厦外师生获奖项目一览表

(2001—2020)

全国一等奖 5 项、全国二等奖 7 项、全国三等奖 5 项
省一等奖 24 项、省二等奖 29 项、省三等奖 24 项
市一等奖 43 项、市二等奖 67 项、市三等奖 94 项

序号	时间	最高奖次	项目名称	申报者	辅导老师
1	2014 年 第 14 届	“明天小小科学家” 全国一等奖	激光束照射镜面圆柱的研究及其应用	陈姚佳	钱永昌、 胡建荣、 练仰贤
2	2013 年 第 29 届	“明天小小科学家” 全国三等奖	野生动物行为发生比率与种群密度的关系	徐子航	钱永昌、 宛新容
3	2001 年 第 17 届	“明天小小科学家” 提名奖、全国三等奖	磁吸式物体运动轨道	陈莹莹	练仰贤
4	2002 年 第 18 届	“明天小小科学家” 提名奖、全国二等奖	太阳周日视运动演示仪	黄晨琦	练仰贤
5	2008 年 第 24 届	全国一等奖、 全国十佳	厦门快速公交(BRT)运营系统课题调查研究	厦门快速公交(BRT)运营系统调查研究小组	郑早宾
6	2009 年 第 25 届	全国一等奖	白鹭日晷	练仰贤	科技辅导员创新项目
7	2013 年 第 29 届	全国一等奖	利用激光束照射镜面圆柱作圆锥曲线的研究	陈姚佳	胡建荣、 钱永昌、 练仰贤
8	2015 年 第 31 届	全国一等奖	可持续显示流线的小型烟风洞平台设计与实验探究	钱日隆、 吴凯文	钱永昌
9	2003 年 第 19 届	全国二等奖	地转偏向力实验盘	王　禹	练仰贤

续表

序号	时间	最高奖次	项目名称	申报者	辅导老师
10	2008 年第 24 届	全国二等奖	日晷原理演示仪	练仰贤、曾水连	辅导员项目
11	2009 年第 25 届	全国二等奖	太阳高度与方位演示仪	林晔兰	练仰贤
12	2010 年第 26 届	全国二等奖	多功能便携式移动充电器	陈姚佳	钱永昌
13	2015 年第 31 届	全国二等奖	日照时间观测仪	杨璐嘉	陈诗吉、练仰贤
14	2017 年第 33 届	全国二等奖	规范先行、共享便民——厦门市共享单车现状分析及解决方案	共享单车小组	曾宝枝、林贵福
15	2010 年第 26 届	全国三等奖	节庆“垃圾”回收利用调查	节庆“垃圾”回收利用调查小组	郑早宾
16	2016 年第 32 届	全国三等奖	针对厦门堵车情况映射出全国类似路段堵车问题的原因和创新解决方案	车况调查小组	曾宝枝
17	2016 年第 32 届	全国三等奖	快递包装回收利用现状调查——以厦门市为例	快递包装调查小组	郑早宾
18	2017 年第 33 届	全国优秀创意奖	绘声绘色　趣味横生——多功能可打印照相机	阮佳琪	曾宝枝
19	2005 年第 21 届	省一等奖	微量液体密度快速测试仪	陆博茜	许肃宏
20	2009 年第 25 届	省一等奖	厦门文灶－火车站路段交通现状及解决方案	学生集体实践活动	李日永
21	2010 年第 26 届	省一等奖	四面推拉抽屉	张　轩	钱永昌、蔡　薇
22	2014 年第 30 届	省一等奖	可调节引体向上辅助训练的装置	李沛琦、王林祺榕	钱永昌、王杰斯
23	2016 年第 32 届	省一等奖	关于姆潘巴效应的多路实时监测新方法研究	吕昆吾	钱永昌、杨　淳

续表

序号	时间	最高奖次	项目名称	申报者	辅导老师
24	2016年第32届	省一等奖	昔我未矣，杨柳依依；今我来思，满目疮痍——基于台风灾损分析视域下的城市植物配置与管理研究	欧阳一	陈诗吉
25	2017年第33届	省一等奖	低成本节能型隧道导光照明系统的改进与制作研究	杨凯越、钱日隆	钱永昌、张南木
26	2020年第36届	省一等奖	智能RFID格栅式书柜	林宝分	曾宝枝
27	2020年第36届	省一等奖	“追日寻踪，观食悟道”综合实践活动	追日小组	曾宝枝、赖永强、林 华
28	2003年第19届	省二等奖	磁轮四驱车	冷冬昱	练仰贤
29	2003年第19届	省二等奖	中国鲎基因组DNA的提取和多态性分析	张瑶枚、罗 晶、王 昱	隋冰清、叶本刚
30	2004年第20届	省二等奖	红树植物遗传多样性研究与资源保护	薛 超、孙维钧、刘欣欣	叶本刚、隋冰清
31	2005年第21届	省二等奖	仿生机器鱼	王奕祺	练仰贤、钱永昌
32	2005年第21届	省二等奖	鱼形脚踏船	冷冬昱	练仰贤、钱永昌
33	2005年第21届	省二等奖	厦门环岛路分段特色建设的可行性研究	范昕宇	杨思窍
34	2007年第23届	省二等奖	快速检测宫颈癌预防疫苗中和抗体的方法的建立	夏 雪、陈逸婧、廖丽琼	钱永昌、方美君、李清琴
35	2007年第23届	省二等奖	不要让“语言活化石”在厦门蒸发——解析厦门面临的闽南话危机	陈 璐、刘文心、沈奕晨	林贵福、曾 颖
36	2007年第23届	省二等奖	水中病毒的类型和数量与厦门水体污染程度的关系	焦方略、方 路	方美君、李清琴

续表

序号	时间	最高奖次	项目名称	申报者	辅导老师
37	2008年第24届	省二等奖	快速拆卸及安装汽车轮胎的扳手(蜘蛛手)	胡祎诺、韩凌志	钱永昌、练仰贤、袁淑华
38	2008年第24届	省二等奖	三角梅苞片颜色变化原因分析及控制机理	檀紫颖	叶穗灿
39	2008年第24届	省二等奖	一种绿色新型无污染皮革加脂剂制备方法	倪思婷	盛景云
40	2009年第25届	省二等奖	厦门城区公共自行车系统设计与展望	邓可田、陈　晨、吴　垠	钱永昌
41	2009年第25届	省二等奖	九龙江北溪水华事件及其发生机理初探	黄梦茜	叶穗灿
42	2010年第26届	省二等奖	快艇营运对九龙江口红树林滩涂侵蚀的影响研究	施　宇	叶本刚、隋冰清、周　亮
43	2010年第26届	省二等奖	最小的种子植物——微萍的秘密	徐梓桁	朱永官、叶穗灿、黄　青
44	2010年第26届	省二等奖	新型画圆器	陈江雪	钱永昌、薛　琳
45	2010年第26届	省二等奖	新型电磁发射器	蒋靖波	杨　艳、练仰贤
46	2011年第27届	省二等奖	“飞翔的梦想”——关于纸飞机的课题研究	陈锴杰	钱永昌
47	2011年第27届	省二等奖	减速带的使用现状与分析	黄增鹤、蔡宇超、兰一超	王丹丹
48	2012年第28届	省二等奖	发挥原有教育优势，救救鼓浪屿	詹弘立	钱永昌、杨　淳
49	2013年第29届	省二等奖	下穿隧道水位自动报警和控制系统的设计	张楷文	钱永昌

续表

序号	时间	最高奖次	项目名称	申报者	辅导老师
50	2013 年第 29 届	省二等奖	新型楞次定律演示装置	曹　煜	阙永华、钱永昌、练仰贤
51	2016 年第 32 届	省二等奖	丝路高速公路调研报告——高速微景区设计	韩江月	于金辉、曾宝枝
52	2017 年第 33 届	省二等奖	创新运用市场机制，推动垃圾减量排放——关于以社区为单位开展居民排污权交易的探究	连知遇	钱永昌、杨　淳
53	2017 年第 33 届	省二等奖	聚乙烯醇负载活性氧化铝多孔复合吸附磷材料的研究	傅与铮	杨　淳、吴翔彬、廖文娟
54	2018 年第 34 届	省二等奖	基于闪存存储读取的机器人指令动作回溯程序	李缪媛、王于豪	谢亦弈、曾宝枝、洪伟东
55	2018 年第 34 届	省二等奖	关于天然气管道纳入综合管廊市政综合舱的研究报告	黄李葳	李丽玲、曾宝枝、陈明建
56	2001 年第 17 届	省三等奖	带擦洗件的淋浴喷头	林　励	练仰贤
57	2004 年第 20 届	省三等奖	易定位铰链	冷冬昱	练仰贤
58	2006 年第 22 届	省三等奖	进一步发展北辰山旅游业的构想	蔡静雯、李祖欣、王海鑫	杨思窍、郑早宾
59	2006 年第 22 届	省三等奖	新型双面胶	尤鸿伟	周晓鹭
60	2008 年第 24 届	省三等奖	三脚圆规	陈　泽	钱永昌
61	2010 年第 26 届	省三等奖	弘扬传统　低碳清明	褚孝睿	郑早宾
62	2011 年第 27 届	省三等奖	太阳视运动观测仪	游伯嘉	林　华、练仰贤

续表

序号	时间	最高奖次	项目名称	申报者	辅导老师
63	2011 年第 27 届	省三等奖	中国民营快递调查与发展趋势分析	朱宁浩	谭筱英、蔡敬辉、李金萍
64	2011 年第 27 届	省三等奖	厦门水资源现状调查报告	《珍爱生命之水》科技实践活动小组	郑早宾
65	2012 年第 28 届	省三等奖	“人体接通电话”的实验装置	陈姚佳	钱永昌
66	2013 年第 29 届	省三等奖	巴西龟耳部感染性疾病致病菌的分子鉴定及其治疗研究	赖文菁	钱永昌、黄宁昌
67	2013 年第 29 届	省三等奖	人体生物钟与最佳学习时段的选择	张　强	蔡敬辉
68	2014 年第 30 届	省三等奖	泛素特异性蛋白酶 USP39 作为胆管癌分子诊断指标可能性的初步分析	宋博恺	钱永昌、王杰斯
69	2014 年第 30 届	省三等奖	温度对威氏海链藻生长和光合作用的影响	高　瀚	钱永昌、陈志斌
70	2015 年第 31 届	省三等奖	无动力自动定量投加液体药剂的装置	吕晋南	钱永昌、徐士永
71	2015 年第 31 届	省三等奖	手机射频能量采集装置的设计	杨昌霖	周为煌、钱永昌
72	2015 年第 31 届	省三等奖	一体化便捷式“医疗利器盒”	朱小赞	钱永昌、朱家贤
73	2015 年第 31 届	省三等奖	改进的自动化车门防雨装置	高涵之	曾宝枝
74	2017 年第 33 届	省三等奖	利用废弃柚子皮制备生物质炭及其对水中有机污染物的去除性能研究	黄宗翰	郑早宾、王杰斯
75	2018 年第 34 届	省三等奖	新型石墨板状电极电动力修复低渗透性赤红壤污染	洪悦骞	陈　茜、钱永昌

续表

序号	时间	最高奖次	项目名称	申报者	辅导老师
76	2018 年 第 34 届	省三等奖	试论银城牌坊的价值、现状和保护	林　樾	沈小婷
77	2018 年 第 34 届	省三等奖	社区互助养老会员卡的可行性论证	周钟元	曾宝枝、郑英昇、曹玉梅
78	2019 年 第 35 届	省三等奖	餐厨垃圾高效处理及快速电能化的资源化技术	洪悦骞	钱永昌
79	2019 年 第 35 届	省三等奖	潜望式变焦相机模块	薛廷翰	张莹兰、庄昭阳

附录 2

青少年科技创新大赛优秀组织奖

1	2005 年第 20 届厦门市青少年科技创新大赛“优秀组织奖”
2	2007 年 11 月卢嘉锡科技教育奖
3	2008 年第 23 届厦门市青少年科技创新大赛“优秀组织奖”
4	2008 年第 23 届福建省青少年科技创新大赛“优秀组织奖”
5	2008 年第 23 届全国青少年科技创新大赛“优秀组织奖”
6	2009 年第 24 届厦门市青少年科技创新大赛“优秀组织奖”
7	2011 年第 26 届厦门市青少年科技创新大赛“优秀组织奖”
8	2012 年第 27 届厦门市青少年科技创新大赛“优秀组织奖”
9	2013 年 12 月卢嘉锡科技教育奖
10	2013 年第 29 届厦门市青少年科技创新大赛“优秀组织奖”
11	2014 年第 30 届厦门市青少年科技创新大赛“优秀组织奖”
12	2016 年第 32 届厦门市青少年科技创新大赛“优秀组织奖”
13	2016 年 12 月卢嘉锡科技教育奖
14	2017 年第 33 届厦门市青少年科技创新大赛“优秀组织奖”
15	2017 年第 32 届全国青少年科技创新大赛“优秀组织奖”
16	2018 年第 34 届厦门市青少年科技创新大赛“优秀组织奖”
17	2018 年 12 月卢嘉锡科技教育奖
18	2019 年第 35 届厦门市青少年科技创新大赛“优秀组织奖”

附录 3

厦外学生获国家发明展、“宋庆龄少年儿童发明奖”奖牌一览表

（2001—2020）

金牌 15 枚、银牌 13 枚、铜牌 17 枚

序号	奖次	项目名称	申报者	时间	地点	辅导老师
1	第 13 届全国发明展金牌（光华青少年科技专项奖）	多轴片式转轴拉杆天线	周倩倩	2001.9	昆明	练仰贤
2	第 14 届全国发明展金牌	太阳周日视运动演示仪	黄晨琦	2003.1	厦门	练仰贤
3	第 14 届全国发明展金牌	自闪式向心力演示器	余 婧、王凤娇	2003.1	厦门	练仰贤
4	第 15 届全国发明展金牌	仿生机器鱼	王奕琪、冷冬昱	2004.9	北京	练仰贤
5	第 19 届全国发明展金牌	太阳高度与方位演示仪	杜晔兰	2010.9	西安	练仰贤、钱永昌
6	第 20 届全国发明展金牌	多功能便携式充电与照明器	陈姚佳	2011.8	威海	钱永昌
7	第 20 届全国发明展金牌（宝钢青少年发明专项奖）	四面推拉抽屉的桌子	张 轩	2011.8	威海	钱永昌
8	第 7 届国际发明展览会暨国际教学新仪器新设备展览会金牌	太阳视运动观测仪	游伯嘉	2012.8	昆山	练仰贤、林 华
9	第 10 届“宋庆龄少年儿童发明奖”金牌	公交车快速安全门设计	彭斯贻	2014.8	北京	庄招扬

续表

序号	奖次	项目名称	申报者	时间	地点	辅导老师
10	第8届中国国际发明展览会金牌	下穿隧道水位自动报警和控制系统	张锴文	2014.11	昆山	钱永昌
11	第8届中国国际发明展览会金牌	一种可准确控制离心率的光学圆锥曲线仪	陈姚佳	2014.11	昆山	钱永昌、胡建荣
12	第21届全国发明展金牌（宝钢青少年发明专项奖）	可调节引体向上辅助训练的装置	李沛琦、王林祺榕、钱日隆	2015.1	永康	钱永昌
13	第11届“宋庆龄少年儿童发明奖”金牌	可调节引体向上辅助训练的装置	李沛琦、王林祺榕	2015.8	广州	钱永昌
14	第15届“宋庆龄少年儿童发明奖”金牌	可回收利用的遥控电子烟花	查聿津	2019.8	北京	施　瑜
15	第23届全国发明展览会金牌（宝武青少年发明专项奖）	新型石墨板状电极电动力修复低渗透性赤红壤污染	洪悦骞	2019.11	佛山	陈　茜、钱永昌
16	第1届中国国际发明展银牌	磁轮驱动车	冷冬昱	2004.1	上海	练仰贤
17	第19届全国发明展银牌	LED色光混合演示器	王婷钰、朱鑫海	2010.9	西安	钱永昌、练仰贤
18	第7届国际发明展览会暨国际教学新仪器新设备展览会银牌	一笔成形椭圆规	王成龙	2012.8	昆山	练仰贤、钱永昌
19	第10届“宋庆龄少年儿童发明奖”银牌	下穿隧道水位自动报警和控制系统的设计	张锴文	2014.8	北京	钱永昌
20	第8届中国国际发明展览会银牌	声音特性探究仪	钱日隆	2014.11	昆山	钱永昌
21	第8届中国国际发明展览会银牌	新型楞次定律演示装置	曹　煜	2014.11	昆山	练仰贤、钱永昌、阙永华、曾宝枝

续表

序号	奖次	项目名称	申报者	时间	地点	辅导老师
22	第12届"宋庆龄少年儿童发明奖"银牌	改进的自动化车门防雨装置	高涵之	2016.8	广州	曾宝枝
23	第13届"宋庆龄少年儿童发明奖"银牌	一种小型烟风洞平台的试验段	钱日隆、吴凯文	2017.8	北京	钱永昌
24	第13届"宋庆龄少年儿童发明奖"银牌	无障碍两用型卫生间	吴若菡	2017.8	北京	曾宝枝
25	第22届全国发明展银牌	实用镂空架式不锈钢搓衣板	丁熠恒	2017.11	广州	曾宝枝、曹玉梅、郑英昇
26	第22届全国发明展银牌	环保垃圾统计分类屋	冯天期	2017.11	广州	郑英昇、陈 文、曾宝枝
27	第10届国际发明展银牌	基于硅胶软体材料的充气膨胀保护装置	张天烨、黄林子杰、李京泽	2018.9	佛山	曾宝枝、洪伟东
28	第10届国际发明展银牌	太阳能海水淡化装置	李泓希、黄泽瑞	2018.9	佛山	袁淑华
29	第14届全国发明展铜牌	磁吸式物体运动轨道	陈莹莹	2003.1	厦门	练仰贤
30	第1届中国国际发明展铜牌	地转偏向力实验盘	王 禹	2004.1	上海	练仰贤
31	第15届全国发明展铜牌	鱼形脚踏船	冷冬昱	2004.9	北京	练仰贤
32	第5届"宋庆龄少年儿童发明奖"铜牌	仿生机器鱼	王奕琪、冷冬昱	2006.7	中山	练仰贤
33	第6届"宋庆龄少年儿童发明奖"铜牌	防拆卸螺丝	何思洋	2008.8	北京	钱永昌
34	第6届"宋庆龄少年儿童发明奖"铜牌	快速检测宫颈癌预防疫苗中和抗体的方法的建立	夏 雪、陈逸婧	2008.8	北京	钱永昌
35	第18届全国发明展铜牌	公交车特殊路段智能警示及控制装置	陈宇珩	2009.8	昆明	钱永昌

续表

序号	奖次	项目名称	申报者	时间	地点	辅导老师
36	第7届“宋庆龄少年儿童发明奖”铜牌	太阳高度与方位演示仪	杜晔兰	2010.7	太原	练仰贤、钱永昌
37	第7届“宋庆龄少年儿童发明奖”铜牌	LED色光混合演示器	王婷钰、朱鑫海	2010.7	太原	钱永昌、练仰贤
38	第7届“宋庆龄少年儿童发明奖”铜牌	三脚圆规	陈　泽	2010.7	太原	钱永昌
39	第20届全国发明展铜牌	一种新型圆规	陈江雪	2011.8	威海	钱永昌
40	第9届“宋庆龄少年儿童发明奖”铜牌	多功能一体化考具	龚　毅	2013.8	北京	欧阳钦波
41	2014年全国航模锦标赛三等奖	科研类全国航空航天模型锦标赛科技创新评比	陈锴杰	2014.9	青岛	吴了泥
42	第8届中国国际发明展览会铜牌	一种细圆柱工件表面粗糙度的快速检测装置	陈姚佳	2014.11	昆山	钱永昌、胡建荣
43	第22届国际发明展铜牌	太阳能海水淡化装置	李泓希、黄泽瑞	2018.9	佛山	袁淑华
44	第24届全国发明展铜牌	一种舒适、安全、隐形的防呛水游泳鼻塞	练子扬	2020.11	佛山	张莹兰、钱永昌
45	第24届全国发明展铜牌	一种抗菌的多功能模块化课桌椅	吴凤仪	2020.11	佛山	杨雅琼、杨　淳

附录 4

厦外师生申请和获得专利授权项目情况一览表

(2000—2021)

共计 80 个专利,并有 7 个成功转让。(标 * 为已成功转让的项目,表中除标注外,均为实用新型专利)

序号	时间	名称	专利号	发明人
1	2000 年	微小形变放大器	ZL 00202112.9	练仰贤、高桦斌、黄少平
2	2000 年	磁感线及磁通量变化演示器	ZL 00203037.3	练仰贤、黄少平
3	2000 年	教学圆规	ZL 00202991.X	练仰贤、吴再添 *
4	2000 年	磁性直尺	ZL 00203034.9	黄文君、练仰贤 *
5	2001 年	带手柄的教学圆规	ZL 00263869.X	陈　好、练仰贤 *
6	2001 年	带扣入式定针保护装置的圆规	ZL 00263979.8	许夏贤、练仰贤 *
7	2001 年	带按压伸缩式定针保护装置的圆规	ZL 00262980.1	练仰贤、吴再添 *
8	2001 年	多轴片式转轴拉杆天线	ZL 00264129.1	周倩倩、练仰贤
9	2002 年	自闪式运动显示器	ZL 01230394.1	练仰贤、张隆达
10	2002 年	自闪式自由落体运动演示仪	ZL 02203614.8	李叙伦、练仰贤
11	2002 年	磁吸式物体运动轨道	ZL 02203613.X	陈莹莹、练仰贤
12	2003 年	涡流的产生及受力演示(发明专利)	ZL 00133084.5	练仰贤
13	2003 年	圆周运动演示器	ZL 02232388.0	张　宏、练仰贤
14	2003 年	自闪式向心力演示器	ZL 02236703.9	余　婧、王凤娇、练仰贤
15	2003 年	带擦洗件的淋浴喷头	ZL 02208382.0	徐　楠、林　励、练仰贤
16	2003 年	伯努利方程原理演示器	ZL 02236465.X	林宇翀、练仰贤 *
17	2004 年	太阳周日视运动演示仪	ZL 02291168.5	黄晨琦、练仰贤 *
18	2004 年	太阳视动仪	ZL 00320116466.5	练仰贤、练小帆

续表

序号	时间	名称	专利号	发明人
19	2004 年	地转偏向力实验盘	ZL 00320116465.0	王　禹、扬思窍、练仰贤
20	2004 年	磁轮驱动车	ZL 00420008726.1	冷冬昱、练仰贤
21	2004 年	易定位铰链(发明专利)	ZL 00410079680.7	练仰贤、冷冬昱
22	2005 年	仿生机器鱼	ZL 00520016524.6	冷冬昱、王奕琪、练仰贤
23	2006 年	方便面调料专用胶囊	ZL 200420122371.9	钱永昌
24	2006 年	鱼形脚踏船	ZL 200520110539.9	冷冬昱、练仰贤
25	2006 年	长臂台灯支架	ZL 200520004401.0	练仰贤
26	2007 年	机器白海豚	ZL 200520136817.8	练仰贤、黄彦超
27	2007 年	牙签座	ZL 200720008482.0	叶成艺
28	2008 年	日晷原理演示仪	ZL 00820101031.6	练仰贤、曾水连、胡　仪
29	2008 年	三脚圆规	ZL 200820101431.7	陈　泽
30	2008 年	软化水器	ZL 200820145437.4	Zheyuan Li (李哲远)
31	2008 年	前端预处理器	ZL 200820145438.9	Zheyuan Li (李哲远)
32	2008 年	快速拆卸及安装汽车轮胎的扳手	ZL 200820145747.6	胡祎诺、韩凌志、练仰贤
33	2008 年	公交车特殊路段智能警示及控制装置	ZL 200820229052.6	陈宇珩、钱永昌、杨志锋
34	2009 年	日晷(白鹭式)	(外观设计专利) ZL 00730141665.5	练仰贤、杨思窍等
35	2009 年	净水器 B	(外观设计专利) ZL 200830156177.6	Zheyuan Li (李哲远)
36	2009 年	净水器 A	(外观设计专利) ZL 200830156174.2	Zheyuan Li (李哲远)
37	2009 年	一种门碰支架	ZL 200920136308.3	练仰贤、吴永发、廖　飞

续表

序号	时间	名称	专利号	发明人
38	2009 年	一种磁性门磁	ZL 200920138005.5	练仰贤、吴永发、廖　飞
39	2010 年	磁性地球仪	ZL 200920138254.4	练仰贤
40	2010 年	万向指南针	ZL 200920138255.9	练仰贤
41	2010 年	太阳高度与方位演示仪	ZL 200920183199	林晔兰、练仰贤
42	2010 年	LED 色光混合演示器	ZL 200920181297.0	王婷钰、朱鑫海、练仰贤、钱永昌
43	2010 年	简易太阳地平坐标测量仪	ZL 200920183198	林晔兰、练仰贤
44	2011 年	一种画圆器	ZL 201020617689	陈江雪
45	2011 年	发光经纬网地球仪	ZL 201120557861	杨璐嘉、练仰贤、杨思窍、林　华
46	2011 年	一种眼镜的附加镜	ZL 201120245725.9	欧阳钦波
47	2011 年	一种新型隔离桩	ZL 201120245724.4	欧阳钦波
48	2012 年	四面推拉抽屉的桌子	ZL 201120210264.1	张轩、钱永昌
49	2012 年	多功能电源照明器	ZL 201120207027.X	陈姚佳
50	2012 年	自锁式活动绳扣	ZL 201120557545.4	王成龙、练仰贤、钱永昌
51	2012 年	齿轮挤压式活动绳扣	ZL 201120557848.6	王成龙、练仰贤、钱永昌
52	2012 年	太阳视运动观测仪	ZL 201120555965	游伯嘉、练仰贤、林　华、杨思窍
53	2012 年	干支年速查盘	ZL 201220696809.9	徐灏轩、钱永昌、练仰贤
54	2012 年	一种水泥柱式绿化棚架	ZL 20120089818.1	欧阳钦波、欧阳柏钧
55	2013 年	一笔成形椭圆规	ZL 201220470800.6	王成龙、钱永昌、练仰贤
56	2013 年	一种背包式遥控自行充气救生装置	ZL 201220126259.7	欧阳钦波、张楚涵
57	2014 年	一种具可固定文具盒和垫板的多功能一体化考具	ZL 201320480858.3	欧阳钦波

续表

序号	时间	名称	专利号	发明人
58	2014年	下穿隧道水位自动报警控制系统	ZL 201320673327.6	张楷文、钱永昌
59	2014年	一种楞次定律演示装置	ZL 201420118277.X	曹　煜、练仰贤、钱永昌、阙永华
60	2014年	旋转连接式无钩钩码	ZL 201320360780.1	钱永昌、钱日隆、张楚涵
61	2014年	一种移动照明眼镜架	ZL 201420010590.1	林仲羽
62	2014年	一种细圆柱工件表面粗糙度的快速检测装置	ZL 201420217251.0	陈姚佳
63	2014年	一种可准确控制离心率的光学圆锥曲线仪	ZL 201420217239.X	陈姚佳
64	2015年	可调训练难度的引体向上辅助装置	ZL 201520121964.1	李沛琦、王林琪榕、钱永昌
65	2016年	日照时间观测仪	ZL 201620168103.3	杨璐嘉、练仰贤、陈诗吉
66	2016年	一体化便捷式医疗利器盒	ZL 201620167721.6	朱小赞
67	2016年	一种具有 GPS 定位功能的可录像铅笔盒	ZL 201620049234.X	林仲羽
68	2016年	一种教学用小型低速风洞的试验段	ZL 201521096687.X	钱日隆、吴凯文、钱永昌
69	2017年	可回收利用的电子烟花	ZL 201710592859.X	查聿津
70	2018年	基于 GPRS 远程控制的隧道导光器	ZL 201721560359.X	杨凯越、钱日隆、钱永昌
71	2018年	浴室可调式高位不锈钢搓衣板	ZL 201721226970.9	丁熠恒
72	2018年	环保垃圾袋统计分类箱	ZL 2017211267930.1	冯添期
73	2018年	基于硅胶软体材料的充气膨胀保护装置	ZL 201820173730.4	张天烨、黄林子杰、李泽京、丘尚骁、苏家琪
74	2019年	柔性机器鱼	ZL 201820612670.2	张天烨
75	2019年	一种板状石墨电极电动力污染土壤修复装置	ZL 201822096019.X	洪悦骞

续表

序号	时间	名称	专利号	发明人
76	2019 年	一种太阳能雨水收集路灯	ZL 201821273844.3	傅泓宇
77	2019 年	一种多功能模块化课桌椅	ZL 201921315635.9	吴凤仪
78	2020 年	摩托车电子式后备箱锁	ZL 201921696495.0	吴凤仪
79	2020 年	一种舒适、安全、隐形的防呛水游泳鼻塞	ZL 201921794705.X	练子扬
80	2021 年	便携鼻塞空气过滤器	ZL 202022046517.8	林晨鹭

附录 5

厦外学生获国际赛一览表

（2013—2020）

序号	奖次	项目名称	申报者	时间	地点	辅导老师
1	首届“丘成桐中学科学奖”物理金奖	纸飞机的空气动力学	陈锴杰、赖文昕	2013.12	北京	钱永昌
2	“英特尔 ISEF 大赛”三十米望远镜项目二等奖(2014 年 8 月“科协主席奖”)、“Intel 英才奖”	利用激光束照射镜面圆柱作圆锥曲线的研究	陈姚佳	2015.7	美国匹兹堡	钱永昌、胡建荣、练仰贤
3	俄罗斯青年科学论坛暨第 26 届“俄罗斯青年科学家竞赛”一等奖、技术与工程学学科论坛最佳项目奖	改进的自动化车门防雨装置	高涵之	2017.3	俄罗斯莫斯科	曾宝枝
4	日本超级理科高中展示活动公众互投项目第一名	可持续显示流线的小型烟风洞平台设计与实验探究	钱日隆、吴凯文	2017.8	日本神户	钱永昌
5	“丹麦青少年科学竞赛”国际组三等奖	基于自制小型烟风洞的涡激振动实验研究	钱日隆	2019.4	丹麦哥本哈根	钱永昌
6	第十五届国际标准奥林匹克竞赛金奖	电动平衡车的标准	阮煜昕、崔亦飞、洪悦骞	2020.11	韩国(线上)	钱永昌

后 记

我是2004年正式调入厦门外国语学校的。当时学校高中部扩招，海沧校区新开办，求贤若渴，面向全国招聘骨干教师，使我有机会在厦外这片热土燃烧激情与青春，并逐步成长为特级教师、正高级教师和国家“万人计划”教学名师。我来厦外之前，练老师早已经在青少年科技创新大赛领域驰名全国。一方面感恩于练老师的引荐，另一方面我对科技创新教育十分感兴趣。所以在练老师手把手带领下，从打下手开始，慢慢对青少年科技创新教育开始痴迷。特别感谢时任校长赵继容为首的管理团队的一路支持和鼓励，当时只要科技创新教育的需要，学校不仅全力支持，还给予重奖（将青少年科技创新大赛的奖励标准等同于学科奥赛）。得益于厦外鼓励科技创新教育的机制和开放包容的校园氛围，加上全体厦外人的奋勇拼搏、争先创优的精神鼓舞，在练老师的指导下，我带领厦外师生将学校的科技创新教育水平提升到新的高度。厦外每年在全国、省市青少年科技创新大赛以及各类青少年发明赛事的大奖均有斩获。由于厦外学生综合素质全面，厦外学生还不断在国际科技赛事摘金夺银，硕果累累。

2020年7月，我由学校教研室主任轮岗到学校办公室主任，现在很难有大量时间亲自指导学生参赛。但厦外的青少年科技创新事业后继有人:年轻的杨淳老师、曾宝枝老师、杨雅琼老师都慢慢独当一面。今年恰逢厦外40周年校庆,年初我许下宏愿,要写一本《创新教育在厦外》献礼厦外40周年校庆!尽管工作忙忙碌碌,我还是利用工作之余的点点滴滴时间整理书稿。今天这本书稿终于付梓,心存感恩。

一是感谢。

感恩各级领导对我的栽培和鼓励,感恩厦外提供的平台和氛围,特别要感谢谢慧校长为首的管理团队对我工作的信任和宽容。我对于办公室工作几乎一无所知,须要从头学习。谢校长总是给于积极的肯定与鼓励。哪怕我工作有些不到位的地方,她也是以建议的形式循循善诱地指导我。她的期待和鼓励让我倍感压力的同时,又让我充满信心。所以我一直都在学习和提升中,以跟上学校新跨越的步伐。感谢历任校领导对科技创新教育的重视和支持。我不会忘记国际标准奥匹克竞赛备赛过程中谢慧校长亲自部署指导团队、亲自审定指导计划,帮助解决实际困难,多次看望参赛学生和指导教师,及时传达上级的关怀和精神,给大家鼓励和信心。我不会忘记谢志强校长把我从教务处管理岗位调整到教研室管理岗位,使我有更多的精力潜心研究,耕耘收获。我不会忘记赵继容校长亲临福建省青少年科技创新大赛赛场,给老师和同学们莫大的鼓励。感谢黄家骅教授和谢慧校长百忙之中抽空为本书作序。感谢厦门科技创新领域前辈们的指导和帮助:马应森、周海光、练仰贤、王云、黄建通、吴剑辉、庄招扬等。感谢优秀的同事们协力培养孩子们出色的语言能力、严密的思维能力和灵活的应变能力,这是他们参加科技创新的底气和基础条件。感谢家长们的全力支持和同学们的扎实努力,成功属于默默奉献的家长和奋力拼搏同学们。感谢杨雅琼和蔡雅雯等老师承担了繁琐的收集资料与校对工作,吴俊睿和梁晨两位2021届的保送生帮助收集了学校“英才计划”和“钱学森班”的相关资料。

二是感想。

首先再忙也不要忘记学习与思考。不学习的人会在忙忙碌碌中迷失自己，忘记了初心，忘记了前进的方向。只有不断学习和思考，才能汲取不竭的前行的动力。

其次是要时刻保持责任心、使命感。没有责任心和使命感，人就很容易倦怠，做事很难坚持，稍遇困难就可能打退堂鼓。这一年多来，每当想起这本书是对厦外40周年校庆的献礼，我浑身就有使不完的劲。

再次是要敢于挑战不可能。2019年12月我刚完成人生的第一本书，心想再有一本书应该是10年以后的事了。可是只要有明确的的目标、超强的行动力，没有达不成的目标。

最后谨以此书向厦门外国语学校四十周年校庆献礼，祝福厦外明天更美好！

钱永昌

2021年10月